高中艺体教师

校本研训与校本课程

开发的实践探索

付 裕 黄显良 著

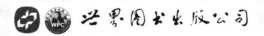
世界图书出版公司

广州·上海·西安·北京

图书在版编目（CIP）数据

高中艺体教师校本研训与校本课程开发的实践探索 / 付裕，黄显良著. —广州：世界图书出版广东有限公司，2022.4

ISBN 978-7-5192-9505-9

Ⅰ. ①高…　Ⅱ. ①付…②黄…　Ⅲ. ①艺术—教学研究—高中 ②体育课—教学研究—高中　Ⅳ. ①G633.950.2 ②G633.962

中国版本图书馆CIP数据核字（2022）第062069号

书　　名	高中艺体教师校本研训与校本课程开发的实践探索 GAOZHONG YITI JIAOSHI XIAOBEN YANXUN YU XIAOBEN KECHENG KAIFA DE SHIJIAN TANSUO
著　　者	付　裕　黄显良
责任编辑	郭军方
装帧设计	陈美珍
责任技编	刘上锦
出版发行	世界图书出版有限公司　世界图书出版广东有限公司
地　　址	广州市新港西路大江冲25号
邮　　编	510300
电　　话	020-84184026
网　　址	http://www.gdst.com.cn
邮　　箱	wpc_gdst@163.com
经　　销	各地新华书店
印　　刷	广东虎彩云印刷有限公司
开　　本	787 mm×1 092 mm　1/16
印　　张	19.25
字　　数	306千
版　　次	2022年4月第1版　2022年4月第1次印刷
国际书号	ISBN 978-7-5192-9505-9
定　　价	48.00元

前　言

　　20多年来，笔者在高中一线艺体教育教学的中，既有取得育人成绩的兴奋与喜悦，也有遇到困境难于突破前进的困惑和迷茫。回顾从教20多年的历程，基础教育发展非常快：从重视学生"双基"的培养到"素质教育"落实"三维目标"，再到"核心素养"强调"关键能力"和"必备品格"的培养；从依靠教师"一支粉笔、三尺讲台"到迈入"教育信息化"时代，再到如今"智慧校园"全方位、立体化智能教育时代的飞跃。所有这些，让我们明显感受到基础教育的快速发展和变革。一名教师的教育教学工作需要在继承中不断创新，一名教师的专业成长需要在发展中不断突破。

　　高中艺体教育教学工作与其他学科相比繁多而复杂，一方面，需要在日常工作中形成稳定的工作规律，一步一个脚印，稳中求进；另一方面，需要与时俱进，不断实践探索创新。新时代高中艺体教师的专业成长，不能仅仅满足于专业技能的发展，更需要在教育教学理论的学习、教育教学思想的更新转变、现代教育信息化素养的提升、教育科研反思提炼能力的培养等方面全面提高。这就凸显学校形成自己的艺体教师校本研训体系的重要性。为了梳理高中艺体教育教学工作规律，探索培养高中艺体教师专业发展的路径与模式，我们艺术教研组和体育教研组近两年分别申请了广州市级科研课题。本书作为两个课题研究的核心成果（书中艺术部分15万字内容为广州市教育科学规划2019年度课题""'互联网+'环境下音乐教师'专题式'集体备课模式构建与实施研究"的研究成果，课题编号：201911957；书中体育部分15.6万字内容为广州开放大学2020年度科研基金教师专业发展研究专项课题"基于中小学体育教师专业发展的'三线双层'互动培养模式的实践与探索"的研究成果，课题编号：2020kyjs05），对高中艺体教育教学的日常工作和高中艺体教师校本研训进行介绍，希望能为读者起到参考与借鉴的作用。

本书的艺体教育教学内容既有笔者和课题组研究的成果，也有学校体育教研组与艺术教研组集体的智慧和实践，还有学校长期工作形成的规律总结，其中有部分举例为课题组成员的成果贡献。在此对编写本书提供帮助的同事、朋友表示衷心感谢！

由于作者水平有限，书中若有不足之处，恳请广大读者批评指正。

作　者

2022年1月

目　录

高中艺体工作管理规划篇

高中艺体教育教学篇

高中艺体活动与赛事篇

高中艺体教师专业发展篇

高中艺体工作管理规划篇

  中小学学校艺体工作是学校整体工作的重要组成部分。中小学艺体教育课程贯穿小学、初中、高中12年学校教育的各个阶段，课程开设的时间长，历经的学段多。要想开足、开齐、开好中小学艺体课程和开展好各种艺体活动，需要在各学段建章立制，加强组织管理。科学设计和有效实施艺体课程，才能使中小学艺体课程得以系统、完整地顺利开展。

第一章　高中艺体工作组织管理

第一节　高中体育工作组织管理

学校的体育工作在学校领导的重视、关心和支持下，在体育学科教师们的努力下，以"体育工作重点"和"体育工作计划"为工作目标，以"和谐教育"为切入点，以足球、篮球、健美操为特色体育项目，落实《国家中长期教育改革和发展规划纲要（2010—2020年）》，坚持"以体促智，健全人格；以艺育健，全面发展；以艺激情，张扬个性"的指导思想，面向全体学生，积极开展体育教育工作。通过系列体育活动，为广大师生创造良好的体育环境，培养学生高尚的道德品质、健康体魄，促进学生的全面发展。

一、组织管理

1. 学校高度重视体育工作，从增强学生体质、促进学生健康成长、全面实施素质教育的高度，加强学校体育工作重要性的认识。校长是学校体育工作第一责任人，副校长分管体育工作，教导处具体落实，建立完善、有效的工作机制。学校定期召开会议，分析、研究、解决学校体育工作的重大问题。

2. 学校体育教育法规文件，计划、总结、教学文件等相关资料齐全、规范。

3. 学校建立校园意外伤害事故的应急管理机制，制定和实施体育安全管理工作方案，明确责任人，落实责任制。

4. 学校严格执行上级的规范办学行为要求，保证青少年学生每天1小时校园体育活动，严格落实国家体育与健康课时规定，开齐、开足体育课，建立评价机制和社会监督机制，切实减轻学生过重课时负担。

5. 加强学生阳光体育工作检查力度，每学期将阳光体育工作方案、要求及相关活动情况及时公布在校园网上。

二、教育教学

（一）课程教学

1. 课堂教学计划先行，体育与健康课程教学计划、单元计划、课时计划齐全，严格按照计划组织体育教学活动，完成体育教学任务。严格执行国家课程计划，开齐、开足体育课程。体育开课率100%。

2. 认真落实国家课程标准，教学结构优化，教学方法科学、合理，教学手段多样。面向全体学生，激发学生的学习兴趣，实现课堂教学三维目标。学校整体教学效果良好。体育教师积极参与学校的教育教学改革，多方开发课程资源，因地制宜上好体育课，使学生的素养得到不断提高。

3. 学校根据教学目标，认真组织实施考核。考核结果作为学生综合素质评定内容记入学生档案。

（二）校园体育活动

1. 学校制定阳光体育运动工作方案，并按照方案全面实行。将校园体育活动时间纳入教学课时计划，列入课表，切实保证学生每天活动1小时。大课间体育活动的形式新颖、内容丰富，具有一定的锻炼价值。

2. 广泛开展"阳光体育运动"，坚持做好阳光体育冬季长跑，并形成制度。每年举办秋季田径运动会，重在竞技，组织有能力的同学进行训练，参加市区运动会比赛。

3. 运动的前提是安全。每次大型活动前，都要强调安全，进行体育安全教育，从而保证活动安全、顺利进行。

三、条件保障

（一）教师队伍

学校体育教师高级教师、中级教师、初级教师比例适当，专业结构合理，队伍比较稳定。充足的体育专职教师配备，保障了体育课时正常开展。

（二）场地、器材设备和经费

1. 学校现有400米标准塑胶跑道的运动场2个（一个在建）；室外篮球场12个、11人足球场2个（一个在建）；综合体育馆1个（在建），内有50米标准游泳池1个、标准篮球场3个、羽毛球场12个；乒乓球馆1个（可以放50张乒乓球台）；壁球馆3个；体操馆2个。新购置了一批体育器材设备，基本满足了学校体育工作的需求。

2. 体育教育设有专项经费，学校按公用经费一定比例用于体育日常工作，统筹规划，保证体育教学和活动的开展。

四、学生体质

学校加强学生体质健康管理，建立学校《国家学生体质健康标准（试行方案）》测试数据档案。学校100％实施《国家学生体质健康标准（试行方案）》，测试数据真实、准确，原始数据保存完整，测试数据上报及时。

五、存在问题与改进措施

虽然学校在体育工作方面做了大量的努力，并取得了一些成绩，但还有很多地方做得不够好、不够细，有待不断去提高。体育工作任务比较重，要顺利地按计划完成任务，还需要发挥团队、拼搏、奉献的精神。希望上级主管部门多关心支持学校的体育工作，共同努力，同时要继续发展学校的优势，使学校的体育工作再上一个台阶。

第二节　高中艺术工作组织管理

为更好地开展美育教育，为全体学生的终身发展服务，为社会主义培养德、智、体、美、劳全面发展的接班人，学校成立艺术教育组织管理机构。结合学校师资情况和学生的特点，指导和管理学校开展各项艺术教育活动，积极参与上级组织的各项艺术类活动。

组织机构如下：

主管领导：校长

分管领导：主管艺术副校长

成员：教务处主任、教研室主任、学生处主任、全体艺术教研组教师、各年级级长、各班班主任。

主要任务和职责如下：

主管领导：负责提出学校学年艺术教育活动开展的总体方案，提出艺术教育活动的总体要求，听取艺术教育活动开展落实的基本情况汇报，对艺术教育活动内容进行调整，设立艺术类活动专项经费。

分管领导：具体实施和管理学校艺术教育活动的开展和检查、协调、解决艺术教育活动中出现的各类问题，对艺术类教育活动情况进行评估，提出开展艺术教育活动的建议。

成员：具体操作学校艺术教育的各项活动，对艺术教育进行技术指导和编排，各年级级长负责组织各年级的班主任对艺术活动给予配合，确保学校艺术教育活动落实到位和有效开展。

第二章　高中艺体课程总体规划

第一节　高中艺术课程设置规划

高中艺术课程设置规划立足校本，以全面提高学生的综合素质为核心，以突显特色、培养专业人才为目标，围绕高中艺体课程和高考改革进行设计规划。

一、"三位一体"的艺体课程设置

1. 普通艺术课程：普及提高，面向全体学生。

2. 艺体高考专业课程：重点培养高、精、尖艺术人才，实现一本率的新突破。

3. 艺体社团：兴趣爱好，培养学生的综合素质，在各种艺术展示、比赛中创造佳绩。

"三位一体"的艺体课程设置从建构具有特色的艺术课程体系入手，着力艺术校本课程建设，争取让不同的学生选择不同的课程，用不同的课程满足不同学生的发展需要，力争走出一条培养学生成功、助推教师成长、利于学校发展的艺体特色之路。

二、"立体式"的艺体课程发展设想

1. 成为高等艺体院校生源基地（有目标培养，批量输送）。

2. 帮扶小学、初中开设艺体课程（向高中输送生源），结成艺体特色集

团，引领区域学校艺体发展。

3. 与同类学校交流互动，促进自身发展。

4. 与知名艺体中学结为联谊学校，学习经验，提升自我。

"立体式"的艺体课程发展策略从生源的吸引到人才的输送，从开放式的交流到全方位的合作，能够更有效地利用和开发校内外艺体资源，为学校艺体课程拓宽生存的空间，创设良好的发展环境。

三、艺术课程发展急待解决的问题

1. 设备不足，现有的钢琴数量满足不了专业课上课和学生训练的需要，急需购置钢琴和常用乐器。

2. 各项艺术课程的开设需要安排时间，列入课表，按文化课程同等得到重视。

3. 艺术教师开设的课程、课时，艺术高考奖励等，需要纳入与文化课程同等绩效计算，调动教师的积极性。

第二节 艺体特色课程项目申报举例

一、秀全中学广东省中小学艺术教育特色学校申报

（一）指导思想

秀全中学艺术教育全面贯彻党的教育方针，践行社会主义核心价值观，全面贯彻落实教育部《关于全面深化课程改革落实立德树人根本任务的意见》和 "中国学生发展核心素养"的教育理念，通过艺术教育落实立德树人根本任务，突出培养学生的社会责任感、创新精神和实践能力，促进学生的全面发展。

（二）学校艺术教育概况

秀全中学创建于1970年，是广东省首批国家级示范性高中、广东省高中教学水平优秀学校。在区委、区政府的大力支持下，秀全人始终坚持"明史润德，聚秀育全"的办学理念，为学生的全面发展、个性发展和终身持续发展提供最优质的教育资源。近年来，在全力打造特色课程的过程中，学校传统优势项目硕果累累，创新开发项目发展迅速，均达到国家级水平。在创建艺术教育特色工作中，秀全中学艺术教育面向全体学生，尊重个性，培养特长，致力于为每名学生未来的主动、健康、全面发展奠定基础。坚持学校艺术课程与国家艺术课程互补，以创建艺术教育特色项目来促进学生美育核心素养的培养和教育教学质量的全面提高。

2016年秀全中学整体搬迁至新校区，新校区占地430亩，按照高标准、高起点规划设计，艺术设施设备先进、齐全，多功能艺术楼有多个独立的多媒体音乐教室、舞蹈排练厅、多功能演艺厅，各年级教学楼的架空层都建有小型表演舞台。艺术教研组有专业教师8人，其中舞蹈、音乐教师4人，美术教师4人，全部具有本科学历，是一支结构合理、具有丰富教学经验、取得丰硕教学成果的教师队伍。为了加强教学和排练质量，学校还外聘华南师范大学一位合唱专家和管乐及舞蹈机构各一家协助学校提高艺术特色项目的开展。

（三）多元化的艺术课程设置

学校严格按照国家课程要求开、齐开足艺术课程。近年来，学校经过科学分析，反复论证，将艺术课程改革的重心放在课程的设置上，目前已初步形成国家艺术课程面向全体学生，个性化、差异性的艺术课程提供给不同爱好和特长的学生选择，音乐、美术高考课程专门为培养专业人才服务的三种不同育人功能的艺术课程。学校艺术课程设置改革与新课程标准提出的三级课程观（国家课程、地方课程、校本课程）和学校新时期提出的"基础课程、拓展活动课程、专业课程"既相辅相成，又有切合学校实际的艺术校本课程开设的做法。在实现艺术课程面向全体学生的同时，达到了按需分层，全面盘活了艺术教育资源，使学生的艺术培养有了清晰的方向，教师的成长得到了专业化的培养，学校的艺术教育有了明确的发展目标。多元化的艺术课程设置使秀全中学的艺术教育走在了课程改变的前列，形成了多项艺术特色，取得了显著的艺术教育育人成果。

（四）艺术特色项目育人成绩显著

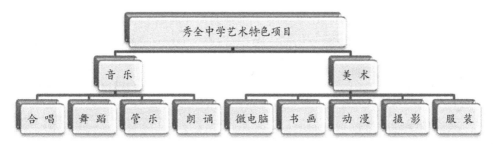

1. 音乐特色项目建设。

秀全中学音乐学科致力于打造艺术品牌，引领全区音乐教育发展，力争走在全市前列。音乐学科竞赛成绩突出，特别是在大型的艺术比赛中成绩斐然、硕果累累，为学校、花都区以及广州市争得了荣誉，合唱、舞蹈、管乐、朗诵尤为突出，屡获佳绩，在全市具有一定的影响力，在历届学校合唱节、舞蹈节比赛中均获花都区一等奖和广州市一、二等奖。

（1）合唱特色项目。

秀全中学合唱团成绩辉煌。1990年，学校就立足长远，加强学校混声合唱团训练，在第四届广州市中小学合唱比赛中历史性地夺得冠军，此后，经过一代一代人的执着努力，秀全中学合唱团共获得8次广州市一等奖，多次参加省市优秀节目汇演，2000年更是荣获广州市学校合唱"五连冠"特殊荣誉称号，2015年被广州市教育局选派参加广东省第二届中小学生合唱比赛现场总决赛，使秀全中学的合唱事业再创新高，最终荣获省级一等奖，实现历史性的突破。2019年11月结束的广州市第十四届学校合唱节总决赛中，秀全中学合唱团不负众望，再次荣获一等奖。秀全中学也是花都区在合唱比赛中获省、市、区级奖项次数最多、获奖级别最高的中学。

优异成绩的取得与学校的一贯重视和师生的坚持努力密不可分。尤其是

2016年学校搬迁到新校区后，全面开设了合唱校本课程，定期组织班级、年级合唱比赛，学校合唱团长年坚持训练。为了进一步提升学校合唱团的合唱水平，学校还聘请省、市合唱领域著名专家为合唱团进行指导。学校合唱特色项目的开展既培养了学生的审美能力及合作精神，也锻炼了学生的学习意志。如今，秀全中学合唱特色项目已经积淀了丰厚的文化底蕴和特色课程开展经验，展望未来，我们有信心，使学校的合唱特色项目一步一个脚印，在传承中创新发展，不断地实现新的突破。

（2）舞蹈特色项目。

秀全中学舞蹈特色项目成果显著。课程开设分为三个层面：一是面向全体学生开设了舞蹈鉴赏课程，旨在提升学生的艺术鉴赏能力。二是为了培养学生的兴趣爱好，开设了校本课程和社团活动，主要教授现代舞基训以及编舞技法。三是选拔舞蹈特长的学生组建学校舞蹈队，代表学校参加省、市、区级比赛及大型演出。2018年、2019年学校舞蹈队参加花都区第三、四届才艺比赛，全部荣获一等奖。学校舞蹈队共6次代表花都区参加广州市学校舞蹈节，4次获一等奖，2次获二等奖。艺术组创编和排练的舞蹈《那一年我们十八岁》《匆匆那些年》《叻妹"趟"椗门》连续获广州市第六、七、八届学校艺术节舞蹈比赛创作组一等奖，使学校的舞蹈特色发展走在了区、市的前列。2021年，我校的舞蹈节目再次被选中参加7月中旬的广州市学校舞蹈展演。

（3）管乐特色项目。

学校管乐队是2016年搬迁至新校区后组建的，主要由初中部的学生组成。在专业老师的带领下每周有计划地开展3次高效训练，使学生的音乐素养和演奏能力快速提升，队伍不断成长、壮大。花都区第五届器乐比赛中，秀全中学代表队在众多资深的管乐团队中脱颖而出，以完美的演绎征服了现场所有的评委和观众，以全场最高分夺得一等奖第一名的佳绩。现在正在筹备扩大管乐特色项目规模，争取在初中阶段让每名学生都掌握一项管乐吹奏技能。

2. 美术特色项目建设。

秀全中学是区内最早开设书法特色课程的学校。从1989年开始，学校每年都有美术、书法和摄影作品展，现已成为学校文化艺术节的重要部分。学校晋升为国家级示范性高中后，美术课程开设更加丰富，形成了美术鉴赏模块、绘画模块、摄影摄像模块、书法国画模块等众多项目。2016年，学校增大美术教育的投入，成立美术专业班，由专业教师负责教学，外请专家指导，以至美术高考生专业上得以迅速提升，高考捷报频传、喜讯不断。

为传承和发扬中华民族传统文化，加重民族传统文化元素，学校坚持以书画艺术教育为突破口，重点打造书画特色项目，努力构建墨香校园，提高学生综合素养，塑造学生健全人格，使学生个性充分张扬，书画艺术教育思想逐步"固化"在学校各个领域之中。

（1）墨香氛围，滋润心灵。

坚持从管理入手，严格执行课程设置，开足、开齐美术、书法课程，为切实、有效开展书画艺术教育提供可靠保证。学校定期开展艺术节、才艺大赛、招生开放日、迎新挥春等展览，坚持从氛围入手，在校园内形成一道亮丽的文化艺术风景线。坚持从课程建设入手，开发以中国传统书画为基础的校本课程。坚持从教师队伍建设入手，强化全员艺术教育意识，全面提高教师艺术素养，为全面实施艺术教育提供可靠的师资保障。

（2）发展特长，因材施教。

学校把选择权充分交给授课教师和学生，根据教师的专业特点和学生的兴趣需求来设置课程。社团负责教师因材施教，学生的学习更自由、实在，更有趣、有创造力。根据学校隽秀课程的设置，书画类选修课分别有"秀韵丹青"的国画课、"色彩情感"的油画课和"秀墨飘香"的书法课，真正激发了教师的潜能，培养了学生的美术综合素养。

（3）特色彰显，硕果累累。

一分耕耘一分收获。近年来秀全中学的美育工作正逐步迈向正规化，参加花都区组织的各种书画比赛，获得了丰硕的成果。近3年有近100名学生获得各级奖项。通过各种比赛，为广大学生提供了一个展示自我的舞台，激发了学生对艺术的热情和灵感，提升了艺术修养。

目前，为开阔学生的视野，提升学生的艺术素养，让学生有更专业的学习、展览空间，除继续开展基础课程选修课之外，还将邀请名家进校园，组织更广泛、覆盖面更大的校园书画交流活动。

美术方面还开设了动漫、摄影、微电影、服装杂志设计等多种特色课程。满足不同兴趣爱好学生的需求。

如今，秀全中学是广东省占地面积最大、拥有优良教育软硬件资源、设施非常先进的学校，有多年积累的丰富艺术教育实践经验，有上级政府及教育主管部门的指导和关怀，希望通过这次申报广东省中小学艺术教育特色学校，使秀全中学的艺术教育能够再上一个新台阶，走上艺术教育飞速发展的快车道。秀全中学的艺术教育必将在区、市继续发挥示范引领作用，为带动、辐射、繁荣区域中小学的艺术教育发挥巨大的作用。

二、广州市高水平学生美育团队（舞蹈项目）申报

（一）指导思想

秀全中学艺术教育全面贯彻党的教育方针，践行社会主义核心价值观，全面贯彻落实教育部《关于全面深化课程改革落实立德树人根本任务的意见》和"中国学生发展核心素养"的教育理念，通过艺术教育落实立德树人根本任务，突出培养学生的社会责任感、创新精神和实践能力，促进学生的全面发展。

（二）学校艺术教育概况

秀全中学创建于1970年，是广东省首批国家级示范性高中、广东省高中教学水平优秀学校。在区委、区政府的大力支持下，秀全人始终坚持"明史润德，聚秀育全"的办学理念，为学生的全面发展、个性发展和终身持续发展提供最优质的教育资源。近年来，在全力打造特色课程的过程中，学校传统优势项目硕果累累，创新开发项目发展迅速，均达到国家级水平。在创建艺术教育特色工作中，秀全中学艺术教育面向全体学生，尊重个性，培养特长，致力于为每名学生未来的主动、健康、全面发展奠定基础。坚持学校艺术课程与国家

艺术课程互补，以创建艺术教育特色项目来促进学生美育核心素养的培养和教育教学质量的全面提高。2019年秀全中学被评为广东省艺术教育特色学校。

2016年秀全中学整体搬迁至新校区，新校区占地430亩，按照高标准、高起点规划设计，艺术设施设备先进、齐全，多功能艺术楼有多个独立的多媒体音乐教室、舞蹈排练厅、多功能演艺厅，各年级教学楼的架空层都建有小型表演舞台。艺术教研组现有专业教师8人，其中舞蹈、音乐教师4人，美术教师4人，全部具有本科学历，是一支结构合理、具有丰富教学经验、取得丰硕教学成果的教师队伍。为了加强教学和排练质量，学校还外聘舞蹈机构协助学校提高艺术特色项目的开展。

（三）多元化的舞蹈课程设置

学校严格按照国家课程要求开、齐开足艺术美育课程。近年来，学校经过科学分析，反复论证，将舞蹈课程改革的重心放在课程的设置上，目前已初步形成舞蹈鉴赏课程面向全体学生，个性化、差异性的舞蹈校本课程提供给有兴趣爱好和特长的学生选择两种不同育人功能的舞蹈课程。学校舞蹈课程设置改革与新课程标准提出的三级课程观（国家课程、地方课程、校本课程）和学校新时期提出的"基础课程、拓展活动课程、专业课程"既相辅相成，又有切合学校实际的舞蹈校本课程开设的做法。在实现舞蹈课程面向全体学生的同时，做到了按需分层，全面盘活了教育资源，使学生的艺术培养有了清晰的方向，教师的成长得到了专业化的培养，学校的美育教育有了明确的发展目标。多元化的舞蹈课程设置使秀全中学的艺术美育教育走在了课程改革的前列，形成了舞蹈艺术特色，取得了显著的艺术教育育人成果。

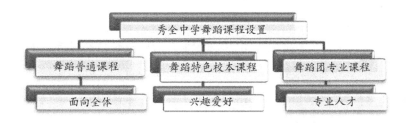

1. 普通舞蹈课程，面向全体培养学生的美育核心素养。

学校开设舞蹈艺术课程，面向全体学生，在舞蹈鉴赏课的教学中，注重课程的艺术与人文相结合的特征，传承文化艺术，弘扬人文精神；调节心理状态，促进身心健康。在陶冶审美情操、提高生活品质、提高审美能力上都有实践和创新的做法。

2. 舞蹈特色校本课程，满足学生兴趣爱好和特长的需要。

为满足学生的兴趣爱好和特长的需要，艺术教研组积极开发和实施校本选修舞蹈课程，努力打造我校舞蹈艺术特色项目。舞蹈校本选修课程特色显著，教学内容以教授现代舞基训及编舞技法为主，形体训练为辅，同时为学生提供多个展现自我的平台，内容丰富多样，如校园文化艺术节、舞蹈专场比赛、才艺大赛、达人秀、校本课程成果展演等。舞蹈特色校本课程给热爱舞蹈的同学提供深入学习和表演展示的机会，在学校艺术活动中展现了魅力，同时，还积极参加校内外专场展演和社会公益活动，成为宣传秀全中学的名片，得到区委领导和广大群众的一致称赞。

3. 舞蹈团专业课程为培养专业艺术人才服务。

秀全中学舞蹈团成立于1997年，长年坚持训练，先后开设了基本功训练、作品排练课、民族民间舞、现代舞基训课、编导技法等专业课程。为进一步提升学校舞蹈团的舞蹈水平，学校还聘请专家为舞蹈团进行指导。一分耕耘一分收获。近年来，舞蹈团参加市、区组织的各项比赛，取得了丰硕的成果。其中参加2018年、2019年花都区第三、四届才艺比赛，学校舞蹈团参赛学生全部荣获一等奖。通过各种比赛，为广大学生提供了一个展示自我的舞台，激发了对艺术的热情和灵感，提升了艺术修养。

（四）舞蹈特色项目育人成绩显著

秀全中学致力于打造舞蹈艺术品牌，引领全区舞蹈教育发展，力争走在全市前列。舞蹈学科竞赛成绩突出，特别是在大型的舞蹈比赛中成绩斐然、硕果累累，为学校、花都区以及广州市争得了荣誉，在全市具有一定的影响力。学校舞蹈团共6次代表花都区参加广州市学校舞蹈节，4次获一等奖，2次获二等奖。艺术教研组创编和排练的舞蹈《那一年我们十八岁》《匆匆那些年》《叻妹"趟"栊门》连续获广州市第六、七、八届学校艺术节舞蹈比赛创作组一等奖，使学校的舞蹈特色发展走在了区、市的前列。

学校舞蹈特色项目的开展既培养了学生审美能力及合作精神，也锻炼了学生的意志品质。如今，秀全中学舞蹈特色项目已经积淀了丰厚的文化底蕴和特色课程开展经验，展望未来，我们有信心使学校的舞蹈特色项目一步一个脚印，在传承中创新发展，不断地实现新的突破。

（五）学校舞蹈特色项目和高水平团队的未来与展望

学校高度重视舞蹈特色项目和团队建设，先后引进艾馨老师、陈琼舞蹈专业老师，并重视教师舞蹈专业能力的培养，多次派舞蹈教师参加各级教研部门组织的专项培训，如广东省"中小学"舞蹈骨干教师培训、"小荷风采"全国舞蹈创作高级研修班、广州市中小学舞蹈教师培训等。陈琼老师为改革课堂教学方式，提升教学质量，努力钻研，不断反思，执教的舞蹈课程在市、区的教学比赛多次获奖，撰写的论文《浅谈新课程下"音乐与舞蹈"模块教学》在省级刊物中发表。专业舞蹈教师的引进与培养有效地推动了学校舞蹈特色项目和团队的发展，学校舞蹈特色教育的开展已走在花都区和广州市学校舞蹈发展的前列。

如今，秀全中学是广东省占地面积最大、拥有优良教育软硬件资源、设施非常先进的学校，有多年积累的丰富艺术教育实践经验，有上级政府及教育主管部门的指导和关怀，希望通过这次申报广州市高水平学生美育团队，使秀全中学的舞蹈教育能够再上一个新台阶，走上舞蹈艺术教育飞速发展的快车道。秀全中学的舞蹈教育必将在区、市继续发挥示范引领作用，为带动、辐射、繁荣区域中小学的舞蹈教育发挥巨大的作用。

第三节 艺体特色课程的开设与成效

一、体育特色课程开设与成效（以秀全中学击剑特色课程为例）

课程改革的不断深入，为学校教育教学的发展带来了机遇。国家、地方、学校的三级课程管理模式，给学校课程内容的设置增添了新的活力。学校开发课程资源的自主性和选择性，对学校的课程设置起到了积极的促进作用。富有特色的"校本课程"越来越受到学生、教师、家长的欢迎，学校以本土加特色、教师以优质加专长、学生以全面加特长的办学模式越来越受到社会的关注。在这样的氛围下，秀全中学在全面贯彻教育方针的同时，积极推进素质教育，加大了对学校击剑特色课程的开发力度，采取各种有力措施抓好管理，逐步使击剑成为学校着力打造的特色之一。

（一）击剑校本课程设立的背景

学校体育工作是学校教育工作的重要部分，是贯彻党的教育方针、推进基础教育均衡、协调发展的重要手段。学校体育教育可以促使长身体、长知识时期的学生从小在身体健康方面打下良好的基础，并得到全面发展。一所学校的体育工作搞得扎扎实实、热气腾腾，不仅可以使学生有强健的体魄、充沛的活力，而且会有严密的组织纪律性，会形成积极、向上的良好校风。秀全中学在实施素质教育的过程中，长期开展"阳光体育"活动，将击剑运动作为"阳光体育"活动的特色项目，加以开发、利用，形成了具有鲜明特色的校本课程。

（二）培养目标

1. 掌握击剑的基本知识，了解击剑的文化内涵。

2. 掌握击剑的专项技术要领，懂得规则，能够进行实战比赛，取得优异的比赛成绩。

3. 在学习过程中，培养机智、敏捷的头脑，灵活、协调的动作，优雅、从容的气质，坚强、果敢的胆识。

4. 培养面对成功或逆境时自我控制的能力，能经受挫折的锻炼，适应飞速发展的社会。

（三）实施击剑校本课程的有效保障

为了更好地落实击剑校本课程，秀全中学特成立了领导小组，由学校行政和体育教研组人员组成，具体负责实施工作。为使领导小组的工作能顺利开展，确定了小组职责。首先，确立了学校体育工作的整体目标和规划。其次，加强了班主任工作职能，使全校教师都能积极支持体育工作，督促学生积极参加体育活动。秀全中学还定期组织体育教师开展政治理论学习和业务培训活动，提高全体体育教师的整体素质，促进学校体育工作深入开展。

（四）击剑校本课程的具体实施

由学校教科室负责牵头，结合教导处、体育教研组的教师共同进行教研，努力开发体育校本课程。营造浓厚校园体育文化。在学校张贴有关击剑知识的图片、文字资料和击剑明星照片，利用墙报等宣传阵地加强宣传。同时，还和少先队活动结合，开展了击剑知识竞赛，提高积极性与自觉性，增强击剑运动氛围。

以击剑为突破口，由体育教研组教师负责，编制简单易行的击剑校本教材，针对不同年级提出不同要求。在教材中制定了学生考核细则，对学生进行综合评价。同时，设计了击剑操，每个年级先抽出一个班作为实验班，逐步推广到全校。除每周利用星期三、星期五下午的时间在校内训练之外，还将有潜质的队员输送到击剑运动学校进行专业训练。

为进一步推动击剑项目发展，学校通过召开家长会、举办家长座谈会、书面联系卡等形式发生"一人锻炼，一人身体好；全家锻炼，全家身体好"的宣传口号；利用家长学校给家长传授体育知识，引起家长对学校体育活动的关心和支持，以便在家对子女进行体育教育，为子女创设良好的家庭体育学习环境。不断归纳、总结"击剑精神"，使它成为学风、班风、教风和校风，使体育起到育德、益智、强志、健体、养性的作用，培养"求实、博学、敢拼、创新"的师生风貌。通过击剑队的建设及拓展，完善击剑特色的内容、实施途径、评价方式，使教师、学生大面积地参与学校击剑运动，掌握技能，愉悦身心，锻炼身体。通过教师指导、参与比赛，把学生从课堂带到操场，走向社会，多角度、深层次地丰富了教学经验，从而树立崭新的素质教育理念，形成鲜明的办学风格，即形成学校特色。

希望通过对击剑校本课程的开发，能抓住一点，影响全面。以体育的崛起带动五育并举，以体育德，以体益智，以体强志，以体养性，以体会友，以体兴校，使学校形成鲜明的办学风格。在学生有特长的基础上，将其拓展成学校的办学风格，成为全面深化素质教育、提高教育教学质量的有效载体，最终实现特色学校的目标。

（五）进度安排

高一阶段，针对学生的特点、日常教学的特点，以及击剑比赛和击剑项目高考的具体要求，在教师的专业指导下打好基础，引导学生上课认真听练，课后进行针对性的专业训练，夯实基础，为全面提升击剑综合素养积蓄能量。

高二阶段，是知识难度提升和高标准、高要求打造高水平专业技术人才的关键时期。教师要给学生树立信心，提升自信，在抓好专业知识学习的基础上多提供学生展示的机会和舞台，营造比、学、赶、帮、超的理论课和实践课学习氛围，以活动和比赛促专业成长。

高三阶段，是学生向高水平院校冲刺的关键时期。根据每名学生的专业和文化课能力和潜能做好学生的目标规划和指引，确立学生目标定位，使学生的学习动力和潜能得到最大开发和施展。

（六）普通高中开展击剑项目的相关问题及解决措施

1. 学校击剑专项资金匮乏问题（修建场地、赛事组织、训练补助等）。

（1）秀全中学被列为全国校园击剑特色学校，可以获得2万元专项资金。

（2）寻找赞助商。主动联系社会资金，利用捐助、赞助等形式获得部分经费。

2．击剑教师、教练员缺乏问题。

（1）充分利用教师资源，解决结构性缺编问题。

（2）场地换教练。与职业击剑俱乐部及相关体育产业公司、培训机构合作，利用交换资源，学校出场地、外界出教练来解决教师短缺问题。

（3）加大培训力度把教练做精、做广。不仅要提高专业击剑教练员水平，还要普及体育教师的击剑基础知识。

3．安全保障问题。

学校击剑课、校园内部击剑赛，学生有校园方责任险。学生代表学校参加比赛，学校为学生购买保险。

（1）校园方责任险，全部都上。

（2）意外伤害险，参加击剑活动及比赛的全部都上。

（3）比赛组织方拿保险专项经费为参加比赛的教练员、裁判员、相关人员及队员上保险。

4．家长观念的问题。

（1）小升初、初升高衔接都要有相应的绿色通道。如果解决了这个问题，12岁前让学生接触击剑、家长认识击剑，相信家长对击剑的支持力度就会提高几倍甚至几十倍。

（2）加大绿色通道的宣传力度。只有通过各种宣传，才可以让家长觉得击剑是一条光明的道路。

（3）加大和完善绿色通道透明度和合理程度。让学生真正地选好、选对、走好击剑这条道路。

5．校内击剑赛事组织水平低的问题。

如果学校没有专业的击剑教练员，就不具备校园击剑赛事的组织与开展。

6．赛制不完善、裁判不懂规则等问题。

（1）专业培训。校园内部击剑赛的开展是击剑最基层的赛事。如果家长和学生觉得联赛或赛会制比赛不完善、太业余，就有碍击剑在校园的发展。因此，不仅仅要培训教练员，还要在教练员中开展专业的赛事（击剑节）组织。

（2）校园内部击剑赛不仅仅是组织一次正规比赛，还要有击剑趣味游戏比赛、击剑节、击剑绘画、啦啦操等相关的文化宣传活动。培训和观摩就是最好的学习方式。

（3）高水平裁判员培训和调用相结合。除选拔一部分裁判员参与高级别培训之外，还可以利用高等院校的学生加入裁判队伍。这样，可以解决裁判员紧缺的问题。

二、艺术特色课程开设与成效（以秀全中学艺术特色课程为例）

（一）学校艺术特色课程概况

2016年秀全中学整体搬迁至新校区，新校区占地430亩，按照高标准、高起点规划设计，艺术设施设备先进、齐全，多功能艺术楼有多个独立的多媒体音乐教室、舞蹈排练厅、多功能演艺厅，各年级教学楼的架空层都建有小型表演舞台。艺术教研组有专业教师8人，其中舞蹈、音乐教师4人，美术教师4人，全部具有本科学历，是一支结构合理、具有丰富教学经验、取得丰硕教学成果的教师队伍。

学校严格按照国家和省课程方案要求，开足、开好艺术类公共课程和艺术专业课程，致力于特色课程建设和校本课程开设，大力开展第二课堂活动和艺术实践活动，组建了近10个艺术社团，每年定期举办艺术节、书法大赛、器乐大赛、歌手大赛、摄影大赛、朗诵大赛和微电影等艺术活动，积极参加省、市、区以及社会等各级各类艺术比赛和展演实践活动。艺术专业人才培养方面成果丰硕。近年来，为中央美术学院、中国美术学院、广州美术学院、华南师范大学音乐系、星海音乐学院、广州大学音乐系等重点大学艺术专业输送了一批又一批艺术人才。

（二）艺术社团情况介绍

为丰富校园文化，艺术教研组积极组建并指导社团活动，先后成立舞蹈社、合唱社、流行音乐社、书法社、微电影社、街舞社、戏剧表演社、动漫社、摄影社、服装社、化妆社、模特表演社等多个艺术社团，努力打造秀全中学优秀社团文化。每个社团特色显著，活动内容丰富多样。艺术社团承担学校重大艺术活动，如艺术节、"秀全好声音" 歌手大赛、器乐专场比赛、书法大赛、摄影大赛等。在学校社团展示活动月中，每个社团还举行专场演出。艺术社团积极参加区委宣传部举办的"垃圾不落地　花都更美丽"秀全中学社团专场展演等社会公益活动，公益展演活动成为宣传秀全中学的名片，得到区委领导和广大群众的一致称赞。

（三）艺术特长生培养

秀全中学有着优良的艺术人才培养环境。一直以来，学校艺考生的文化、术科成绩都名列全区前茅，除为北京大学、中国人民大学、中央美术学院、中山大学、同济大学等重点大学艺术专业输送了一批又一批的优秀学生之外，还有多位艺术生大学毕业后在华南师范大学、广州大学等重点大学任教。近两年，学校音乐特长生凌志睿考进中国人民大学，美术高考生罗雨晴术科成绩达到清华大学录取线。2016学年学校加大艺术生培养力度，独立设置艺术班，安排专业教师进行更加专业和全面的辅导。

（四）艺术特色显著

1. 音乐学科。

秀全中学音乐学科致力于打造艺术品牌，引领全区音乐教育发展，力争走在全市前列。音乐学科竞赛成绩突出，特别是在大型的艺术比赛中成绩斐然，硕果累累，为学校、花都区以及广州市争得了荣誉，合唱、舞蹈，朗诵尤为突出，屡获佳绩，在全市具有一定的影响力，在历届学校合唱节、舞蹈节比赛中均获花都区一等奖和广州市一、二等奖。

（1）合唱特色。

秀全中学合唱团成绩辉煌。1990年，学校立足长远，引进了在河南大学任教的王伟老师。她指导秀全中学混声合唱团在第四届广州市中小学合唱比赛中夺得冠军。此后，秀全中学合唱团取得了一个又一个辉煌成绩，2000年荣获广州市"五连冠"特殊称号，自2003年起连续六届获得该项比赛一等奖，2014年获得广州市一等奖。2015年以绝对优势被广州市教育局选定参加广东省第二届中小学生合唱比赛现场总决赛，最终荣获省一等奖。秀全中学合唱团一步一个脚印，不断地实现新的突破。

1990年12月，获花都区第一届、广州市第四届合唱节一等奖；

1992年12月，获花都区第二届、广州市第五届合唱节一等奖；

1994年12月，获花都区第三届、广州市第六届合唱节一等奖；

1997年12月，获花都区第四届、广州市第七届合唱节一等奖；

2000年12月，获花都区第五届、广州市第八届合唱节一等奖，并荣获广州市"五连冠"特殊称号；

2003年12月，获花都区第六届、广州市第九届合唱节一等奖；

2005年6月，获广州市第四届艺术节管弦乐类二等奖；

2006年11月，获花都区第七届合唱节一等奖、广州市第十届合唱节二等奖；

2010年12月，获花都区第八届合唱节一等奖、广州市第十一届合唱节二等奖；

2013年3月，获花都区校园流行乐队大赛一等奖、广州市三等奖；

2013年12月，获花都区第九届、广州市第十二届合唱节一等奖；

2015年1月，获广东省第二届中小学生合唱比赛一等奖；

2016年10月，获花都区第十届合唱节一等奖。

（2）舞蹈特色。

在区、市享有盛名的还有秀全中学舞蹈队。学校开设了面向全体学生的舞蹈普及课程和学校舞蹈社团的专业课程，6次代表花都区参加广州市学校舞蹈节，4次获一等奖，2次获二等奖。艺术教研组创编和排练的舞蹈《那一年我们十八岁》《匆匆那些年》《叻妹趁枞门》连续获广州市第六、七、八届学校艺术节舞蹈比赛创作组一等奖，使秀全中学的舞蹈特色发展走在了区、市的前列。

1999年12月，获花都区第四届学校舞蹈节一等奖、广州市第七届学校舞蹈节二等奖；

2002年12月，获花都区第五届、广州市第八届学校舞蹈节一等奖；

2005年12月，获花都区第六届学校舞蹈节一等奖、广州市第四届学校艺术节二等奖；

2009年4月，获花都区第七届学校舞蹈节一等奖、广州市第五届艺术节一等奖；

2012年5月，获花都区、广州市第六届学校艺术节舞蹈专项类一等奖；

2015年5月，获花都区第七届学校艺术节舞蹈专项类一等奖；

2018年5月，获广州市第三届"羊城学校美育节"舞蹈比赛中学创作组节目一等奖。

（3）艺术特色项目（经典诵读和领导力）。

2014年9月，获第六届经典美文诵读花都区一等奖、广州市三等奖；

2017年10月，获经典美文朗诵展演暨广州市中小学经典美文表演大赛特等奖；

2016年7月，在上海举办的第七届全国中学生领导力展示会上，秀全中学展示的具有浓郁岭南特色项目《珐琅情韵》夺得"优秀学校一等奖"；

2017年9月，在郑州外国语学校举办的第八届全国中学生领导力展示会上，秀全中学展示的具有浓郁岭南特色项目《情系祠堂》夺得"优秀学校特等奖"；

2010年6月，获第十六届亚运会亚洲青少年才艺大赛市二等奖。

2．美术学科方面。

（1）美术特色建设。

秀全中学全面开设美术课与书法课，是区内最早开设书法课程的学校。学校晋升为国家级示范性高中后，美术课程开设更加丰富：美术鉴赏模块、绘画模块、摄影摄像模块、书法模块等。从1989年开始，学校每年都有美术书法摄影作品展，成为学校文化艺术节的重要部分。2016年，学校增加对美术学科的投入，成立美术专业班，由专业教师负责教学，又外请专家指导，美术特长生专业上得以迅速提升。历届美术高考生成绩优异，黄敏仪考入中山大学艺术系，刘丽斯考入广州美术学院，任婉文考入天津美术学院，宋韵怡考入广州美术学院，高晓明考入华南农业大学，邓颖瑶考入中央美术学院，林景然考入中国美术学院，任敏贤考入汕头大学，汤颖楠考入同济大学，等等。相信今后的美术特长生高考更会捷报频传、喜讯不断。

美术方面还开设了动漫社、摄影社、书法社、服装社、杂志社、微电影社，其中摄影社受邀参加了广州市中小学摄影社团展。秀全中学已与广州大学城合作，成为广州动漫产业基地。

（2）美术学科主要获奖成绩。

近年来，秀全中学美术校本课程取得了可喜成绩。有高一的微电影、高二的摄影摄像课，学生作品得到广泛认可。"寻找羊城故事"微电影比赛在广州市学校艺术节摄影大赛上获得优异成绩。微电影《逆光》在"粤美校园微电影"评比中获最佳微电影奖，《假如我有超能力》《晓生》《难行能行》获"粤美校园微电影"评比优秀微电影奖。2014年获"寻找羊城故事"广州校园微电影创作活动优秀组织奖。秀全中学艺术课堂教学扎实、有效，让全体学生接受艺术熏陶，接受美的教育。

如今，秀全中学是广东省占地面积最大、拥有优良教育软硬件资源、设施非常先进的学校，有多年积累的丰富艺术教育实践经验，有上级政府及教育主管部门的指导和关怀，学校艺术教育在新时代将走上飞速发展的快车道。秀全中学的艺术教育必将在区、市继续发挥示范引领作用，为带动、辐射、繁荣区域中小学的艺术教育发挥巨大的作用。

第四节　艺术拔尖人才特色课程发展规划

一、艺术拔尖人才特色课程发展规划报告

秀全中学的艺考生培养大致分为搬迁到新校区前、后两个阶段。在搬迁到新校区前，秀全中学的生源质量好，艺考生不多，每年只有三五个人，都是个别培养，没有形成规模。搬迁到新校区后因生源质量下降而不得不将多渠道培养人才提到日程上来。自此，秀全中学开始着手规划进行规模化培养艺考生，于2016届新高一成立了首个艺术班。这一届艺术班在各方面力量的推动下办得

非常成功，45名通过文化高考难于考入一本的学生，通过艺术班的培养在2019年的高考中超70%的艺术生考入了同济大学、中山大学、苏州大学、华南师范大学、北京电影学院等著名高校的艺术专业，全班100%的艺术生全部升入了公办本科院校的艺术专业。这其中有一些学生在高一就发现有心理问题，还有些学生的学习成绩跟不上，甚至基本放弃了学习，但他们在艺术班的培养学习中找到了自己的闪光点，一步一步树立了成才信心。2019年秀全中学艺考生在高考中一举排在了在全市乃至全省的前列，得到了家长的高度认可和社会的广泛赞誉。2020届新高一，经过艺术教研组的请示、学校领导的论证分析，决定复办秀全中学艺术班，但由于种种因素，无论是艺术生数量，还是生源质量都没有达到预期的效果。这一届艺术班虽然不够理想，但我们一直在坚持想尽办法把艺术班办起来。令人欣喜的，上学期我们请区教育局领导多次现场考察艺术班的情况，批准秀全中学批准成为"区艺术拔尖人才培养试点校"。艺术班的成立和开展专业化培养让区教育局领导看到了秀全中学培养艺术拔尖人才的行动和信心，"区艺术拔尖人才培养试点校"的成功评定让秀全中学在艺术高考方面得到上级政策、人力、物力、经费的支持和倾斜，使秀全中学再一次成功站上了区艺术教育的高端发展平台。2021届新高一艺术班能否继续办起来，能否办好，成为学校艺术教育是持续向上发展，还是走向下滑之路，以及成为突破学校艺术高考人才培养的进与退，还有学校的艺术教育以后能否得到上级的支持与重视的转折点。

（一）目前，艺术高考生的培养成为学校艺术教育持续发展的突破口

翻开秀全中学的历史，学校的艺术教育有着辉煌的过去。目前，综合实力在区内仍处于领先优势，在广州市仍占有一席之地，但我们感觉到优势不再像以往那样明显，发展前景也不容乐观。秀秀中学的艺术教育走到了进与退的十字路口，可以说处于历史的拐点，唯有突破创新才能闯出新的发展道路。目前，学校艺术教育发展的困境主要有两个方面：

1. 常规艺术培训、学习、活动的时间和学生的出勤率难以保障。

因为高考高优率是学校高考的重点，搬迁到新校区以来，文化学习时间排

得比较满，导致艺术活动和社团及艺术参赛队伍排练的时间难以保障，学生怕耽误课程和学习，参加排练活动不积极，参赛只能是短期的赛前训练。就是这样，不少好苗子虽经艺术教研组教师反复动员，但最终还是因怕耽误学习而放弃参加艺术排练和参赛。目前的省、市、区各级艺术赛事水平在快速提高，只是短期集训难于达到赛事艺术表演的难度和水平。一方面，我们了解到广州市的几大名校，因为生源好，学生认为参加艺术活动是一种学习后的放松，是学习后的劳逸结合，加之学生素养高、接受得快，又实行了长期、系统的专业训练模式，所以在重大艺术比赛中省、市名校一直处于第一梯队。另一方面，区内外比秀全中学生源差的一些学校，由于升学率与秀全中学有差距，因此，它们将艺术教育作为突破口来提升学校的高考升学率和成为重点打造学校品牌的途径，如区内一些学校近年来通过大量招收艺术特长生，长期专业训练，重金聘请省、市知名专家进行指导，采取艺术高考系统训练和艺术高考规模化发展等措施，使得艺术教育整体上升迅速，大有超越秀全中学之势。秀全中学艺术教育目前处于"后有追兵，前有堵截"之势，急需扩宽自己的发展道路，摆脱不利局面。

2. 艺术高考在学校人才培养中的缺位。

2019年毕业的高三艺术班取得了花都区艺术高考遥遥领先，位于广州前列的位置，说明学校在艺术高考方面有自身优势。正当总结经验、蓄势待发之际，由于高考高优率不算艺术生等问题，接下来的2017、2018、2019三届新高一停办了艺术班。2020届新高一的艺术班虽稍有转机，但困难重重，现在面临危机的是，如果秀全中学艺术班再次停办，那么上级必然将高中艺术教育资源转移到区内其他重点兴办艺术高考的学校，艺术生源、政策将会重点投入到区教育局指定的其他艺术高考发展好的学校。这样的话，对秀全中学将来的艺术教育发展更加不利，今后秀全中学在省、市艺术比赛和艺术高考中将会处于劣势（甚至艺术比赛在区内都难以出线）。在艺术教育上如果没有应变之策，就将有可能很快被超越。

（二）学校复办高中艺术班的必要性

1. "广东省级艺术特色项目学校"的使命与任务的需要。

近一年来，学校成为"广东省级艺术特色项目学校"，有4个项目申报成功为省级艺术特色项目。舞蹈项目也申报成功为"广州市高水平艺术团队"，2020年又被区教育局评为"艺术拔尖创新人才培养基地"，省、市、区教育主管部门会定期检查督导艺术特色项目发展和学校艺术教育成果。艺术高考生的人才培养是一项重要指标。

2. 学校高中招收艺术特长生后开展艺术专业化培养的需要。

学校招收艺术特长生后，艺术特长生的艺术专业化人才培养课程需要有系统的规划和实施。

3. 学校生源的实际情况构建多元化人才培养战略的需要。

根据学校生源现状，有必要分流一部分文化课成绩不理想、处于高优线下，但有特长和天赋的学生，实施多元化人才培养，提供学生多种成才之路，实现人才培养的新增长点和新突破口。

4. 学校长远发展的需要

从学校长远的文化和艺术氛围积淀，区、市各校的艺术教育激烈竞争考虑，艺术高考人才的培养是学校艺术教育的硬实力，如果缺失，就明显缺乏底气，成为艺术教育发展和学校整体发展的短板。同时，艺术比赛和艺术活动又是一所学校的软实力，秀全中学艺术团队的赛前短期训练不再适应今后省、市艺术比赛所追求的高、精、尖的要求。艺术教育是一所学校展现办学成果和宣传学校的名片，秀全中学要擦亮这张名片，需要在艺术教育中开发和利用有利于发展的资源。

（三）学校高考艺术班的人才培养目标定位

1. 秀全中学艺术生与区内其他学校艺术生的文化成绩比较占有绝对优势，可以确立"育精品、升名校"的高端艺术人才培养目标，高于区、市其他普通高中的艺术高考人才的培养定位。

2. 培养更多高、精、尖的艺术人才，为花都百姓服务。

3．通过艺术高考培养实现名校目标。

（四）学校高考艺术班的管理与教学策略

（具体可在实践操作中再细致分析、论证、实施）

1．管理：每个年级成立1个高考艺术班（包括音乐、美术、传媒生），利于开展符合艺术生培养的教学和管理。

2．教学：艺术班是分流达不到高优线，且有艺术特长的学生，在文化学习上采取"降低难度、提高要求"的策略，在艺术专业教学上采取"固定时间、提高难度、个性化培养"的策略。

（五）学校艺术教育的未来与展望

通过艺术高考生的培养，实现多渠道培养人才，实现"多出人才，出好人才"的目标。秀全中学2019年毕业的艺考生有2人冲击清华大学和中央音乐学院，1人可被中国人民大学录取，但选择了上海同济大学。如果成立艺术班加以重点培养，那么秀全中学有实力培养艺术生实现世界级艺术名校的目标。艺术高考人才的培养可以有利带动学校艺术文化和艺术氛围，可以促进和提高学校整体艺术活动质量和省、市参赛水平，可以起到一系列良性循环的推动作用。增加艺术高考生的培养，对艺术教研组教师的压力和工作任务就会大幅度增加。根据当前和今后学校艺术工作的开展形式，为了学校艺术工作可持续发展，希望学校领导对艺术拔尖人才的培养高度重视、办好高考艺术班，在艺术人才培养上不断积淀，使学校艺术人才培养和艺术教育走向更加辉煌、灿烂的明天。

二、艺术拔尖人才特色课程宣传报道

走多元化办学之路，育高精尖艺术人才

——秀全中学高一艺术班开班了

秀全中学的艺术教育近年来成绩斐然，捷报频传，2019年被评为"广东省艺术特色学校"，合唱、舞蹈、管乐、书画四个艺术项目被评为"省级艺术

特色项目"、2020年舞蹈项目又被评为"广州市高水平艺术团队"。艺术教育的蓬勃发展为学校的可持续发展注入了活力。本学期秀全中学艺术教育又有重大举措，在学校领导的关心和支持下，经过各年级级长和艺术教研组的精心筹划，高一艺术班在本学期选科分班之际顺利完成了组建成班工作，开启了秀全中学艺术教育的新篇章。

秀全中学之前有过艺术班成功开设的经验，2019年毕业的高三艺术班，40多名原本文化课学习成绩排名靠后、难于考上理想大学的学生，通过三年艺术班的培养，超过70%的艺术生考入了全国重点大学的艺术院系，艺术班的学生全部考入本科院校，本科升学率为100%，其中有多名艺术生考入同济大学、中山大学、四川大学、中南大学、苏州大学、华南师范大学等全国著名重点院校的艺术院系，以及北京电影学院、星海音乐学院、广州美术学院等艺术专业院校。突出的艺术教育育人成果远远超出了家长和学生的预期，在中和社会上引起了轰动，产生了强烈反响，学我校艺术生的成班教学积累了经验，找准了方向。

新高一因选科改革等一系列因素给秀全中学艺术生成班教学带来了诸多困难，但考虑到还有一部分爱好艺术、有艺术天赋的学生渴望得到学校的专业培养，秀全中学经过反复研究、论证，年级组组长与艺术教研组对学生多次进行调查摸底，学校领导班子与年级组组长和艺术教研组多次研讨分析，一致认为："秀全中学的教育是为花都人民服务的教育，学生的才能各有不同，学校要尽其所能为每一名学生搭建适合自己成长发展的平台。"因此，学校决定在本届高一重启艺术班的组建开设工作，并确定了学校艺术班"高标准、精培养、升名校"的高端艺术人才培养的战略定位。高一艺术班的成立是学校"尊重学生个性发展，实施多元化人才培养，培育各类顶尖人才，办好花都人民满意的秀全教育"的又一重大举措，实现了由"千军万马过高考独木桥"到"搭建起人才培养的立交桥"的人才培养方式的转变，进一步推动了"用不同的课程满足不同学生成才的需要，让不同才能的学生选择不同课程"的秀全中学课程改革的进程。

　　学校高度重视本届高一艺术班的培养工作，选派了经验丰富的师资力量，对艺术班的教学进行了精心安排，在全力抓好艺术班文化课教学的同时，还重点强化艺术专业训练。经过三年培养，本届艺术班的高优率争取超过80％，实现考入清华大学、北京大学、中国人民大学等名校艺术专业和中央美术学院、中央音乐学院等顶级艺术院校的目标，将一大批艺术生送入中山大学、华南理工大学等著名高校的艺术院系，为秀全中学今后继续办好艺术班和艺术教育的可持续发展打下坚实基础，不断实现秀全中学艺术教育的新突破，圆每名秀全中学学生的成才梦，让每名秀全中学学生都获得成功！

高中艺体教育教学篇

　　高中艺体教育教学是高中艺体工作的核心。艺体教育教学需要科学论证、细致规划，才能有效提高高中艺体教育教学质量，培养学生的艺体核心素养，不断提升学生艺体专业能力，使其终身受益。

第一章　高中艺体教育教学工作

第一节　学期体育教育教学工作计划

一、工作目标

继续贯彻"关于深入教育改革，全面推进素质教育的决定"，继续实施《国家学生体质健康标准（试行方案）》，严格执行《学校体育工作条例》，切实落实"健康第一"的办学理念，积极开展教学教研活动，转变教学观念，试运行新课程改革，完善体育课程改革方案，把体育工作做实、做好。作为一个进一步扩大的体育教研组，我们决心讲团结、讲奉献、讲开拓、讲拼搏，在新的学期中，我们加倍努力，为学校的体育工作做出应有的贡献和成绩。

二、主要工作及措施

1. 加强师德建设，做到言教身教，继续致力于体育教研组的组风建设，提高教师的工作热忱，发挥每一名教师的工作热情，团结、严谨、进取，共同把学校的体育工作做实做好。

2. 加强安全防范措施，始终把"安全意识"放在首位，切实做好学校体育的安全工作，确保活动场地设施的完好与安全，确保学生人身安全。

3. 继续学习和研究《体育与健康》新教材，认真贯彻体育教学"六认真"细则，坚持相互听课和评课。不断提高教师的义务水平与能力，对新教材加以研究，参与课程改革，结合新教师所学新教法，积极探索教学新思路，以学生为本，以"健康第一"为原则，促使学生养成自我锻炼的习惯，掌握科学锻炼的方法，树立终身锻炼的思想。

4. 加强对年轻教师的培养，严格要求，树立牢固的专业思想、踏实的工作作风，业务上做到具有良好的观察能力，有一定的组织能力，讲解有表达能力，动作有示范能力，运动队有训练能力，调动学生有激励能力，教学中有创造力，教研有科研能力。年轻教师上公开课一节，相互促进，相互提高。

5. 加强体育教研组的科研意识，强化组内科研风气，以科研指导教学、以科研服务教学，解决教学中的实际问题，使体育教学更趋于科学化、规范化，抓好课题研究工作，认真收集相关资料，撰写出高质量的文章。

6. 继续抓好各项运动队的训练工作，不但要提高运动水平，更要加强对学生的道德意志品质的培养，赛出成绩，赛出水平。

7. 积极推动学生体育活动的开展，确保学生每天必要的活动时间（1小时），做好三操两课两活动，落实各年级课外活动时间的组织安排工作，给学生创造一个展现的平台。

8. 学前做好场地器材的维护，并落实体育室器材出借登记、管理制度。

三、具体安排：

9月

1. 各备课组制定年级学期工作计划、单元计划（备课组组长负责）。

2. 校运动会筹备工作。

3. 第一周发校运会项目报名表。

4. 校各项运动队组队、训练工作：

（1）校田径运动队组队、训练工作；

（2）校篮球运动队组队、训练工作；

（3）校足球运动队组队、训练工作；

（4）校击剑运动队组队、训练工作；

（5）校羽毛球运动队组队、训练工作；

（6）校乒乓球运动队组队、训练工作；

（7）校游泳运动队组队、训练工作。

5. 第三周各班上交校运会报名表。

10月

1. 同一年级组开课。

2. 实施课外活动工作。

3. 参加区中学生田径运动会（待定）。

4. 课题组资料的收集。

5. 各项比赛工作正常开展。

6. 对《国家学生体质健康标准（试行方案）》做准备工作。

7. 学校秋季运动会（大约第九周）。

11月

1. 校各项运动队组队、训练工作。

2. 实施课外活动工作。

3. 同一年级组开课。

4. 课题组资料的收集。

5. 对《国家学生体质健康标准（试行方案）》做准备工作。

6. 区大课间评比（待定）。

12月

1. 校各项运动队组队、训练工作。

2. 实施课外活动工作。

3. 同一年级组开课。

4. 课题组资料的收集。

5. 对《国家学生体质健康标准（试行方案）》做录入和上报工作。

6. 教研组工作总结。

7. 考核工作。

8. 学期结束工作。

周程安排表

周 次	日 期	内　容
预备周	8月27号	开学准备工作
1	9月1号	（1）各备课组制定年级学期工作计划、单元计划；（2）校运动会筹备工作；（3）第一周发校运动会项目报名表
2	9月6号	（1）校各项运动队组队、训练工作； （2）对《国家学生体质健康标准（试行方案）》做准备工作
3	9月13号	各班上交校运会报名表
4	9月20号	校运会秩序册编排
5	9月27号	校运会秩序册编排
6	10月4号	国庆节放假
7	10月11号	实施课外活动工作
8	10月18号	实施课外活动工作
9	10月25号	校运会（星期三至星期五，初定）
10	11月1号	校各项运动队组队、训练工作
11	11月8号	参加区中学生田径运动会（待定）
12	11月15号	区大课间操评比（待定）
13	11月22号	对《国家学生体质健康标准（试行方案）》做准备工作
14	11月29号	校各项运动队组队、训练工作
15	12月6号	实施课外活动工作
16	12月13号	课题组资料的收集
17	12月20号	对《国家学生体质健康标准（试行方案）》做录入和上报工作
18	12月27号	考核工作
19	1月3号	教研组工作总结
20	1月10号	学期结束工作

第二节　高中体育选项教学实施方案

一、实施背景

1. 符合高中学生身心的发展。

随着年龄的不断增长以及对体育学科的不断实践、认识、尝试，学生逐步找到了适合自己或自己喜欢的体育项目。让学生选择自己喜爱的体育项目进行课堂教学有利于培养学生对体育的兴趣，发挥学生的体育专长，提高学生的身体素质；有利于学生的身心健康；有利于促进体育技能的形成和提高；有利于教师专长的发挥和教师的成长；有利于合理利用教学资源；有利于培养学生终身体育的意识、习惯和能力。

2. 与新的体育与健康的课程标准精神相符。

根据国家体育与健康课程标准要求以及体育教学的改革与发展，在今后的体育课堂教学中大幅提高了选用教材的课时比例。学生将成为选择教学内容的主体，鼓励开展选修课、研究性学习。学校结合自己的实际情况制定自己的教学计划，内容进度形成自己的特色。

二、指导思想

1. 坚持"以人为本，健康，和谐，全面发展"为核心的基本教育理念。

2. 牢固树立"健康第一"的主导思想。

3. 整合"过程—目标"教学模式，构建适合学校的教学体系。

4. 将"终身体育"意识融入教学，让体育融入生活。

三、目标定位

1. 体育课程目标。

（1）总目标。

①爱好运动，积极参与各种体育运动，并能熟练掌握1—2项运动的基本方法和技能，基本形成终身体育的意识和习惯。

②全面发展与健康有关的各种体能，增强身体素质。

③根据自己的能力设置体育学习目标，通过体育活动自觉改善心理状态，运用适宜的锻炼方法调节自己的情绪。养成积极、乐观的生活态度，在运动中体验运动的乐趣和成功的感觉。

④理解身体健康的重要性。知道参加体育活动所带来的益处与潜在价值。

⑤在运动活动中表现出负责任的社会行为，并理解尊重所有人的重要性。

（2）课程具体目标。

新的高中体育与健康课程按知识与技能，过程与方法，情感、态度与价值观划分课程学习维度，按学生身心发展特征划分学习水平，并以五个方面的目标和水平的目标统领学习内容，建立了全新的课程结构和内容体系。

教学目标				
运动参与	运动技能	身体健康	心理健康	社会适应
选修项课程			必修项课程	
球类运动（篮球、足球、排球、羽毛球、乒乓球）	体 操	健美操	田径、体能	体育理论与健康知识教育

（3）课程水平目标。

根据课程标准要求高中阶段采用水平五教学内容，结合学校实际情况制定相应教学计划。

高中水平五（高中学段）教学计划

		第一学年		第二学年		第三学年	
		第一学期	第二学期	第三学期	第四学期	第五学期	第六学期
运动参与		△有规律地进行体育锻炼 △按兴趣选一个运动项目上体育课 △小球项目自备体育器材 △报名参加各单项俱乐部	△知道科学锻炼的基本原理 △按计划进行体育锻炼 △与小组伙伴一起进行活动	△根据自身情况制订简单的个人锻炼计划 △按兴趣新选一个或按上学年所选项目上体育课 △按照水平选择适合自己的进度上好体育课	△评价体能测试的结果。 △描述有规律的体育锻炼对健康的益处	△应用简单的方法测试自己的体能 △按兴趣新选一个或按上学年所选项目上体育课 △积极参加俱乐部活动	△描述经过一段时间体育锻炼后自身健康状况的变化。 △积极参加俱乐部组织的比赛
身体健康		△通过多种练习提高心肺功能和有氧耐力 △了解艾滋病的传播途径和预防措施 △了解性病的传播途径和预防措施 △自觉做到不吸烟、不酗酒、远离毒品	△通过多种练习提高心肌肉力量和肌肉耐力 △通过多种练习控制体重，了解饮食科学知识 △合理安排作息	△通过多种练习增强灵敏性、协调性和柔韧性，提高速度和反应时间 △了解心血管疾病、癌症和糖尿病的起因和预防措施 △了解常见传染病的传播途径和预防措施 △逐步形成健康的生活方式	△了解突发疾病的传播途径和预防措施 △注意合理营养和饮食卫生	△学会一两种我国传统养生保健方法 △懂得学习、劳动等过程中对饮食营养卫生的要求 △懂得环境因素对身体健康的影响	△了解食物营养价值与合理膳食的构成 △初步制订2—3个有特色的简单营养配餐处方 △关注和改善自己的身体健康状况

38

（续表）

	第一学年		第二学年		第三学年	
	第一学期	第二学期	第三学期	第四学期	第五学期	第六学期
心理健康	△懂得不良情绪对健康的危害 △运用所学方法调控自己在体育活动和比赛中的情绪 △了解体育活动对形成坚强意志品质的重要作用	△通过合理设置目标使自己在体育活动中不断获得成功 △了解自己学习生活中的情绪变化特征 △了解性成熟的心理特征	△在不断进步的过程中培养自尊和自信 △了解心理障碍的产生原因 △在体育活动中表现出坚强的意志和品质 △通过体育活动发展自主学习能力	△分析体育活动中成功与失败的原因 △通过体育活动发展探究学习能力 △认识自己的性心理变化	△在体育活动中充分展示自己的运动能力 △努力将体育活动中发展的学习能力迁移到日常学习和生活中 △了解体育活动对预防和消除心理障碍的作用	△努力将体育活动中培养的坚强意志和品质迁移到日常学习和生活中 △自觉通过体育活动预防或消除心理障碍
社会适应	△通过体育活动提高人际交往技能。 △尊重他人对体育活动的兴趣和需要 △在体育活动中保障他人人身安全 △寻找确定体育练习同伴	△在体育比赛中遵守规则和服从裁判 △了解个人健康与群体健康和社会发展之间的关系	△正确处理体育活动与其他活动中竞争与合作的关系。 △在学校和社区体育与健康活动中履行自己的权利和义务 △积极参加学校体育俱乐部活动	△与同伴一起分担和处理体育活动与其他活动中遇到的困难和问题 △稳定练习同伴	△了解国家有关体育与健康的主要法规 △尊重他人参与学校和社区体育与健康活动的权利和义务 △成为体育比赛的文明观众	△在体育与健康活动中表现出负责任的社会行为，如爱护公共体育设施与器材，保护运动场内外的环境卫生等

（续表）

	第一学年		第二学年		第三学年	
	第一学期	第二学期	第三学期	第四学期	第五学期	第六学期
	△掌握常见运动创伤的简易处理方法 △加入各单项体育俱乐部，并参加竞选	△了解并学会常用救生方法，如人工呼吸等 △学习所选项目的规则和裁判法	△通过互联网和电视直播学习体育知识和欣赏比赛，选择学习进度 △自觉运用所掌握的运动技能参加课外体育活动	△参加班内体育比赛或学校各单项体育俱乐部活动比赛	△对某些重大体育赛事做出简单评论 △熟悉所选项目规则和裁判法，担任学校比赛的裁判工作	△参加单项体育俱乐部组织的联赛和积分比赛 △讨论竞技运动与健身运动的区别
运动技能	△本单元可供选择的模块有篮球、乒乓球、羽毛球、等项目 △田径必修1学分 △提高运动中某些项目的运动技能水平 △较好地掌握球类运动中某一项目和某些项目的技术与战术	△本单元可供选择的模块有篮球、乒乓球、羽毛球、排球等项目 △田径必修1学分	△本单元可供选择的模块有篮球、乒乓球、羽毛球、田径、健美操、体操、排球、足球等项目 △提高运动中某些项目的运动技能水平 △较好地掌握球类运动中某一项目和某些项目的技术与战术	△本单元可供选择的模块有篮球、乒乓球、羽毛球、田径、健美操、体操、排球、足球等项目 △较好地掌握和运用球类运动中某些技术与战术	△本单元可供选择的模块有篮球、乒乓球、羽毛球、田径、健美操、体操、排球、足球等项目 △提高运动中某些项目的运动技能水平	本单元可供选择的模块有篮球、乒乓球、羽毛球、田径、健美操、体操、排球、足球等项目

说明：

（1）本表是高中水平五教学计划的框架格式，各项目应结合实际情况加以具体化。

（2）注意结合专项教学的特点穿插体能练习的内容，以全面发展学生的体能。

（3）根据实际情况将体育与健康课的知识内容适当分配到各学期进行教学。

（4）具体的教学内容、方法和评价可列入各项目单元和学时教学计划中。

2．学科建设目标。

（1）倡导全面、和谐发展的教育。以运动技能传授为载体，强调形成积极、主动的学习态度，使获得基础知识与基本技能的过程同时成为学会学习和形成正确价值观的过程。

（2）建立新的课程结构。改变现行体育课程结构过于强调学科本位、内容过多和缺乏整合的现状，以适应学生发展的需求，体现体育课程结构的均衡性、综合性和选择性。

（3）体现课程内容的现代化。改变现行体育课程内容"难、繁、偏、旧"的现状，关注学生的学习兴趣和经验，注重培养学生终身体育的意识和能力。

（4）促进学习方式的变革。改变现行体育课程的实施过于强调接受学习、机械训练的现状，关注学生的个体差异和需求，倡导学生主动参与、乐于探究、勇于实践，培养学生获取新知识的能力、分析和解决问题的能力，以及交流与合作的能力。

（5）形成正确的评价观念。改变现行体育课程的评价过分强调运动成绩的现象和过于注重甄别的功能，发挥体育课程评价促进学生发展、教师提高和改进教学实践的功能。

四、学校基本情况

1．目前学校体育场地设施情况。

田径场	足球场	羽毛球场	排球场	篮球场	乒乓球台	体操器械
1	1	5	1	4	15	若干

2．学校体育教师的资源配备。

体育教研组现有教师10人，专项分别是田径4人、体操1人、健美操1人、足球1人、篮球1人、乒乓球1人、羽毛球1人。除专项之外，每人都能承担2—3个体育项目的教学。

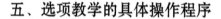

五、选项教学的具体操作程序

根据课程改革精神，结合学校实际情况，在高中阶段进行选项教学、学分管理。

（一）教学实施

1. 学分分布。

学生在高中三年完成必修与相应选修内容，可获得12学分，学分分布如下表所示。

年 级	高 一	高 二	高 三	总 计
学 分	4	4	4	12

2. 教学内容模块设置。

结合教师的知识能力结构以及学校的体育资源状况，以"健康第一"的指导思想作为选编教学内容的出发点，遵循学生身心发展规律和兴趣爱好，坚持健身性与文化性相结合、科学性和可接受性相结合的原则，我们在高中三个年级分别开设了以下学习内容供学生选择。

高 一	高 二	高 三
体能（必修第一学期）	田径（必修第一学期）	篮 球
篮 球	篮 球	足 球
足 球	足 球	排 球
排 球	健美操	乒乓球、羽毛球
羽毛球、乒乓球	田径（提高班）	健美操
健美操	羽毛球、乒乓球	田径（提高班）
健康教育（必修）		

各项目完成一学年取得学分后可进行一次调整，既可以调换其他项目，也可以顺向微调。

3．学生项目的确定。

新生入学时，采用填写选项志愿表，让学生根据自己所喜爱的项目，选择第一、二志愿，根据调查结果统计进行调配，最终确定一个项目作为本学期的选项内容。

4．教师的确定。

由本身是该专业特长的教师担任，如果分项的项目没有相应专业出身的教师，那么由本组中该项目能力最强的教师担任。按学生自选的项目分组，同组教师通力合作，根据个人特长，每人负责一组，进行分项教学。

5．采用同级四班或五班六块分项教学模式。

根据年级行政班级划分，安排年级内4个班级同上体育课。再打破原有行政班级划分将4个行政班按所选项目分解成A、B、C、D、E、F 6个班，平均每班50人左右，在6名教师的带领下在各自的区域内同时授课。

6．课时比例。

在选项教学中，难免会出现某一项目锻炼不均衡的现象。为了使学生全方位发展，在教学中应采用主辅项兼顾原则。每学期课程构成应有田径项目等均衡发展身体素质的体能项目（如下表所示）。

	课时比例		课时比例
选修课	70%	田径等体能专项练习	30%

7．课程具体安排。

课表安排如下表所示。

	星期一	星期二	星期三	星期四	星期五
上午2					
上午3					
上午4		高二1、2、3、4	高三5、6、7、8	高一6、7、8、9、10	高二13、14、15、16

（续表）

	星期一	星期二	星期三	星期四	星期五
上午5		高一15、16、17、18、19	高三1、2、3、4	高一1、2、3、4、5	高二9、10、11、12
下午1	高一1、2、3、4、5	高二5、6、7、8	高三9、10、11、12	高一11、12、13、14	高二5、6、7、8
下午2	高一6、7、8、9、10	高二9、10、11、12	高三13、14、15、16	高一15、16、17、18	高二1、2、3、4
下午3	高一11、12、13、14	高二13、14、15、16			

8. 重视理论与实践相结合。

在运动实践中注意渗透相关理论知识，运用多种形式和现代教学技术手段，安排约10%的理论教学内容（每学期约3学时），扩大体育的知识面，提高学生的认知能力。

9. 建立专项备课组制度。

建立跨年级、以选项教学内容为依据的专项备课组，教师按自己的专长任课。各专项备课组的教师积极探究选项教学的特点，根据学校实际情况选择或编写具有学校特色的教学内容，对教材进行分析，确定重点、难点，并根据教材内容探索新的教学方法、新的突破口，努力实践新课程改革。

（二）教学评估

1. 体育学习评价的目的。

（1）了解学生的学习情况与表现，以及达到学习目标的程度。

（2）判断学生在体育学习中存在的不足，分析其原因，并改进教学。

（3）为学生提供展示自己能力、水平、个性的机会，并鼓励和促进学生的进步与发展。

（4）培养学生正确认识和评价自己与他人的能力，达到自我教育和互相教育的效果。

2．学生的评价。

（1）学生评价实行学分制。

①每个选项一旦确定，前两周内可微调一次，学期中途不能更改选修课程，但可根据学校的实际情况和学生的需要有所增加或调整。

②学生获得体育课程学分，并达到基本要求是学生毕业的必要条件之一

③田径与健康教育不宜在某一个阶段集中完成，可以将它们化整为零，安排在三年的教学中。

体育与健康课程（高中）学分认定评价结构如下表所示。

序号	测评类别	分值比例	评价内容	自评	互评	师评	备注
1	学习态度	20%	在体育与健康课上的出勤与表现	20%	30%	50%	
2	情意表现合作精神	10%	（1）对体育学习与活动的自信程度；（2）在实现体育学习目标中的成功体验程度；（3）在体育学习与活动中表现出的意志和品质、情绪稳定程度、遵守活动规则的表现、与同伴的合作表现和爱护体育器材等表现				
3	体能	20%	依据《国家学生体质健康标准测（试行方案）》试以及所学专项运动技能发展有关的体能	客观评定			
4	技术、技能专项达标测评	50%	25%　个人学习效果——技术评定.	客观指标评定			
			25%　模块学习中技能"达标"测试				

（三）评定标准

体育与健康课程学习的评定应采用绝对标准与相对标准相结合的方法进行，如在《国家学生体质健康标准（试行方案）》的得分和等级评定中采用绝对标准。运动技能成绩和体能成绩的评定，可采用定量和定性相结合的评定方法进行。也就是说，有些内容的考核在定量评价的基础上，可结合每一名学生

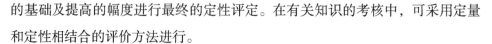

的基础及提高的幅度进行最终的定性评定。在有关知识的考核中，可采用定量和定性相结合的评价方法进行。

（四）评定方法

对《国家学生体质健康标准（试行方案）》的实施，可采用每学期测试的方式进行，学年成绩以两学期中的每一项最好成绩计入总成绩。（详见学生体质健康表）

（五）学习态度、情意表现与合作精神的具体评价方法

1．量化评比采用了百分制，以一学期为一次考核单位。量化评比主要由学生本人、同学之间和任课教师通过平时的观察、问卷等对学生进行综合评价。

2．自我评价，要根据学习态度、情意表现与合作精神、健康行为等进行综合评价。

3．同学之间相互评价，主要由班干部和学生民主推荐的学生（10名左右）组成。他们抱着认真、负责的态度，根据学习态度、情意表现与合作精神、健康行为等进行综合评价。

4．任课教师评价，参照学生的自我评价与同学之间的相互评价情况，对学习态度、情意表现与合作精神、健康行为等进行综合评价。

5．学习态度、情意表现与合作精神、健康行为的量化得分＝自评分×20%＋互评分×30%＋师评分×50%。

（六）运动技能和体能过程评价与终结性评价相结合

既要看学生的成绩等级，又要看学生提高幅度的等级，采用自评、互评、教师评的形式进行。

1．测试内容一般测试一至二次。为鼓励和保护学生的学习积极性，对成绩不理想的学生，可根据学生的要求再给一次测试机会。

2．测试内容可根据课程教学进度和学生实际情况有选择地进行测试（即学生可采用选项的方法进行）。

3．每一项考核成绩的确定，可根据学生成绩提高的幅度因人而异决定。

观察学生成绩提高幅度的初试成绩可以是本学期的，也可以是跨学期的。

如果本学期只进行了一次测试，那么可以参照上学期的最后一次测试成绩，但是不同项目的成绩不能相互参照。

4．体育与健康知识掌握情况的评定可结合单元评定，以出勤、理论考核、课外作业、专题答辩等形式，采用等级制和自评、小组评、教师评的方法进行。

5．期末可根据各项单元评定，结合学生自评、互评、教师评对学生的知识、体能和运动能力、情感态度等方面采用合格、不合格的等级制或评语进行综合评价。

（七）体育课出勤与表现的评价

体育与健康课程出勤与表现记录表

年级：_____　　教学班级：_____　　任课教师：_____

序 号	姓 名	性 别	班 级	迟到早退	病、事假	旷 课	平时表现	扣 分	得 分
1									
2									
3									
……									

说明：

（1）迟到早退一次分别扣0.5分。

（2）病、事假需出示证明；学期达到30%无体育成绩。

（3）旷课一次扣2分，并及时与班主任联系。

（4）平时表现酌情扣分，最高5分。

（5）一学期扣分达10分（含）以上，本学期体育成绩不及格。

（八）学生体质健康与选项成绩综合登记表

学生体质健康与选项成绩登记表

学号：_____ 姓名：_____ 性别：_____ 班级：_____

民族：_____ 出生年月：_____

住址：_____

		身 高	体 重	视 力		选修项目
体质状况	第一学期			左	右	第一学期：
	第二学期			左	右	第二学期：
体能测试		100 m	立定跳远	1 000 m/800 m	仰卧起坐 / 引体向上	实心球
	第一学期					
	第二学期					

		学习态度	情意表现与合作精神	运动技能
选项考核评价	第一学期	自评： 师评：		①内容：_____ 分值：____ ②内容：_____ 分值：____ ③内容：_____ 分值：____
	第二学期	自评： 师评：		①内容：_____ 分值：____ ②内容：_____ 分值：____ ③内容：_____ 分值：____
合 计	分 值		评 价	

（九）教师的评价

通过课堂教学检查、学生反馈，以及结合《国家学生体质健康标准（试行方案）》，评价教学效果，建立相应评价体系。评价体系在课程体系中起着激励导向和质量监控的作用。具体如下表所示。

评价体系	教师的评价体系	教学计划制定的质量
		教学态度的好坏
		教学能力以及自身综合素质的高低
		教学效果的优劣
	学生的评价体系	参与程度
		身体素质
		运动技能
		情意表现与合作精神
		健康行为

体育学习评价的方法：

（1）定性评价与定量评价相结合。

（2）终结性评价与过程性评价相结合。

（3）绝对性评价与相对性评价相结合。

（4）个体性评价。

第三节　学期艺术教育工作计划

秀全中学的艺术教育有着良好的基础和历史传承，多年来学校坚持通过艺术教学和各种艺术活动对学生进行全面的美育教育，开展班级、年级、学校多层次的各类艺术活动给学生提供了展现才艺、张扬个性的机会，各类艺术校本课程和艺术社团活动为学生提供了个性化艺术学习和特长发展的机会。学校的艺术团队参加各级各类比赛创造了一系列的辉煌成绩。例如，获得广州市中学生合唱比赛"五连冠"特别荣誉，2015年获得广东省第二届合唱比赛一等奖（最高奖）；连续五次获得广州市舞蹈节创编节目一等奖（最高奖）；管乐团在花都区中小学器乐比赛中获得第一名；美术的书画、微电影项目有着深厚的基础。学校的合唱、舞蹈、管乐、书画四个项目以优异的办学成绩申报成功为

"广东省级艺术特色项目"，使学校成为"广东省级艺术特色学校"全省申报成功最多项目的高中。近两年，学校抓住机遇，申报成功了"广东省级艺术特色项目学校"、"广州市高水平艺术团队"学校、"花都区基础教育艺术拔尖人才培养基地"，使学校艺术教育得到了跨越式发展，得到了上级主管部门的重视，为学校艺术教育进一步规范化发展和规模化发展打下了基础。

虽然学校的艺术教育有着辉煌的过去，目前在区内仍处于领先优势地位，在广州市仍占有一席之地，但在发展过程中也存在一些急待解决的矛盾和问题，主要集中在"艺术团队的排练活动"和"高考艺术班"两个方面，这两个方面的发展关系到学校艺术教育发展的未来前景。在新的学年，相信有学校领导的高度重视，通过艺术教研组教师的拼搏进取，突破前行中的藩篱，学校的艺术教育一定能再创辉煌，发展之路将越走越宽广。

一、艺术教育发展目标

（一）总目标

全面培养学生美育核心素养，争取在区内继续扩大学校艺术教育的领先优势，占据广州市艺术教育的领先地位，夯实省级艺术特色学校建设，争创全国艺术特色学校。

（二）学期工作目标（三类艺术课程目标）

1. 面向全体学生的普通艺术课程目标。

学习领悟艺术教育改革精神，制定和实施高中艺术学业水平考试教学方案，全面提升学生艺术核心素养。

2. 面向不同艺术特长和爱好学生的活动课程目标。

通过艺术校本课程、艺术社团活动课程、学校高水平艺术团队的训练，开展班级、年级、学校及积极参加区、市、省各级和各类艺术活动和比赛，提高学生的表演能力和艺术修养，全面提升学校艺术活动的层次和质量，奠定浓厚的学校美育特色文化，宣传学校品牌，扩大学校影响力。

3. 面向高考艺术生的艺术专业人才培养课程目标。

抓住"花都区艺术拔尖人才培养基地"申报成功的契机，以创建高质量的"高考艺术班"为中心，加速推进学校培养"高、精、尖"艺术专业人才架构体系的建设和实施。

二、主要工作及措施

（一）针对艺术学业水平考试，全面培养学生艺术核心素养工作措施

1. 全面学习新时代艺术教育新精神、新理念，针对艺术学业水平考试的要求，加强艺术教师自身的学习，提高艺术教师的专业能力，针对性地开展教学研究，制定可行性的教学方案。

2. 转变艺术教学方式，以"项目式""体验式""信息、网络化学习"等多种学习方式，促使学校艺术教育进入"智慧教育"先行先试的创新实践之中。

（二）针对不同艺术特长和爱好学生开展艺术活动和参赛的困境和措施

学校艺术活动和参赛30年来在区、市，乃至广东省一直处于领先地位，是几代秀中人经过不懈努力奋斗创建起来的学校艺术教育品牌，是宣传秀全中学的闪亮名片。自从搬迁到新校区后，出现了前所未有的危机和困境，一直没有得到根本解决，主要是近年来学校生源质量下降，高考目标提高，导致学生的时间完全被文化学习所占用，找不出排练时间，即使找到了排练时间，艺术教研组教师想尽办法动员，但由于学生怕落下班级的课程而不愿意参加排练，导致很多有艺术天赋的好苗子不愿参加艺术活动和比赛。本学期计划向学校领导申请研究具体、有效的排练参赛解决方案和有力的执行支持。

（三）针对高考艺术生的艺术专业人才培养的困境和措施

高考艺术班的成立和全力开展艺术专业人才培养是学校艺术教育走出困境、突破发展瓶颈、全面带动学校艺教育继续向前发展的关键一步，是得到上级主管部门对学校艺术教育重点支持的重要举措，也是学校在生源质量下降的现实情况下，转变人才培养方式，多元育才，实现学校学生多渠道升入名校的

可行性策略。在高考艺术班的组建过程中得到校、区领导的支持，经过近一年的努力，成立了2020届高一高考艺术班，但由于种种原因，导致艺术班的生源数量（只招来20人）和质量并未达到预期，举步维艰，与2019年毕业的高考艺术班相差甚远（2019年毕业的艺术班45人，考入名校艺术专业的高优率超70％，本科率达到100％，是当年广州艺术高考的一大亮点）。艺术教研组计划新学期向学校领导申请加大和加快2021届新高一高考艺术班的建立和培养力度，争取继续得到区、市教育局的重点支持，使学校高考艺术班的专业艺术人才培养成为学校高考新的增长点和学校艺术教育向上、向前发展的转折点。

周程安排（音乐学科）

周　次	日　期	内　容
预备周	8月23—27日	做好开学前的准备工作（备课），做好高二年级艺术课程学业水平测试题库资料的制作和整理工作
1	8月30日—9月4日	上好开学第一课（对学生提出上课要求和进行礼仪形象教育），各艺术活动按时（课间操时间和下午5：00—6：15进行，开展艺术团队（合唱团70人、舞蹈团30人、弦乐团30人）的专业培训
2	9月6—10日	艺术教研组教师深入各班对高一新生进行艺术情况调查问卷摸查和艺术高考的解读
3	9月13—17日	对有艺术基本功的高一新生进行集中讲解，并统计报名高考艺术班的人数，并选拔合唱团成员、舞蹈队队员和弦乐手
4	9月20—24日	高考艺术班专业课的体验课程开设，每周1—2次，常规课教学提升从学生的艺术综合素养着手，专业团队训练加强学生的艺术专业水平，为比赛打下坚实的基础
5	9月27—10月1日	9月28日带领学校的学生舞蹈队参加广州市中小学舞蹈节比赛
6	10月4—8日	国庆节放假（暂定合唱团加班训练，备战广州市赛）

（续表）

周　次	日　期	内　容
7	10月11—15日	做好高二年级艺术课程学业水平测试题库资料的制作整理和学生考前的模拟训练工作
8	10月18—22日	积极备战花都区和广州市中小学合唱比赛，在冲刺阶段保证训练时间（适当利用晚修的部分时间）
9	10月25—29日	通过高考艺术班的专业体验课程，初步确立高考艺术班的意向生
10	11月1—5日	继续做好常规课教学和艺术楼的专用场室的管理，做到谁用谁负责的原则，借用场室必须得到教务处的领导签字许可方能使用
11	11月8—12日	配合学生处和团委做好学校校园文化艺术节和艺术团专场的节目统筹和审核工作
12	11月15—19日	高二年级艺术课程广州市学业水平测试模拟演练和设备调试
13	11月22—26日	积极辅助学生在11月24日完成高二年级广州市艺术课程学业水平测试工作
14	11月29—12月3日	加强校本课程艺术团队节目的排练，提升学生的艺术修养和审美感知
15	12月6—10日	积极筹备高考艺术班组建，做好学生和家长对艺术高考的解读工作
16	12月13—17日	做好校本课程艺术团专场演出的节目整合排练
17	12月20—24日	艺术团专场演出，音乐常规课期末考试
18	12月27—31日	校园文化艺术节演出活动
19	1月3—7日	班级音乐会
20	1月10—14日	学校期末工作

第二章　高中艺体课程教学设计

第一节　高中体育与健康课程教学设计与考核评价举例

普通高中体育与健康（水平五）课程［体能］模块教学计划

模块目标	1. 运动能力：掌握并运用发展体能的基本原理和多种练习方法。 2. 健康行为：掌握体能知识，制定体能练习计划，培养良好的锻炼习惯。 3. 体育品德：遵守规则，刻苦耐劳，团结协作的集体主义精神和自信心	
课时	课时内容	措施手段与内容
1	了解体能发展的基本原理与方法	1. 采用多媒体讲解体能发展的基本原理。 2. 观看体能练习视频，让学生了解体能发展的基本原理与方法
2	发展上下肢力量和协调性练习	1. 跑、跳、爬三个基本动作。 2. 柔韧性、平衡性、力量、耐力练习
3	发展跑的能力练习方法	1. 跑的基本原理 2. 体验不同距离或局限性的跑：30米加速跑，50米加速跑接缓冲跑，直道加速弯道减速
4	发展心肺耐力的基本原理与练习方法	体验不同距离或局限性的跑：1分钟快速跳绳、400米变速跑、直道加速弯道减速

（续表）

课 时	课时内容	措施手段与内容
5	发展上下肢、肩部、腰腹和躯干柔韧性的基本原理与多种练习方法	1. 了解发展上下肢、肩部、腰腹和躯干柔韧性的基本原理 2. 柔韧性练习方法：目标肌肉静力性练习、静态和动态伸展练习、等长收缩伸展目标肌肉的拮抗肌练习
6	发展肌肉力量和肌肉耐力的基本原理和多种练习方法	1. 了解发展肌肉力量和肌肉耐力的基本原理。 2. 肌肉力量和肌肉耐力练习：自重引体向上（背部与上肢肌力量和耐力）、俯卧撑、平板支撑（上肢力量、耐力、躯干稳定性）、波比跳
7	发展肌肉力量和肌肉耐力的多种练习方法	1. 了解发展肌肉力量和肌肉耐力的基本原理。 2. 肌肉力量和肌肉耐力练习：自重蹲起拍手（提升下肢肌肉耐力）、平板支撑（上肢力量、耐力、躯干稳定性）、波比跳
8	发展协调性的基本原理与多种练习方法	1. 了解发展协调性的基本原理。 2. 发展协调性练习：变节奏的弓步前后交叉跳、变化方向的并脚跳、变节奏的高抬腿跳，跳皮筋点、绕、掏、跨基本动作
9	发展协调性的基本原理与多种练习方法	跳皮筋的点、绕、掏、跨基本动作在各种突然变换条件下（速度，方位，节奏的变化）能够迅速、正确、协调地改变身体运动
10	发展灵敏性的基本原理与多种练习方法	1. 了解发展灵敏性和肌肉耐力的基本原理。 2. 灵敏性练习：折返跑——"Z""S""Y"型折返跑，借助敏捷梯，进行步频的练习，听哨音原地小跑或小跳节奏加速、减速、制动等变化练习
11	发展平衡能力的基本原理与多种练习方法	1. 了解发展平衡能力的基本原理。 2. 发展平衡练习：静态（单腿支撑、燕式平衡等）、动态（平衡木上走、跑等）

（续表）

课　时	课时内容	措施手段与内容
12	爆发力，发展爆发力的体能练习方法	1. 发展爆发力练习：持球半蹲、持球侧转身、体侧抛接球加速跑、持球侧点地接跳起加速跑、双手胸前抛接球加速跑、单手肩上抛接球加速跑。 2. 体验以发展爆发力为主的体能练习
13	发展速度的基本原理与多种练习方法	1. 呼吸方法：动作节奏的基本知识和原理。 2. 发展以速度为主的练习：以最快的速度10米跑，提升步幅和步频（借用敏捷梯）、2名学生一组的追逐跑
14	发展反应时的基本原理和多种练习方法	以篮球为媒介发展以反应时为主的练习："你争我夺""左右逢源""镜面示范""突破封锁""空中打板接力"
15	在教师指导下制定平衡与协调能力的练习计划并实施	1. 发展平衡性和协调性练习：单足跳跃钻胯橡皮筋、双足钻胯橡皮筋。 2. 制定以发展平衡和协调性为主要目标的体能练习计划并实施
16	在教师指导下制定力量耐力练习计划并实施	1. 发展肌肉力量耐力的练习：引体向上、深蹲、弓步蹲、"折刀支撑"等。 2. 制定以发展力量耐力为主要目标的体能练习计划并实施
17	学生独立制定体能计划并实施	1. 课前依据体能测试数据，独立制定体能练习计划（2—3类功能性）。 2. 课上根据体能练习计划内容实施
18	考核（100分）	1. 帮助同伴制定体能计划（40分）。 2. 体能水平考核（60分）

《体育与健康》（水平五）体能模块第2课时教学计划

时间：　年　月　日—　月　日　　第　周　星期　第1节课

学校	秀全中学	班级	高一级	单元课次	体能模块教学第　次课	执教教师	
学习目标	1. 运动能力：学会发展协调性的方法，掌握发展以协调性为的三个基本动作技能（跑、跳、爬）。 2. 健康行：掌握并运用发展协调性的动作积极主动参与锻炼，提升体能素质。 3. 体育品德：培养学生团结协作、挑战自我、坚持不懈的体育精神						
学习内容	1. 跑、跳、爬三个基本动作。 2. 课课练耐久跑。						
重点	在各种变换条件下，能够迅速、正确、协调地完成运动。			难点	协调性与力量练习相结合		
场地器材	田径场和足球场						
安全措施	1. 课前检查场地与器材。 2. 做好充分的准备活动。 3. 进行安全思想教育						
教学流程	开始常规→发展协调性的热身运动（动态拉伸和慢跑）→发展协调性的辅助性动作技能练习→加速跑练习→加速缓冲变化练习→原地连续跳跃与多级蛙跳练习→手脚并用爬行比赛→2 000米跑体能练习→静态拉伸放松→总结评价						

课堂结构	达成目标	学习内容	学生活动	组织方式	教师活动	时间	次数	运动量
开始部分	1. 培养良好的课堂纪律习惯。 2. 建立良好的师生关系。 3. 明确学习目标、内容及要求	1. 集合整队、检查人数。 2. 师生问好，提出本课教学目标、内容与要求。 3. 课堂安全教育，安排见习生	1. 集队安静快速，整齐有序。 2. 明确本课的学习目标、内容及要求。 3. 牢记安全知识，注意运动安全	组织队形（1） 😊😊😊😊😊 😊　　　　😊 😊　　　　😊 😊　　　　😊 　　✿	1. 集合队伍、师生问好。 2. 宣布本课学习目标、内容及要求。 3. 讲解安全知识，提示学习运动安全	1	1	小

57

（续表）

课堂结构	达成目标	学习内容	学生活动	组织方式	教师活动	时间	次数	运动量
准备部分	1. 激发身体活力，让身体逐渐适应练习强度。2. 强调练习安全意识。3. 养成运动前充分热身的习惯。4. 慢跑400米	动态拉伸：1. 交叉绕臂2. 弓步转体3. 弓步转后交叉步腿部拉伸4. 前屈展背	1. 动作到位充分拉伸各关节、肌群和韧带。2. 逐渐进入运动练习状态。3. 注意练习安全，避免运动损伤。4. 热身充分活动	组织队形（2）〇〇〇〇〇〇〇〇〇	1. 组织学生拉开适当距离，引领学生热身练习。2. 语言引导、激励学生热身练习。3. 适当提示动作提示要点，规范动作标准。4. 要求队伍整齐、活动充分	5	1	中
基本部分	1. 学习掌握发展协调性的辅助性动作。2. 提高节奏感，发展协调能力，逐渐提高运动强度。3. 调动学生学习热情，激发学生学习兴趣	发展协调性辅助性练习1. 弓步交叉跳2. 并步跳3. 高抬腿跑（变化动作节奏）	1. 跟着教师进行发展协调性辅助性练习。2. 保持良好的身体姿态，动作准确、协调，节奏感强。3. 用心感受动作节奏变化身体的控制	组织队形（3）〇〇〇〇〇〇✿	1. 示范引领学生进行发展协调性辅助练习。2. 提示动作发力、肌肉控制、节奏变化等要点，注意观察学生身体姿态。3. 语言激励，调动学生学练热情	2	2	大

（续表）

课堂结构	达成目标	学习内容	学生活动	组织方式	教师活动	时间	次数	运动量
发展部分	1.通过重复动作练习发展学生速度力量和协调性。 2.逐步提高协调能力，增强动作的节奏感，提高体能素质。 3.培养互学、互助的良好学习风气，突破自我、超越自我的精神品质。 4.培养学生吃苦耐劳、战胜困难的决心和精神	1.加速跑练习 2.蛙跳练习。 3.爬行练习。 4.耐久跑练习	1.四组进行，慢跑返回。 2.上下肢协调配合。 3.分四组比赛。 4.分男、女两队进行。	组织队形（4） ●●●●● ●●●●● ●●●●● 4人一组	1.指导学生分组，引导自主练习。 2.讲解各种练习方式的要点，鼓励学生积极练习。 3.巡回指导，观察学生练习情况，随时调整练习难度。 4.指导学生积极参与练习	21	6	大

（续表）

课堂结构	达成目标	学习内容	学生活动	组织方式	教师活动	时间	次数	运动量
结束部分	1. 全身心放松，愉悦身心。 2. 多元评价，相互鼓励	静态拉伸	积极放松，大胆评价	组织队形（5） 1. 组织放松。 2. 评价本课效果 3. 组织收拾器材		4	1	小
平均心率预计	预计：（145±5）次	强度指数预计		1.6-1.7			练习密度预计	60%以上
运动心率曲线图预计								
课后反思								

学生体质情况调查表

关于填报学生体质健康调查表的通知

尊敬的家长：

您好！根据上级部门的要求，学校每学期均需开展对学生体质健康的调查并进行如实登记，目的是合理安排体育运动课程，保证学生在校期间的人身安全。为此请您如实填写以下的表格（说明：医生建议不能正常参加体育运动或其他活动的病例，如手术恢复期、心肺疾病、癫痫病、精神病、蚕豆病、哮喘、梦游、严重脊椎弯曲、传染病等，以及其他不适合参加剧烈运动的疾患），如果学生没有特殊疾患的，也请填写表格，并标明无特殊疾患。

同时请家长注意，开学后若发现子女有身体不适，请尽快告知班主任，以确保学生在校期间的人身安全！

班 级	姓 名	性 别
选项（请画"√"选择）： （ ）A. 无特殊疾患，能正常参加体育运动。 （ ）B. 不能完全按正常要求参加体育运动，详情请在《学生特殊体质调查表》上填写。 为保护学生隐私，本表格只作为学生健康调查档案，不对外公开，请家长如实填写，如有不实,责任自负！		

家长签名：_____

学生特殊体质调查表

学生姓名		所在班级		家庭固定电话	
家庭详细住址					

特殊体质登记表

名　称	身体状况	名　称	身体状况	名　称	身体状况
心脏病		血液病		软骨病	
哮　喘		支气管病		易流鼻血	
过敏部位					
肢体残障部位					
曾经骨折部位					
曾经开刀部位					
其　他					
孩子不宜参加的学校活动					

学生需紧急送医时, 是否有指定医院? 如有, 指定医院为

学生紧急状态下信息联络表

联系人	手机号码1	手机号码2	家庭电话	办公室电话
父　亲				
母　亲				
亲朋好友				

注: 联系号码尽可能多些, 并务必真实、有效, 如有改动, 请及时告知班主任。

家长签名: _____

第二节　高中音乐课程教学设计举例

《多彩的华夏之音》单元学习主题《民歌寻根与传承》教学设计

【前言】

新课程标准要求教师在课堂中落实和实施任务群教学内容。单元整合教学为任务群教学与学习提供了很好的路径和突破口。以单元整合教学驱动学生在课堂中进行自主合作式的探讨和学习，引导学生进行音乐实践活动，是体现音乐学科核心素养、构建学习型艺术课堂的有效途径。本文从单元整合教学的角度着手，以一次接力课的教学实践，从教学设计、音乐学科素养培养、学习型课堂建设三个角度出发，对单元整合教学基本范式进行了实践与探索。

以花城版高中《音乐鉴赏》教材第三单元《音乐与民族》——多彩的华夏之音"民歌篇"为教学依托，以《民歌寻根与传承》为核心教学任务，整合各种教学资源进行了一次教学接力课：由3名教师分3个课时共同完成教学任务。本次接力课教学是对"音乐深度学习"的一次探索与尝试。

【单元主题构建】

依据教材教学要求，构建关于中国民歌的整体概念，确定课堂教学的核心任务——寻民歌的"根"，认识民歌的特点与主要体裁，思考民歌的传承与发展。在此核心任务下，设计若干子任务以辅助其达成。子任务包括从时间维度赏析民歌（劳动号子《打硪歌》）、从地域维度赏析民歌（山歌《上去高山望平川》《槐花几时开》）、从音乐色彩维度赏析民歌（小调《包楞调》），进而形成对民歌的传承与发展做出自己的价值判断。

【内容来源】花城版2019年版必修模块《音乐鉴赏》

第三单元《音乐与民族》——多彩的华夏之音"民歌篇"

【单元主题】《民歌寻根与传承》

【单元计划】第一课时　民歌"溯源"——劳动号子（1课时）

第二课时　民歌"印象"——山歌（1课时）

第三课时　民歌"传承"——小调（1课时）

【单元目标】

能认识与辨识不同体裁的民歌，理解语言、地域和生活习惯与民歌的关系，进而能根据不同的特征创编，并演绎民歌，知道和理解不同风格民歌的艺术表现手法，并能对民歌的传承做出自己的思考与评价。

【目标确定的依据】

1. 《普通高中音乐课程标准（2017年版2020年修订）》"音乐鉴赏"的相关要求。

能根据自己的音乐经验识别所听作品的音乐体裁、表现形式及主要艺术特征；能在教师提示下认识音乐要素对作品情感内涵表达和风格形成的作用；能对一些不同地域、风格流派或表现形式的音乐作品进行比较。

熟悉和热爱中华民族的音乐创造成果，探究其独特风格和文化内涵，增强民族自豪感，坚定文化自信。

2. 花城版2019年版必修模块《音乐鉴赏》教学参考书对本单元的相关要求

通过本单元的学习，能熟悉多首民歌，说出民歌的体裁形式，从文化角度理解民歌与地域、语言和生活习俗之间的关系。

【授课对象】高中一年级学生

【学情分析】

初中阶段大部分学生进行过中国民歌主题的学习，对中国民歌的体裁有基本的了解，但对民歌的起源、特征及各地的风土人情等相关知识的认识不足，同时在谱曲技法、地方特色、民歌传承等方面有所欠缺，对民歌主题的学习深度有待提升。此外，普通话推广使用下民族语言淡化，不少学生甚至连自己家乡的方言都不太会讲。这对以方言为基础构成的传统民歌的学习带来了难度。随着科学技术的不断发展，新媒体网络技术对知识和信息的传播起到了非常重要的作用，特别是网络音乐、新媒体音乐的兴起，学生都能接触到新民歌、新民乐的相关信息，为走进民歌、感受民歌、传承民歌提供了新渠道。

第一课时　民歌"溯源"——劳动号子

【教材分析】

本课歌曲《打硪歌》反映了劳动人民质朴的情感和智慧，2/4拍，多运用附点节奏表现出人们劳动的干劲和力量，采用一领众和的演唱形式，节奏较为固定，歌曲中运用了大量的衬词，体现了湖南地方方言和劳动人民创作的即兴性。

【学习目标】

1．追溯民歌起源，了解民歌的题材、体裁及创作特点。

2．学唱《打硪歌》，理解附点节奏的作用，掌握歌唱呼吸方法的运用。

3．能从4首不同方式的劳动号子的欣赏中总结出劳动号子的特点及作用，并能根据教师所给的素材进行劳动号子的创编活动。

4．感受民歌与专业创作歌曲所不同的艺术气质和风格特点，体会民歌的社会文化价值。

【教学重、难点】

1．重点：完整、铿锵有力地歌唱《打硪歌》。

2．难点：劳动号子的情境创编，歌声中体验劳动。

【教学流程】

情境导入（拔河活动）→鉴赏和学唱《打硪歌》→拓展欣赏4首不同特点的劳动号子→思考总结号子的特点→应用创新（活动情境体验中创作生活中的号子）→寻找生活中身边的号子→小结与作业。

一、情境导入

简介民歌，引出号子，带着问题思考：分成两组亲身体验无号子和有号子的拔河效果，体验号子的律动性和鼓舞士气的功能。

二、教授新课

1. 鉴赏和学唱《打硪歌》：歌曲产生与地域环境、生产生活等诸多因素息息相关。

2. 分成4—6个探究讨论小组，带着问题欣赏民歌体裁中的劳动号子《打硪歌》，并思考讨论：（1）歌曲打了几次硪？（2）歌曲有何特点？（3）哪一个劳动的气氛效果好？（4）劳动号子的功能是什么？

3. 学唱《打硪歌》，探究体现劳动强度的要素（节拍、节奏、力度），体现歌唱的方式方法（一领众和），探究歌词的地域性（方言、衬词：哟吼嘿嘞咋咳喂），体验旋律的即兴性（简单、重复）、语气感，感受旋律的三声腔特点。

4. 总结《打硪歌》的特点：（1）音调粗犷有力，常用一领众和、领和交替的演唱形式。（2）节奏较为固定，号子节奏与劳动节奏紧密结合，律动感强。（3）领唱者的唱词多为即兴的鼓动性唱词，众和者的唱词多为力量型的衬词。

三、拓展欣赏

欣赏《摇橹号子》《打夯歌》《哈腰挂》《催冬催》，掌握依据不同的劳动方式和传唱环境的号子分类，包括搬运号子、工程号子、农事号子和船渔号子，总结劳动号子的特点。

四、编创活动

参照提供的歌词素材，也可自由创编，体现"领"和"和"的分工，有劳动情境。

1. 打硪不打哑巴硪，板起面孔不快活。

2. 打的急来走得快，我们大家来比赛。

3. 你也来，我也来，咱们比比谁最快。

4. 劳动号子，震天动地，盘古开天，唱到今。

衬词：哟嗬嘿、咋咋、哟嗬、吼嘿、呦嘿等。

五、总结归纳

略

第二课时 民歌"印象"——山歌

【学习目标】

1. 通过学唱《槐花几时开》，知道方言与音乐曲调的基本一致性。

2. 在聆听与学唱过程中掌握歌曲的曲式结构，了解衬词、衬腔在歌曲中的独特存在性。

3. 通过聆听演唱音乐作品，感受西南色彩区民歌音乐旋律和节奏特征。

4. 理解语言、地域和生活习惯与民歌风格形成的关系。

【教学过程】

一、导入

再次聆听《打硪歌》片段。

教师：劳动号子有什么特点？学生：节奏规整、律动性强。

教师：老师演唱一首作品，请大家来判定一下作品的体裁？但是想请同学们给老师创设一个适合的氛围。

（学生唱 **6**   **1**   **3**   **6** 和声音程 ）

【设计意图】复习劳动号子，引入课堂，通过与教师合作一起演唱山歌体裁作品，对比感受民歌音乐，激发学生探究的兴趣。

二、新课

1. 学唱山歌《槐花几时开》。

（1）提出问题：刚合作的音乐作品是什么体裁？为什么节奏如此不同？

体 裁	山 歌	号 子	
节 奏	自由、悠长	规整、律动强	

（2）学说方言。

①请学生用自家方言朗读《槐花几时开》歌词。（引导学生用四川方言学习朗读歌词）。

②请同学们听一段歌词录音，听完之后请同学们模仿语音语调学习方言。

③师生一起探究方言与曲调的关系。（解构歌曲，从方言语调走向来观察旋律走向，让学生做出比较与判断）

（3）教师与学生合作完成作品演唱，引导学生关注到衬词、衬腔

【设计意图】通过学习演唱音乐作品《槐花几时开》，感受方言与音乐作品形成的关系，歌曲中对衬词、衬腔的运用与作品风格形成的关系。

2. 分析作品。

（1）引导学生对作品进行曲式结构分析（找学生描述歌词表述的情境）。

第一乐句："起"句，以最高音"1"为始逐层向下的旋律，表现出"高高山上"的意境。

第二乐句："承"句，逐层向下与第一乐句相呼应，表现出姑娘引颈翘望的急切心情。

第三乐句："转"句，是第一名句的重复变化，旋律进入低音区，继而向上十度大跳，又逐层向下，表现的是模拟了"娘问女儿"的口气、语调和疑惑的心情，衬托出姑娘内心的活动和羞涩神态。

第四乐句："合"句，在插入一小节来自口语的衬腔后，再现第二乐句的旋律，节奏放宽，表现出姑娘故作镇定，以"我望槐花几时开"为掩饰结束全曲。

（一般特征：第二乐句与第四乐句重复或变化重复关系或存在相同、相似的音调。第三乐句在旋律线、节奏等方面与前后乐句形成一定的对比关系）

【设计意图】通过对音乐作品深层次的解构，让学生掌握民族民乐作品的基本创作技法、独特的曲式结构，对民族音乐作品加深进一步了解。

3.《打支山歌过横排》。

问题一：两首民歌作品有什么相同或相似之处？

问题二：为什么会形成这样的风格？

【设计意图】对比感受山歌音乐作品，归纳音乐作品特点，深入理解音乐作品形成背后的原因

三、拓展（《上去高山望平川》）

1. 给出谱例让学生自主完成学习。

2. 情境创设：如果你是老师，让你来给同学们介绍《上去高山望平川》这首山歌，那么你会如何介绍？（要求小组讨论，然后找代表来介绍）

（1）判断体裁；

（2）分析作品调性；

（3）旋律特点；

（4）衬词、衬腔的运用。

【设计意图】选择山歌体裁作品《上去高山望平川》，反馈学生对民歌技法的理解。

四、创编

活动：给定拍号、小节线、骨干音、基本音乐术语，学生进行创编。

五、总结

谈一谈对山歌的"印象"。

第三课时　民歌"传承"——小调

【学习目标】

1. 能主动参与现场民歌大会活动，辨识表现不同体裁的民歌。

2. 对比不同版本的《茉莉花》，了解汉族民歌色彩区的分类。

3. 能哼唱出一至两句《包楞调》中的衬词乐句，总结归纳出民歌中小调体裁的基本特点。

4. 探寻小调，理解语言、地域和生活习惯与民歌的关系，能对民歌的传承做出自己的思考与评价。

【学习重点】

了解小调的基本特点，能总结和辨别民歌的三类体裁，能对民歌的传承做出自己的思考与评价。

【学习难点】

能对民歌的传承做出自己的独立思考和评价。

【教学过程】

一、回顾反馈

现场召开中国民歌大会，回顾演唱山歌和劳动号子的代表曲目，总结山歌和劳动号子的特点、演唱场合、演唱形式、主要特点。

二、体验感知

1. 出示课题。

2.《茉莉花》。

（1）听唱对比感受小调民歌跟劳动号子、山歌的不同之处，选择符合歌曲形象的关键词或句子。

（2）对比聆听东北《茉莉花》，探寻小调的共性和地域文化、人文风情的不同对民歌风格的影响。

3. 了解色彩分区。

分辨两个版本《茉莉花》分别所属的色彩区。

4.《包楞调》。

（1）聆听思考：这一首民歌属于哪一个色彩区？让你印象最深刻的是哪一句？哼唱衬词乐句。

（2）简介歌曲，了解歌曲的由来。

（3）再次完整听唱歌曲，请大家跟唱，留意歌曲语言、旋律节奏、演唱特点。学唱歌曲衬词乐句，注意山东方言自身发音清晰、停顿感十足。在演唱中也要注意发言脆、拷的特点。

（4）视唱曲谱，了解歌曲的旋律特点和演唱特点，比照选择符合歌曲形象的关键词或句子。

5. 小调歌曲集锦。

不同色彩区小调民歌都蕴含着当地的人文生活底蕴。如果说山歌、号子、小调的体裁分类是总结汉族各地民歌的共性的话，那么色彩区分类则是分析汉族各地民歌的个性。

6. 总结归纳小调的音乐特征。

旋律曲调流畅、婉柔，曲折、细腻。旋律变化丰富，装饰性强。节拍、节奏相对规整。方言演唱，大量衬词。艺人加工痕迹，流传于农村、城镇。

7. 回顾总结民歌的体裁。

体　裁	旋　律	节　奏	歌　词
山　歌	高亢、起伏较大	自由、悠长	简练\直白

体　裁	旋　律	节　奏	演唱形式
劳动号子	嘹亮、高亢	规整、富有律动性	一领众和

体　裁	旋　律	节　奏	歌　词
小　调	精致、细腻，丰富多彩	比较规整、富有变化	内容丰富、娓娓道来

三、思考探索

1. 民歌的创新。

随着社会的发展，更多新的艺术体裁和表演形式应运而生，民歌也在与时俱进。播放不同版本的《包楞调》，对比聆听常思思版本，请思考：你更喜欢哪一个版本？说说理由。

2. 民歌的传承。

播放一段演奏家与年轻观众关于《融合与创新》的辩论视频，引出思辨话题：关于民歌的传承与发展问题，引发了社会各界人士的思考。对于这个问题，你有怎样的思考和评价？

3. 结语。

我们在民歌中聆听祖先的声音，铭记民族的记忆，寻找文化的基因，诉说中华民族的根与魂。我们在民歌中寻根问祖，也将在民歌中传承创新。

第三节　高中美术课程教学设计举例

《画面营造之镜头中的色彩》教学设计

一、学情分析

通过一个学期美术鉴赏课程的学习，高中二年级学生已经具备一定的美术色彩知识结构，对色彩有一定的基本了解。在前面的课程中对电影拍摄技法有了一定的了解，在此基础上进行镜头色彩分析具有一定的可能性。他们目前还具备一定的好奇心和新鲜感，对微电影创作和电影鉴赏具有一定的吸引力，同时，也能满足其对电影创作神秘感的探求欲望，给予他们充分的展示机会。

二、三维目标

1. 知识与技能：认识镜头色彩的运用方法和情感语言，以及影调对电影创作的作用，进而在创作微电影时加以运用，提升作品质量。

2. 过程与方法：通过讲授法、讨论法、活动法，认识和感受镜头色彩。

3. 情感、态度与价值观：正确理解电影创作意义与价值，提高对美的欣赏能力，培养审美情趣。

三、教学重点与难点

重点：镜头色彩的运用方法和情感语言特点（功能）。
难点：镜头色彩的情感语言（功能）的分析。

四、教学流程

讨论引入—直观讲授—分析总结—综合实践。

五、作业要求

1. 专家演绎。

影评家：点评该微电影片段画面色彩的具体使用情况。

导演：你拍摄该片段时，会如何处理画面的色彩？

2. 用食品摆设一组静物，拍摄一段视频（课后）

六、课堂预测

学生对本课内容比较感兴趣，对色彩的情感语言可能会产生模糊，需要清晰的引导。

顺序	时间	教学内容	组织方法	教师活动	学生活动
课前准备		多媒体，图片资料、创作材料、美术鉴赏课件、导学案			创作辅助材料
引入新课		播放服装搭配图片	播放图片		
课堂发展阶段		一、色彩的运用和功能 （一）运用 1. 色彩对比（色相、明暗） 2. 色彩的搭配 3. 色感运用：冷暖色 情境设置：5种情境选择不同的色彩运用方法 （二）色彩的影片基调（色调） 定义： 基调的运用： 映示《英雄》五大色调镜头色调区分 映示：三部电影的海报 练习一：播放视频，完成导学案	讲授 组织学生完成问题 播放视频 微课讲授	活动一（导学案——活动一）：根据所掌握的色彩使用方法，为以下镜头情境选择合适的色彩运用方式。 提问：以上这三部电影作品分别用了什么基调？	观察回答

（续表）

顺序	时间	教学内容	组织方法	教师活动	学生活动
课堂发展阶段		（三）色彩的情感语言（功能） 1. 是感情的造型元素 2. 是一种时态或空间因素 3. 是一种情绪因素，可以用来刻画人物 4. 在影片中有极强的主观因素 5. 可以用来强调细节 练习二：看视频《英雄》片段 二、电影影调 指整个画面的调子（高调、低调、中间调）。 高调：圣洁、明朗、清爽、开阔 低调：神秘、含蓄、肃穆、庄重、粗豪、力量、倔强等 中间调：（包容性最强、大量使用） 低对比度：凄凉、压抑、朴素 高对比度：生气、兴奋、力量 练习三：播放视频片段 三、镜头中色彩的使用依据 1. 根据题材变化而变化。 2. 根据剧情变化而变化。 四、小结 五、综合练习 专家演绎（影评家、导演）：看高中生作品进行分组点评和创作	播放视频 播放视频 讲授 运用知识点，综合练习	练习二： 请指出该作品色彩使用的色调、对比角度、色彩搭配方法、如此使用色彩的作用。 回答：该影片中色彩的使用是怎样的情感语言（具有何种功能）？ 提问：该片段使用了哪种影调？为什么用该影调？ 阅读学案要求，观看高中生微电影，讨论完成所要求任务，并进行综述	观察回答 思考回答 看视频思考 思考回答

（续表）

板书设计	画面营造之镜头中的色彩 一、色彩的运用和功能 　　运用：色彩对比：明暗对比、色相对比、 　　　　色彩搭配：同类色、同种色、对比色 　　色感使用：冷、暖 　　色调 二、电影影调：高调、低调、中间调 三、镜头中色彩的使用依据：情节、主题

第四节　高中艺术课程考核评价

2020学年度第二学期期末考试

高一级音乐试卷

班别_____　　姓名_____　　学号_____　　成绩_____

一、视听部分：请把正确选项的序号填写在括号中

1. 聆听以下音乐片段，感受其情绪特点。（　　）

A. 忧伤　　　　　　　　B. 愉悦

2. 聆听音乐片段，请辨别是哪个地区的民歌。（　　）

A. 江苏　　　　　　　　B. 陕北

3. 聆听音乐片段，请辨别是哪个少数民族的民歌。（　　）

A. 蒙古族民歌　　　　　B. 新疆民歌

4. 聆听唱腔片段，请辨别其剧种。（ ）

A. 京剧 B. 黄梅戏

5. 聆听音乐片段，请辨别它是选自哪一部京剧的唱段。（ ）

A.《霸王别姬》 B.《智取威虎山》

6. 聆听音乐片段，请辨别它属于什么风格的音乐。（ ）

A. 广东音乐 B. 江南丝竹

7. 聆听音乐片段，判断它属于哪一个大型声乐作品。（ ）

A.《黄河大合唱》 B.《长恨歌》

8. 聆听音乐片段，根据其风格特征判断属于哪一类通俗音乐。（ ）

A. 爵士乐 B. 新世纪音乐

9. 聆听音乐片段，判断它是哪一部音乐作品的主题曲。（ ）

A.《流水》 B《梅花三弄》

10. 聆听音乐片段，判断它是哪一部音乐作品的主题曲。（ ）

A.《沃尔塔瓦河》 B《田园交响曲》

11. 聆听音乐片段，判断音乐作品。（ ）

A.《鳟鱼》 B《魔王》

12. 聆听音乐片段，判断它改编自莫扎特的哪一部作品（ ）

A.《四十交响曲》 B.《第一圆号协奏曲》

13. 聆听音乐片段，判断它的作者。（ ）

A.（小）约翰·施特劳斯 B.（老）约翰·施特劳斯

14. 请分辨以下音乐片段是哪个作曲家的作品。（ ）

A. 柴可夫斯基 B. 贝多芬

15. 聆听音乐片段，选出音乐风格。（ ）

A. 布鲁斯 B. 拉格泰姆

16. 聆听音乐片段，辨别演奏乐器。（ ）

A. 古琴 B. 古筝

17．聆听音乐片段，辨别演奏乐器。（　　）

A．长笛　　　　　　　　　　　B．唢呐

18．聆听音乐片段，辨别演奏乐器。（　　）

A．竹笛　　　　　　　　　　　B．箫

19．聆听音乐片段，辨认曲艺类别。（　　）

A．京韵大鼓　　　　　　　　　B．苏州弹词

20．聆听音乐片段，判断流传地域。（　　）

A．印度　　　　　　　　　　　B．印度尼西亚

二、选择题：请把正确选项的序号填写在括号中

21．音乐运动中音的长短和强弱指的是（　　）。

A．节奏　　　　　　　　　　　B．速度

22．民歌《茉莉花》的体裁是（　　）。

A．小调　　　　　　B．山歌　　　　　　C．劳动号子

23．以下描述正确的是（　　）。

A．北方民歌粗犷、豪放，叙事性强，旋律进行中跳进较多；南方民歌委婉、细腻，抒情性强，旋律进行以级进为主

B．北方民歌委婉、细腻，抒情性强，旋律进行以级进为主；南方民歌粗犷、豪放，叙事性强，旋律进行中跳进较多

24．以下描述正确的是（　　）。

A．我国的民族乐器大致可分为吹管乐器、弹拨乐器、拉弦乐器和打击乐器四类

B．我国的民族乐器大致可分为弦乐器、木管乐器、铜管乐器、打击乐器四类

25．京剧的主奏乐器是（　　）。

A．京胡　　　　　　B．高胡　　　　　　C．二胡

26. 胡琴类乐器中音色较尖锐和较柔美的乐器分别是（　　）。

A．京胡、二胡　　　　　　　　　　B．二胡、京胡

27. 京剧四大名旦是（　　）。

A．梅兰芳、程砚秋、尚小云、荀慧生

B．梅兰芳、程砚秋、尚小云、唐韵笙

28. 京剧艺术中，主要用脸谱化妆突出人物性格特征的行当是（　　）。

A．净　　　　　　　　　　　　　　B．丑

29. 属于藏族音乐的是（　　）。

A．弦子舞　《北京的金山上》　　　B．马头琴　《嘎达梅林》

30. 全部属于弹拨乐器的是（　　）。

A．古筝、古琴、二胡　　　　　　　B．阮、琵琶、扬琴

31. 目前，中国最古老的乐器是（　　）。

A．骨笛　　　　　　　　　　　　　B．编钟

32. （　　）被称为乐圣，（　　）被称为音乐诗人，（　　）被称为圆舞曲之父，（　　）被称为音乐神童。

A．莫扎特　　　　　　　　　　　　B．老约翰斯特劳斯

C．贝多芬　　　　　　　　　　　　D．肖邦

33. （　　　　）曲中泛音曲调在不同徽位上重复了三次，故称"三弄"。乐曲通过歌颂梅花不畏寒霜、迎风斗雪的顽强性格来赞誉具有高尚情操之人。1972年王建中改编成钢琴曲，表现的主题则是毛泽东《咏梅》。

A．《阳关三叠》　　　　　　　　　B．《梅花三弄》

34. 关于布鲁斯音乐的特点，正确的是（　　）。

A．又叫蓝调音乐，是一种音调接近语言，夹杂叹息、呻吟和说白的黑人歌曲，并带有复杂切分节奏和即兴特点的音乐

B．一种钢琴音乐。

35. 爵士乐常见的乐器有（　　）。

A．钢琴、小号、长号、萨克斯管、爵士鼓等

B．钢琴、长号、扬琴、单簧管、大提琴

36．爵士乐之父是（　　）。

A．斯科特·乔普林　　　　　　　　B．路易斯·阿姆斯特朗

37．属于巴洛克时期的音乐家的是（　　）。

A．海顿、莫扎特、贝多芬　　　　　B．巴赫、亨德尔

38．首次在交响曲中出现人声的交响曲是（　　）。

A．《第九（合唱）交响曲》　　　　B．《黄河大合唱》

39．以下描述正确的一项是（　　）。

A．"圆舞曲之王"（小）约翰·施特劳斯

B．"音乐之父"亨德尔

40．不是贝多芬创作的作品是（　　）。

A．《致爱丽丝》《命运交响曲》

B．《悲怆交响曲》《土耳其进行曲》

41．我国著名的小提琴协奏曲是（　　）。

A．《梁山伯与祝英台》　　　　　　B．《草原小姐妹》

42．出现切分节奏的一项（　　）。

A．× × × ×　　　　　　　　　　B．× × ×

43．艺术歌曲是由作曲家以某种艺术表现为目的，根据文学家诗作而创作的歌曲。多为独唱曲，一般都有精心编配的（　　）伴奏。

A．钢琴　　　　　　　　　　　　　B．小提琴

44．声乐套曲《黄河大合唱》的作者是（　　）。

A．冼星海　　　　　　　　　　　　B．聂耳

45．京剧板式是由曲调的节拍构成，"板"为强拍，"眼"为弱拍。一板三眼是（　　）拍子。

A．1/4　　　B．2/4　　　C．3/4　　　D．4/4

46．（　　）是我国古代传承下来的一首表现"楚汉相争"的琵琶独奏曲。

A．《十面埋伏》　　　　　　　　　B．《将军令》

47. 刘欢演唱的《好汉歌》的创作素材来源于河南民歌（ ）。

A.《王大娘钉缸》　　　　　　　B.《沂蒙山小调》

48. 被描述为"脚尖上的舞蹈"的是（ ）

A. 芭蕾舞　　　　　　　　　　B. 踢踏舞

49. _____经常运用一些不同类型的流行音乐以及流行音乐的乐器编制，采用较为通俗的唱法，一般分两幕。《猫》《歌剧魅影》《悲惨世界》《西贡小姐》被誉为_____。（ ）

A. 歌剧、四大歌剧　　　　　　　　B. 音乐剧、四大音乐剧

50. _____是由大量歌唱和跳舞的形式组成故事情节的影片，大多是由记录_____演出或根据歌剧改编而成的。（ ）

A. 电影、歌剧　　　　　　　　B. 歌舞、电影

第五节　高中生《国家学生体质健康标准（试行方案）》测试组织与安排（评分标准）

一、高中及大学《国家学生体质健康标准（试行方案）》评分表

（一）单项指标评分表

男生体重指数（BMI）单项评分表（单位：千克/米）

等　级	单项得分	高　一	高　二	高　三	大　学
正　常	100	16.5—23.2	16.8—23.7	17.3—23.8	17.9—23.9
低体重	80	≤16.4	≤16.7	≤17.2	≤17.8
超　重		23.3—26.3	23.8—26.5	23.9—27.3	24.0—27.9
肥　胖	60	≥26.4	≥26.6	≥27.4	≥28.0

女生体重指数（BMI）单项评分表（单位：千克/米）

等　级	单项得分	高　一	高　二	高　三	大　学
正　常	100	16.5—22.7	16.9—23.2	17.1—23.3	17.2—23.9
低体重	80	≤16.4	≤16.8	≤17.0	≤17.1
超　重		22.8—25.2	23.3—25.4	23.4—25.7	24.0—27.9
肥　胖	60	≥25.3	≥25.5	≥25.8	≥28.0

男生肺活量单项评分表（单位：毫升）

等　级	单项得分	高一	高二	高三	大一大二	大三大四
优　秀	100	4 540	4 740	4 940	5 040	5 140
	95	4 420	4 620	4 820	4 920	5 020
	90	4 300	4 500	4 700	4 800	4 900
良　好	85	4 050	4 250	4 450	4 550	4 650
	80	3 800	4 000	4 200	4 300	4 400
及　格	78	3 680	3 880	4 080	4 180	4 280
	76	3 560	3 760	3 960	4 060	4 160
	74	3 440	3 640	3 840	3 940	4 040
	72	3 320	3 520	3 720	3 820	3 920
	70	3 200	3 400	3 600	3 700	3 800
	68	3 080	3 280	3 480	3 580	3 680
	66	2 960	3 160	3 360	3 460	3 560
	64	2 840	3 040	3 240	3 340	3 440
	62	2 720	2 920	3 120	3 220	3 320
	60	2 600	2 800	3 000	3 100	3 200
不及格	50	2 470	2 660	2 850	2 940	3 030
	40	2 340	2 520	2 700	2 780	2 860
	30	2 210	2 380	2 550	2 620	2 690
	20	2 080	2 240	2 400	2 460	2 520
	10	1 950	2 100	2 250	2 300	2 350

女生肺活量单项评分表（单位：毫升）

等级	单项得分	高一	高二	高三	大一大二	大三大四
优秀	100	3 150	3 250	3 350	3 400	3 450
	95	3 100	3 200	3 300	3 350	3 400
	90	3 050	3 150	3 250	3 300	3 350
良好	85	2 900	3 000	3 100	3 150	3 200
	80	2 750	2 850	2 950	3 000	3 050
及格	78	2 650	2 750	2 850	2 900	2 950
	76	2 550	2 650	2 750	2 800	2 850
	74	2 450	2 550	2 650	2 700	2 750
	72	2 350	2 450	2 550	2 600	2 650
	70	2 250	2 350	2 450	2 500	2 550
	68	2 150	2 250	2 350	2 400	2 450
	66	2 050	2 150	2 250	2 300	2 350
	64	1 950	2 050	2 150	2 200	2 250
	62	1 850	1 950	2 050	2 100	2 150
	60	1 750	1 850	1 950	2 000	2 050
不及格	50	1 710	1 810	1 910	1 960	2 010
	40	1 670	1 770	1 870	1 920	1 970
	30	1 630	1 730	1 830	1 880	1 930
	20	1 590	1 690	1 790	1 840	1 890
	10	1 550	1 650	1 750	1 800	1 850

男生50米跑单项评分表（单位：秒）

等级	单项得分	高 一	高 二	高 三	大一、大二	大三、大四
优 秀	100	7.1	7.0	6.8	6.7	6.6
	95	7.2	7.1	6.9	6.8	6.7
	90	7.3	7.2	7.0	6.9	6.8
良 好	85	7.4	7.3	7.1	7.0	6.9
	80	7.5	7.4	7.2	7.1	7.0
及 格	78	7.7	7.6	7.4	7.3	7.2
	76	7.9	7.8	7.6	7.5	7.4
	74	8.1	8.0	7.8	7.7	7.6
	72	8.3	8.2	8.0	7.9	7.8
	70	8.5	8.4	8.2	8.1	8.0
	68	8.7	8.6	8.4	8.3	8.2
	66	8.9	8.8	8.6	8.5	8.4
	64	9.1	9.0	8.8	8.7	8.6
	62	9.3	9.2	9.0	8.9	8.8
	60	9.5	9.4	9.2	9.1	9.0
不及格	50	9.7	9.6	9.4	9.3	9.2
	40	9.9	9.8	9.6	9.5	9.4
	30	10.1	10.0	9.8	9.7	9.6
	20	10.3	10.2	10.0	9.9	9.8
	10	10.5	10.4	10.2	10.1	10.0

女生50米跑单项评分表（单位：秒）

等　级	单项得分	高　一	高　二	高　三	大一、大二	大三、大四
优　秀	100	7.8	7.7	7.6	7.5	7.4
	95	7.9	7.8	7.7	7.6	7.5
	90	8.0	7.9	7.8	7.7	7.6
良　好	85	8.3	8.2	8.1	8.0	7.9
	80	8.6	8.5	8.4	8.3	8.2
及　格	78	8.8	8.7	8.6	8.5	8.4
	76	9.0	8.9	8.8	8.7	8.6
	74	9.2	9.1	9.0	8.9	8.8
	72	9.4	9.3	9.2	9.1	9.0
及　格	70	9.6	9.5	9.4	9.3	9.2
	68	9.8	9.7	9.6	9.5	9.4
	66	10.0	9.9	9.8	9.7	9.6
	64	10.2	10.1	10.0	9.9	9.8
	62	10.4	10.3	10.2	10.1	10.0
	60	10.6	10.5	10.4	10.3	10.2
不及格	50	10.8	10.7	10.6	10.5	10.4
	40	11.0	10.9	10.8	10.7	10.6
	30	11.2	11.1	11.0	10.9	10.8
	20	11.4	11.3	11.2	11.1	11.0
	10	11.6	11.5	11.4	11.3	11.2

男生坐位体前屈单项评分表（单位：厘米）

等　级	单项得分	高　一	高　二	高　三	大一、大二	大三、大四
优　秀	100	23.6	24.3	24.6	24.9	25.1
	95	21.5	22.4	22.8	23.1	23.3
	90	19.4	20.5	21.0	21.3	21.5

（续表）

等 级	单项得分	高 一	高 二	高 三	大一、大二	大三、大四
良 好	85	17.2	18.3	19.1	19.5	19.9
	80	15.0	16.1	17.2	17.7	18.2
及 格	78	13.6	14.7	15.8	16.3	16.8
	76	12.2	13.3	14.4	14.9	15.4
	74	10.8	11.9	13.0	13.5	14.0
	72	9.4	10.5	11.6	12.1	12.6
	70	8.0	9.1	10.2	10.7	11.2
	68	6.6	7.7	8.8	9.3	9.8
	66	5.2	6.3	7.4	7.9	8.4
	64	3.8	4.9	6.0	6.5	7.0
	62	2.4	3.5	4.6	5.1	5.6
	60	1.0	2.1	3.2	3.7	4.2
不及格	50	0.0	1.1	2.2	2.7	3.2
	40	−1.0	0.1	1.2	1.7	2.2
	30	−2.0	−0.9	0.2	0.7	1.2
	20	−3.0	−1.9	−0.8	−0.3	0.2
	10	−4.0	−2.9	−1.8	−1.3	−0.8

女生坐位体前屈单项评分表（单位：厘米）

等 级	单项得分	高 一	高 二	高 三	大一、大二	大三、大四
优 秀	100	24.2	24.8	25.3	25.8	26.3
	95	22.5	23.1	23.6	24.0	24.4
	90	20.8	21.4	21.9	22.2	22.4
良 好	85	19.1	19.7	20.2	20.6	21.0
	80	17.4	18.0	18.5	19.0	19.5

（续表）

等　级	单项得分	高　一	高　二	高　三	大一、大二	大三、大四
及　格	78	16.1	16.7	17.2	17.7	18.2
	76	14.8	15.4	15.9	16.4	16.9
	74	13.5	14.1	14.6	15.1	15.6
	72	12.2	12.8	13.3	13.8	14.3
	70	10.9	11.5	12.0	12.5	13.0
	68	9.6	10.2	10.7	11.2	11.7
	66	8.3	8.9	9.4	9.9	10.4
	64	7.0	7.6	8.1	8.6	9.1
	62	5.7	6.3	6.8	7.3	7.8
	60	4.4	5.0	5.5	6.0	6.5
不及格	50	3.6	4.2	4.7	5.2	5.7
	40	2.8	3.4	3.9	4.4	4.9
	30	2.0	2.6	3.1	3.6	4.1
	20	1.2	1.8	2.3	2.8	3.3
	10	0.4	1.0	1.5	2.0	2.5

男生立定跳远单项评分表（单位：厘米）

等　级	单项得分	高　一	高　二	高　三	大一、大二	大三、大四
优　秀	100	260	265	270	273	275
	95	255	260	265	268	270
	90	250	255	260	263	265
良　好	85	243	248	253	256	258
	80	235	240	245	248	250

（续表）

等　级	单项得分	高　一	高　二	高　三	大一、大二	大三、大四
及格	78	231	236	241	244	246
	76	227	232	237	240	242
	74	223	228	233	236	238
	72	219	224	229	232	234
	70	215	220	225	228	230
	68	211	216	221	224	226
	66	207	212	217	220	222
	64	203	208	213	216	218
	62	199	204	209	212	214
	60	195	200	205	208	210
不及格	50	190	195	200	203	205
	40	185	190	195	198	200
	30	180	185	190	193	195
	20	175	180	185	188	190
	10	170	175	180	183	185

女生立定跳远单项评分表（单位：厘米）

等　级	单项得分	高　一	高　二	高　三	大一、大二	大三、大四
优秀	100	204	205	206	207	208
	95	198	199	200	201	202
	90	192	193	194	195	196
良好	85	185	186	187	188	189
	80	178	179	180	181	182
及格	78	175	176	177	178	179
	76	172	173	174	175	176
	74	169	170	171	172	173
	72	166	167	168	169	170
	70	163	164	165	166	167
	68	160	161	162	163	164

（续表）

等 级	单项得分	高 一	高 二	高 三	大一、大二	大三、大四
及 格	66	157	158	159	160	161
	64	154	155	156	157	158
	62	151	152	153	154	155
	60	148	149	150	151	152
不及格	50	143	144	145	146	147
	40	138	139	140	141	142
	30	133	134	135	136	137
	20	128	129	130	131	132
	10	123	124	125	126	127

男生引体向上单项评分表（单位：次）

等 级	单项得分	高 一	高 二	高 三	大一、大二	大三、大四
优 秀	100	16	17	18	19	20
	95	15	16	17	18	19
	90	14	15	16	17	18
良 好	85	13	14	15	16	17
	80	12	13	14	15	16
及 格	78					
	76	11	12	13	14	15
	74					
	72	10	11	12	13	14
	70					
	68	9	10	11	12	13
	66					
	64	8	9	10	11	12
	62					
	60	7	8	9	10	11

（续表）

等　级	单项得分	高　一	高　二	高　三	大一、大二	大三、大四
不及格	50	6	7	8	9	10
	40	5	6	7	8	9
	30	4	5	6	7	8
	20	3	4	5	6	7
	10	2	3	4	5	6

女生1分钟仰卧起坐单项评分表（单位：次）

等　级	单项得分	高　一	高　二	高　三	大一、大二	大三、大四
优　秀	100	53	54	55	56	57
	95	51	52	53	54	55
	90	49	50	51	52	53
良　好	85	46	47	48	49	50
	80	43	44	45	46	47
及　格	78	41	42	43	44	45
	76	39	40	41	42	43
	74	37	38	39	40	41
	72	35	36	37	38	39
	70	33	34	35	36	37
	68	31	32	33	34	35
	66	29	30	31	32	33
	64	27	28	29	30	31
	62	25	26	27	28	29
	60	23	24	25	26	27
不及格	50	21	22	23	24	25
	40	19	20	21	22	23
	30	17	18	19	20	21
	20	15	16	17	18	19
	10	13	14	15	16	17

男生耐力跑单项评分表

等 级	单项得分	高一	高二	高三	大一、大二	大三、大四
优 秀	100	3'30"	3'25"	3'20"	3'17"	3'15"
	95	3'35"	3'30"	3'25"	3'22"	3'20"
	90	3'40"	3'35"	3'30"	3'27"	3'25"
良 好	85	3'47"	3'42"	3'37"	3'34"	3'32"
	80	3'55"	3'50"	3'45"	3'42"	3'40"
及 格	78	4'00"	3'55"	3'50"	3'47"	3'45"
	76	4'05"	4'00"	3'55"	3'52"	3'50"
	74	4'10"	4'05"	4'00"	3'57"	3'55"
	72	4'15"	4'10"	4'05"	4'02"	4'00"
	70	4'20"	4'15"	4'10"	4'07"	4'05"
	68	4'25"	4'20"	4'15"	4'12"	4'10"
	66	4'30"	4'25"	4'20"	4'17"	4'15"
	64	4'35"	4'30"	4'25"	4'22"	4'20"
	62	4'40"	4'35"	4'30"	4'27"	4'25"
	60	4'45"	4'40"	4'35"	4'32"	4'30"
不及格	50	5'05"	5'00"	4'55"	4'52"	4'50"
	40	5'25"	5'20"	5'15"	5'12"	5'10"
	30	5'45"	5'40"	5'35"	5'32"	5'30"
	20	6'05"	6'00"	5'55"	5'52"	5'50"
	10	6'25"	6'20"	6'15"	6'12"	6'10"

女生耐力跑单项评分表

等 级	单项得分	高 一	高 二	高 三	大一、大二	大三、大四
优 秀	100	3'24"	3'22"	3'20"	3'18"	3'16"
	95	3'30"	3'28"	3'26"	3'24"	3'22"
	90	3'36"	3'34"	3'32"	3'30"	3'28"
良 好	85	3'43"	3'41"	3'39"	3'37"	3'35"
	80	3'50"	3'48"	3'46"	3'44"	3'42"

（续表）

等　级	单项得分	高　一	高　二	高　三	大一、大二	大三、大四
及　格	78	3'55"	3'53"	3'51"	3'49"	3'47"
	76	4'00"	3'58"	3'56"	3'54"	3'52"
	74	4'05"	4'03"	4'01"	3'59"	3'57"
	72	4'10"	4'08"	4'06"	4'04"	4'02"
	70	4'15"	4'13"	4'11"	4'09"	4'07"
	68	4'20"	4'18"	4'16"	4'14"	4'12"
	66	4'25"	4'23"	4'21"	4'19"	4'17"
	64	4'30"	4'28"	4'26"	4'24"	4'22"
	62	4'35"	4'33"	4'31"	4'29"	4'27"
	60	4'40"	4'38"	4'36"	4'34"	4'32"
不及格	50	4'50"	4'48"	4'46"	4'44"	4'42"
	40	5'00"	4'58"	4'56"	4'54"	4'52"
	30	5'10"	5'08"	5'06"	5'04"	5'02"
	20	5'20"	5'18"	5'16"	5'14"	5'12"
	10	5'30"	5'28"	5'26"	5'24"	5'22"

（二）加分指标评分表

男生引体向上评分表

加　分	高　一	高　二	高　三	大一、大二	大三、大四
10	10	10	10	10	10
9	9	9	9	9	9
8	8	8	8	8	8
7	7	7	7	7	7
6	6	6	6	6	6
5	5	5	5	5	5
4	4	4	4	4	4
3	3	3	3	3	3
2	2	2	2	2	2
1	1	1	1	1	1

女生1分钟仰卧起坐评分表

加 分	高 一	高 二	高 三	大 一、大 二	大 三、大 四
10	13	13	13	13	13
9	12	12	12	12	12
8	11	11	11	11	11
7	10	10	10	10	10
6	9	9	9	9	9
5	8	8	8	8	8
4	7	7	7	7	7
3	6	6	6	6	6
2	4	4	4	4	4
1	2	2	2	2	2

注：引体向上、1分钟仰卧起坐均为高优指标，学生成绩超过单项评分100分后，以超过的次数所对应的分数进行加分。

男生1 000米跑评分表

加 分	高 一	高 二	高 三	大 一、大 二	大 三、大 四
10	−35"	−35"	−35"	−35"	−35"
9	−32"	−32"	−32"	−32"	−32"
8	−29"	−29"	−29"	−29"	−29"
7	−26"	−26"	−26"	−26"	−26"
6	−23"	−23"	−23"	−23"	−23"
5	−20"	−20"	−20"	−20"	−20"
4	−16"	−16"	−16"	−16"	−16"
3	−12"	−12"	−12"	−12"	−12"
2	−8"	−8"	−8"	−8"	−8"
1	−4"	−4"	−4"	−4"	−4"

女生800米跑评分表

加　分	高　一	高　二	高　三	大一、大二	大三、大四
10	−50"	−50"	−50"	−50"	−50"
9	−45"	−45"	−45"	−45"	−45"
8	−40"	−40"	−40"	−40"	−40"
7	−35"	−35"	−35"	−35"	−35"
6	−30"	−30"	−30"	−30"	−30"
5	−25"	−25"	−25"	−25"	−25"
4	−20"	−20"	−20"	−20"	−20"
3	−15"	−15"	−15"	−15"	−15"
2	−10"	−10"	−10"	−10"	−10"
1					

二、《国家学生体质健康标准（试行方案）》测试耐久跑项方案（以高一女生800米、男生1 000米跑为例）

（一）指导思想

以"健康第一"为指导思想，全面贯彻落实《国家学生体质健康标准（试行方案）》测试要求，提高学生对《国家学生体质健康标准（试行方案）》测试的重视，促使学生积极参加体育锻炼，养成良好的锻炼习惯，全面增进学生的体质健康水平，保障学生在耐久跑项目测试过程中的安全，制定耐久跑项目（女生800米、男生1 000米跑）测试方案。

（二）测试领导小组

组长：_____

副组长：_____、_____（东、西田径场各1位）

成员：级长（东、西田径场各2位）、体育教师（东、西田径场各2位）、班主任、校医（东、西田径场各1位）

领导小组负责安排教学和测试的全面工作，结合测试标准加强教学和学生体质训练，组织人员开展学生体质达标测试工作，根据具体情况做好分工，做到分工明确、责任到人，确保测试各项工作顺利完成。同时，做好测试的安全预防保障工作，完成成绩收集、整理，并对照《国家学生体质健康标准（试行方案）》评分标准如实填写表册，及时录入系统上报测试数据。

（三）组织实施

1．场地和分组

利用半天时间分东西两个田径场进行高一级学生耐久跑测试工作，东田径场1—9班，西田径场10—18班，每个场地分成3组（3个班为一组），每一组由班主任带队集中到田径场做准备活动，按班级顺序依次测试。

2．准备活动加测试时间

测试时间：11周星期_____下午（具体时间那天由年级根据实际情况确定）

东田径场：　　　　　　西田径场：

第一组（1—3班）14：00—15：15　　第一组（10—12班）14：00—15：15

第二组（4—6班）15：00—16：15　　第二组（13—15班）15：00—16：15

第三组（7—9班）16：00—17：15　　第三组（16—18班）16：00—17：15

（四）测试工作要求

1．测试前，体育教师和班主任利用体育课和班会课加强对学生的体质健康测试及训练的安全教育，对学生提出安全要求。

2．牢固树立"安全第一"的责任意识，加强对场地、器材、设备的安全检查，针对学生身体特点，考虑气候、场地等因素，科学组织测试工作，确实保障学生的测试安全。

3．测试前要检查和了解学生身体健康情况，对生病学生实行缓测或免测。谨防意外伤害事故发生。

4．医疗点设在终点处，准备必备的救治药物和急救设备，校医熟练掌握应急处理流程。

5．学生穿轻便、适合耐久跑的运动装、运动鞋参加测试，教师检查学生有无携带笔、钥匙等尖锐物参加测试。

6. 为预防受伤，提高测试成绩，测试前各班组织学生充分做好热身活动。

7. 测试过程中必须保证秩序正常，学生在测试过程中听从统一组织，不得擅自离开班集体独自行动。学生测试后迅速离开跑道，待测试数据和记录确定准确无误，各班做好放松活动后，集体回班继续上课。

第三章　高中艺体校本活动课程设计举例

第一节　体育与健康校本活动课程设计举例

乒乓球校本课程设计

适用年级	本校各年级	总课时	18	课程类型	实践课
课程简介	本教材是结合我校"开发拓展型课程，促进学生和谐发展"的办学理念，培养学生合作学习、自主创新的意识和能力。根据我校学生培养目标的总体要求和遵照有关规定，充分考虑本课程的特点而制定的。 　　（一）本教材适用对象为本校各年级学生。本课程为拓展型课，属考查课程，总学时为18，共进行一个学期的教学。 　　（二）本教材为试行，需在教学实践中不断总结，并加以补充、修订、完善。				
背景分析	乒乓球是运动中学生最喜爱的运动项目之一，锻炼身体的综合效果好，能培养学生团结合作、积极进取的拼搏精神，是中小学体育教学的内容之一。乒乓球运动作为一个竞技运动项目，是以战胜对手为目的、以得分多少决定胜负而进行的攻守交替、个人和集体对抗的球类项目。 　　乒乓球运动是一项趣味性较高的运动。教师要保护和进一步培养学生对乒乓球运动的兴趣，在教学中采取合理、丰富多样的游戏化教学方法，使学生获得正确的乒乓球理论知识和运动方法，提高他们的运动水平，从而使学生对乒乓球运动由一般的兴趣转化为执着的热爱。				

（续表）

| 课程目标 | （一）教学目标

1. 了解乒乓球运动的锻炼价值，培养学生参加乒乓球运动的兴趣和爱好。形成坚持锻炼的习惯。

2. 通过乒乓球游戏化教学活动，使学生进一步提高乒乓球的基本技术和简单战术水平。并能在乒乓球游戏和比赛中运用所学的乒乓球的基本技术和简单战术水平。

3. 发展学生的灵活、机敏、反应快捷，以及速度、力量、耐力等身体素质，促进身体的全面发展。

4. 在从事乒乓球游戏和比赛中，培养学生自尊、自信、集体合作意识，形成积极进取，团结协作的良好作风。 | | | |

学习主题/活动安排（请列出教学进度）	教学内容		时数与比例	
			时 数	比 例
	理论部分	乒乓球裁判知识游戏化： （1）把裁判手势编成操 （2）裁判知识编成诗歌或顺口溜	2	11.11%
	基本技术部分	握拍的方法	4	22.22%
		基本姿势与站位		
		步法		
		发球与接发球		
	实战技术部分	推挡球	8	44.44%
		搓球		
		攻球		
		削球		
	技能应用部分	单打比赛	2	11.11%
		双打比赛		
	其他	考核	2	11.11%
	合　计		18	100%

（续表）

评价活动/ 成绩评定	技术评定40% 应用评定40% 学习态度20%
所需条件	乒乓球台、网架、球拍、乒乓球
备　注	参考文献及课程资源主要来源：

乒乓球某节校本活动课教学设计样例：

第8节　挡球与推挡球

挡球是初学者应学习的一项基本技术。推挡球是近台快攻传统打法的独特技术，是学生学习的重要专项技能。

（一）动作要点（以右手为例）

1. 挡球：近台中偏左站位左脚稍前，屈膝提踵含胸收腹，重心在前脚掌上，持拍手置于腹前，上臂靠近身体右侧，球拍半横状。前臂和手腕顺来球路线向前伸出主动迎球，上升期击球中部，拍面与台面几乎垂直，拍触球后立即停止，迅速还原成准备姿势。

2. 推挡球：近台中偏左站位右脚稍前，击球时提起前臂上臂后收肘部贴近身体，在上升期或高点期击球中上部。击球时适当用伸髋转腰动作加大手腕发力，并用中指顶住拍背向前用力。

横拍推挡　　　　　　直拍推挡

（二）教学重、难点

重点：清晰并完整做出技术动作。

难点：正确的拍面击球角度、身体的协调配合和准确的线路落点。

（三）教学方法

1. 徒手做挡球、推挡球动作模仿练习。

2. 离墙2米用正手、反手对墙推挡练习。

3. 两人台上对挡、对推练习，不限落点，但动作要正确，并能击球过网。

4. 两人台上一推一挡，限定路线。

5. 两人台上对推斜线、中路和直线。

6. 两人台上全力推挡斜线。

7. 两人台上练习，一人一点推两点，另一人两点推挡一点，互换练习。

（四）易犯错误纠正方法

1. 挡球易犯判断落点不准、拍面掌握不好的错误。

纠正方法：提高判断能力，加强手腕的灵活性和调整拍面的能力。

2. 推挡球易犯手臂没有向前伸出的错误。

纠正方法：强调击球后上臂和肘关节前送，上体向左转动。

（五）教学特点和建议

1. 挡球。

（1）特点：球速慢，力量轻，动作较简单，初学者容易掌握。可以帮助初学者熟悉球性，认识乒乓球的击球规律，提高控制球的能力。

（2）要点：①挡球是推挡球技术的基础，初学者应形成正确的动作手法。②引拍时，上臂应靠近身体。③前臂前伸近球，手腕手指调节拍形，食指用力，拇指放松。

2．快推。

（1）特点：站位近，动作小，借力还击，速度快，线路变化多。适用于回击一般的拉球、推挡球和中等力量的攻球。在相持中能发挥回球速度快的优势，推压两大角或袭击对方空当，为自己的进攻创造条件。它是推挡球最常用的一项技术。

（2）要点：①击球前靠近身体，前臂适当后撤。②在前臂向前推送的过程中，完成外旋动作。③转腕动作不宜过大，关键是时机要恰当。

3．减力挡。

（1）特点：回球弧线低、落点低、力量轻。回接对方的大力扣杀或加力推挡时能减弱回球的力量，若与加力推结合运用，则可以前后调动对方，是应对中台两面拉或两面攻打法的有效战术，还常用于接加转弧圈球。

（2）要点：①击球前身体重心略升高，稍屈前臂，球拍保持合适的前倾角度。②触球瞬间，有意识地做手臂和手腕后收的动作。③削弱来球反弹力的同时，借来球的力量将球挡过去，回球速度快。

（六）反手特殊技术

直拍横打   直拍反手攻球

第二节　音乐校本活动课程设计举例

合唱校本课程设计

教研组名称	艺术	开发教师	音乐教师		上课教师	
课程名称			女生合唱校本课			
适用年级	高一、高二	总课时	18	课程类型		合唱技能训练
课程简介		合唱是音乐表演的一种常见形式。主要以多声部的人声演唱为特征，在学唱合唱的过程中，有助青少年美化心灵、扩大知识视野、陶冶情操和身心健康。在排练过程中，有助于学生的自身修养的提高，能培养学生的相互协作能力，更能培养学生的意志品德。				
背景分析		合唱之所以受到包括中国在内的各国人民的喜爱，是因为合唱不但可以培养人的艺术修养，还可以培养人的思想情操、意志品质，对人的身心健康大有益处。合唱是一种集体艺术，需要所有合唱队队员和指挥、伴奏之间的良好合作，共同来完成一部作品。合唱训练、演出既可以培养人的集体荣誉感、协作精神，也可以培养人的纪律性、还可以培养良好的学习方法。 　　20年来，我国的合唱事业又被推向另一个高峰，群众性合唱在全国蓬勃发展，专业合唱团及一些业余合唱团在国际比赛中屡获大奖。这些对我国合唱水平的整体提高及精神文明的建设起到了极大的推动作用。合唱也许是我们每个人在日常生活中最常接触到，也最容易参与其中的一种音乐表演形式。它既不需要拥有丰富的音乐理论知识，也不需要懂得演奏任何一门乐器。抒发爱国情怀、展示校园文化、歌唱美好时代的最好方式就是合唱，大力发展合唱教育和开展合唱活动对社会主义现代化建设的意义不容小觑。 　　有一句名言："合唱是任何教育工作都不可以替代的重要形式。"许多发达国家和地区都将学校的合唱活动当成培养学生高尚情操和团队精神的一项重要工作。对学校来说，大力开展合唱教育活动能培养学生对经典音乐的兴趣，提高团队合作意识和集体主义、爱国主义精神，能启迪心智、净化心灵，使学习更富有实效。				

（续表）

背景分析	学校学生合唱团在历届合唱比赛中取得辉煌成绩，曾7次获广州市一等奖、1次广东省一等奖。合唱是学校艺术教育的特色之一，女声合唱团的建立就是为了更加丰富学校合唱特色，也为混声合唱打下了扎实的基础。 人声可以作为一种工具来表现合唱艺术的魅力。女声合唱具有其独有的音乐特性：声音柔美、更具有亲和力。作为音乐的一种艺术形式，女声合唱既有共性，又体现出固有的个性。女声合唱以其独特的艺术魅力将在未来更好地发展。
课程目标	针对女声（女高、女中、女低）的特点进行发声方法指导，加强对声音的控制能力；加强合唱欣赏，培养合唱兴趣；注意以科学的方法结合学生身心发展的特点进行深一层的歌唱方法；养成良好而正确的发声姿势；扎扎实实地进行音准与节奏训练；注重合唱音响的协调，咬字、吐字的清晰。
学习主题/活动安排（请列出教学进度）	第一单元　合唱艺术概述（1课时） 介绍合唱艺术的特点以及合唱的类别；结合欣赏感受合唱艺术（男生合唱）魅力，培养热爱合唱的兴趣。 第二单元　气息与发声（2课时） 第一课时　歌唱状态——发声训练与划分声部。 第二课时　歌唱状态——气息与发声训练。唱音阶培养音准概念，用正确的发声方法与清晰的咬字、吐字演唱歌曲《花非花》。 第三单元　二部合唱（8课时） 第一课时　合唱艺术——试唱训练——认识简谱； 学习单声部旋律，调整歌唱状态。 第二课时　《红蜻蜓》——合唱排练，明确合唱要求，通过强调合唱的统一、平衡、和谐，让学生感受合唱艺术的魅力以及合作的重要性。 第三课时　《梨花又开放》——学习单声部旋律，调整歌唱状态； 第四课时　《梨花又开放》——合唱排练，强调声部间的配合与声音的和谐，进一步提高学生对合唱的认识。 第五课时　《葡萄园夜曲》——学习单声部旋律，调整歌唱状态。 第六课时　《葡萄园夜曲》——合唱排练，初步完成各声部的配合，在训练中提高学生对合唱的审美能力以及创造美的能力。 第七课时　《葡萄园夜曲》——合唱排练，强调在合唱训练中气息、声音、音准、节奏等综合运用；进行艺术处理与艺术表现，进一步在训练中提高学生对合唱的审美能力以及创造美的能力。

（续表）

学习主题/活动安排（请列出教学进度）	第八课时　《葡萄园夜曲》——合唱排练，较完整表现作品； 第三单元　三部合唱（4课时） 第一课时　《启航》——认识五线谱，学习单声部旋律，用正确的发声歌唱。 第二课时　《启航》——合唱排练，初步完成各声部的配合。 第三课时　《启航》——合唱排练，进行艺术分析与处理，进一步提高合唱素养； 第四课时　《启航》——合唱排练，加强艺术处理，较完整地表现作品。 第四单元　拓展（3课时） 第一课时　感受经典——欣赏经典合唱作品，积累合唱欣赏作品，丰富学生的音乐视野，进一步感受合唱艺术的魅力。 第二课时　合唱指挥——指挥的任务与要求、姿势与基本图示。 第三节：指挥与实践——课堂展示。
评价活动/成绩评定	1. 评价标准 以促进学生的发展为根本，以课程价值和基本目标的实现为评价出发点，建立综合评价机制。 2. 评价主体 发挥学校、社会的综合评价功能，突出教师和学生的互动评价。 3. 评价手段 坚持多元化，引导激励性评价，倡导个性化评价，包括学生、教师、课堂管理三个层次，可采用自评、互评、他评等多种形式。在音准的训练、艺术形象的塑造中，促使学生扩大视野、积极思考，提高学生的综合素质，满足部分学生的兴趣。
所需条件	专用室、钢琴、谱架
备　注	参考文献及课程资源主要来源：

某节合唱校本活动课教学设计样例：

合唱艺术

【课题】合唱艺术

【课时】1课时

【教学内容】

1. 什么是合唱?

2. 合唱的表演形式。

3. 合唱的和谐与统一。

【教学目标】

1. 通过讲解合唱艺术，了解合唱的艺术特点与类别。

2. 通过讲解、欣赏与课堂实践，初步了解合唱的基本要求，培养合唱艺术的审美情趣，培养学生的艺术修养、思想情操、意志品质。

【教学重、难点】

1. 明确合唱的意义，了解合唱队的功能。

2. 感受优秀合唱作品的魅力，特别是感受合唱声音的和谐、统一，培养对合唱的审美能力。

【教学方法】聆听与比较、鉴赏与实践。

【教学过程】

（一）合唱知识简介

1. 概念。

合唱是一项集体演唱多声部声乐作品的艺术门类，要求歌唱群体音响的高度统一与协调，是普及性最强、参与面最广的音乐演出形式之一。它的每个声部由2人或多人组成。

2. 合唱形式。

有混声合唱、童声合唱、同声合唱（女声合唱、男声合唱）。

3. 伴奏形式。

有伴奏和无伴奏，伴奏乐器一般用钢琴

（二）合唱与独唱的差异（欣赏与比较、归纳与总结）

作为声乐艺术，合唱与独唱都以发声为基础，都需要有良好的声乐功底，在用声方法方面有共同之处。独唱是指一个人单独演唱的形式。根据性别和各人的条件、音色不同，可分女高音、女中音、女低音、男高音、男中音、男低音等。作为不同的艺术形式，合唱与独唱又具有不少鲜明的差异。

通过对比与欣赏两首独唱歌曲、两首合唱歌曲，感受独唱与合唱在声音、气息、音域、音量、艺术表现等方面的不同。

1. 唱法特点方面。

合唱是一门共性的艺术，关键是解决好演唱的共性。合唱的共性强调发声状态、位置、音色，以及表达情感等诸多方面的统一与和谐。在演唱过程中，合唱队每一名成员都要仔细聆听他人的声音，力求每个声部及声部之间音色达到和谐，最终达到整个合唱队的和谐。独唱完全是个性艺术，当演唱达到一定程度时，便以拥有自己的独特风格和音色作为发展目标。优秀的独唱者都在不断学习、钻研，努力总结出一种完全适合自己的发声状态，形成具有自己鲜明特点的表现风格。

2. 气息的运用方面。

独唱对呼吸的要求是吸气动作很快，呼气动作很慢。根据歌曲的要求，一次较长的呼吸可达十几到二十秒。一首歌的高低强弱、抑扬顿挫变化，全靠呼吸肌坚强而又灵活的运动来完成。

在合唱中，合唱队的个体呼吸与独唱中的呼吸是相同的。但是，合唱队作为一个整体，由多个发声个体组成，拥有灵活运用气息的巨大优势。既可以使用合唱队全体成员在同一瞬间呼吸的整体呼吸法，也可以使用各声部在不同瞬间呼吸的轮流呼吸法，还可以使用要求很高，难度很大，既可以在同一声部内部进行，也可以在声部之间进行的循环呼吸法。这些气息运用方式为合唱提供了广阔的艺术表现空间，是独唱无法达到的。

3. 发声状态方面。

在演唱时，合唱的发声状态大多以混声半声、轻机能为主，要求声音富有弹性，有控制的气息可以不断变换在主旋和副旋之间。除男低音之外，要少带胸声，喉头保持开放状态。声音焦点的位置清晰靠前，平直抒情，没有抖动，柔中带刚。声音的整体线条清晰，抒情性强，积极控制气息的大小和音量的强弱，做到高而不挤、低而不压、强而不炸、弱而不虚。这些都是合唱的特点。

在独唱的过程中，特别是在歌剧的演唱中，多用真声演唱。要打开共鸣腔体，富有激情，并要达到强烈的程度。为达到最强烈的激情演唱，气息要吸得深、吸得多，张大嘴，打开所有的共鸣腔体，感觉有气柱作支持，声音位置的焦点相对靠后，吸着吞着哼着唱，有很好的咽壁能力，咬字、吐字都要在咽壁上。独唱时主要用真声，状态要最开、最大，而合唱时的状态就要有控制，不能撑得满，不追求响和亮的效果，同时注意与其他声部的配合。

4. 音域和音量方面。

合唱有广阔的音域，最高音由女高音完成，最低音由男低音完成。女高音有把握演唱到小字三组的c，甚至小字三组的e，男低音一般能演唱到小字组的d，至少可以演唱到小字组的c。合唱可演唱三个八度的曲目，而一名好的演唱家，有效音域也只能在两个八度左右。合唱因为是众多人一起演唱，所以音量强弱反差很大。强声演唱时，具有排山倒海之势；弱声演唱时，可以听到绵绵细雨之声。在这一方面，独唱远不能及。

5. 其他方面。

合唱为四声部，既可以演唱多声部的歌曲，也可以将歌曲处理得更细腻，而独唱是对单旋律歌曲通过高度的艺术处理，将歌曲的演唱达到引人入胜的境地。由于合唱与独唱的演唱方法不同，因此，在运用音乐语言抒发感情时，两者表达意志的作用方面各不相同，但可以将两者有机结合起来。

（三）著名合唱团

1．介绍中国武警男声合唱团。

中国武警男声合唱团，隶属于中国武警文工团，由80多名来自全国音乐院校的优秀毕业生组成，是目前国内唯一的专业男声合唱团。演唱风格有着鲜明的部队特色，气势磅礴、坚毅有力，却又不失细腻，极具情感张力。合唱团成立以来曾多次深入基层部队慰问演出，深受一线官兵的喜爱。先后在人民大会堂等地成功演出了《我为伟大祖国站岗》《士兵之歌》等主题合唱音乐会，并受邀进入国家大剧院音乐厅参加开幕季的演出。2008年3月，在第十三届CCTV青年歌手电视大奖赛首届合唱比赛，获得银奖，被誉为"中国男声合唱的第一品牌"。近些年也演唱了由《贝尔加湖畔》《传奇》等通俗歌曲改编的合唱作品，深受大家欢迎。

2．欣赏中国武警男声合唱团优秀代表作品。

3．欣赏中外各种风格的经典合唱作品。

（四）课堂实践

1．齐唱《小纸船的梦》，感受和谐的发声、优美的音色。

2．简易二声部合唱《小纸船的梦》，要求音色统一，在和谐的基础上做一些艺术处理，如速度、力度等，初步感受男声合唱的独特艺术魅力。

3．学生发表参与齐唱与合唱的不同感受。

（五）课堂小结

第三节　美术校本活动课程设计举例

美术校本课程设计

教研组名称	艺术教研组	开发教师	马春亮	上课教师	马春亮
课程名称	中国画《写意花鸟》				
适用年级	七、八年级	总课时	18	课程类型	造型表现
课程简介	中国画是中华民族的传统绘画，是世界艺术宝库中一颗璀璨的明珠。学生是祖国的未来、民族的希望，从小学习国画，能够有效提高学生对国画的认知和理解水平，了解并掌握一定的笔墨技巧，提高艺术欣赏能力，丰富想象力与创造力，并在一定程度上运用笔墨语言传情达意，为日后进一步学习打下坚实的基础。中国画校本课程涵盖了国画中花鸟、果蔬的画法，着重于单个题材的教学演示，从局部到整体，讲解与示范深入浅出、循序渐进，便于学生掌握中国画基础的笔墨与造型技巧。以中国画的特点为出发点，通过大量精选的实例，系统讲解中国画的表现技法，同时穿插学习国画基本理论常识，更有助于提高绘画水平，锻炼审美能力，陶冶艺术情操。这里是学生自由翱翔的天地，他们在这里尽情挥洒，涂抹着内心世界，展现着童真童趣。一幅幅稚拙、生动的作品，是他们在水墨的世界里遨游的收获，传承着优秀的民族文化，肩负着民族的希望，秀全中学是他们的乐园，在这里使他们羽翼丰满。				
背景分析	美术学习领域中，传统文化中国画教学没有引起足够的重视，随着新课程改革的实施，中国画渐渐成为初中美术课程的重要组成部分，要求新一代初中生不仅会欣赏中国画，而且会画中国画。这就体现了教育部门重视中国画的传承，使中国画在维护世界文化的多样性中做出贡献。				

（续表）

课程目标	书画社团是培养学生对书法、国画的兴趣、爱好，提高书写、绘画技能，丰富学生的课余文化生活。同时，将书画社团活动渗透在教学活动当中，不仅能培养学生良好的道德情操，提高他们自身的道德素养和审美素养，而且能为今后培养艺术人才起着积极推动作用。		
学习主题/活动安排（请列出教学进度）	时　间	学习内容	作　业
	第3周	中国画的墨法（一笔深浅）练习	
		临摹《写意螃蟹》	临摹作业1张
	第4周	讲解和临摹写意《柿子》的画法	临摹作业1张
	第5、6周	讲解和临摹写意《枇杷》的画法与方法	临摹作业1张
	第7、8周	讲解和临摹写意《荔枝》的画法	临摹作业1张
	第9、10、11周	讲解和临摹写意《丝瓜》的画法	临摹作业1张
	第12、13周	讲解和临摹写意《葡萄》的画法	临摹作业1张
	第14、15、周	讲解和临摹写意《寿桃》的画法	临摹作业1张
	第16、17周	讲解和临摹写意《马蹄与莲藕》的画法	临摹作业1张
	第18周	期末考试	
评价活动/成绩评定	1. 考勤 2. 平时作业 3. 期末考试		
所需条件	专用场室、国画颜料、毛笔、宣纸、墨汁		
备　注	参考文献及课程资源主要来源		

某节书画校本活动课教学设计样例：

第一课　笔、墨常识及练习

一、墨分五色

墨分五色指的是根据墨与水比例的不同，可将墨色的深浅变化分为五色，即焦墨、浓墨、重墨、淡墨和清墨。

焦墨

浓墨
（加一点水）

重墨
（比浓墨淡一些）

淡墨
（比重墨更淡）

清墨
（水分更多）

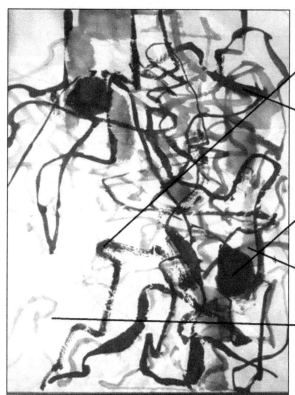

五色练习——临摹

焦墨：毛笔不沾水，直接蘸墨瓶中的墨汁，得到的便是焦墨。特点：运笔速度快，墨干，有飞白。

浓墨：毛笔饱蘸墨瓶中的墨汁不加水，运笔慢些，不留飞白，得到的便是浓墨。特点：墨色最重，厚重有神。

重墨：墨汁里面调一点清水得到的便是重墨，比浓墨稍淡一些。特点：墨色较黑，更加水润。

淡墨：墨汁多加水，比重墨淡一些。特点：清新、透明。

清墨：清水里面加一点墨汁得到的便是清墨。特点：墨色最淡，水分多。

二、一笔深浅

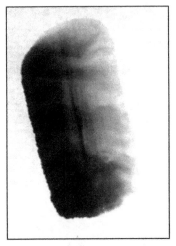

第一步，毛笔蘸清水，笔尖蘸浓墨调淡墨至笔根。

第二步，笔尖蘸一点浓墨，笔尖调墨。

第三步，卧笔侧锋画出，即是一笔深浅变化的墨色。

三、螃蟹临摹

第一步，调一笔深浅的墨色，侧锋画出螃蟹身子与蟹螯（如右图）。

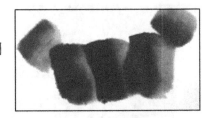

第二步，画出蟹爪的上部，补充淡墨，画出蟹爪下部及指甲（如右图）。

第三步，等墨色七成干时，调重墨画出眼睛（如右图）。

第四章　高中艺术专业培养课程

第一节　音乐专业人才培养课程设计

一、音乐专业人才培养课程教学计划

随着新课程改革的实施，学校"三位一体"的艺术课程设置，从建构具有特色的艺术课程体系入手，着力艺术校本课程建设，以尊重学生个性发展，实施多元化人才培养，争取让"不同的学生选择不同的课程，用不同的课程满足不同学生的发展需要"，力争走出一条培养学生成功、助推教师成长、利于学校发展的艺术特色之路。根据学生专业实际情况，特制定本学期音乐专业课教学计划。

1. 授课对象：高一音乐生。

2. 学情分析：学校艺术班于2021年3月正式组建成立，音乐生的层次参差不齐，有2名同学从未进行过系统的专业训练，是零基础的状态，所有音乐知识从零开始，这将会面临着巨大的挑战。

3. 内容安排。

音乐高考课程如下：乐理、视唱、听音、声乐、器乐。

（1）乐理：音乐理论中的基础部分，涵盖读谱、音程、和弦、节奏、节拍、旋律、调式分析等专业知识。

（2）视唱：识谱即唱的能力，通过识谱技能训练，使学生独立运用视觉、听觉、感觉进行积极思维活动练习识谱，达到独立阅读音乐资料，加强演奏演

唱能力。

（3）听音：通过教师的专业指导发展音乐听觉，增强音乐记忆力，培养正确的音准和节奏感。

（4）声乐：人声演唱的音乐形式，训练歌唱的基本姿势，歌唱气息的运用，咬字、吐字的发音技巧。

（5）器乐：涵盖的乐器种类较多，以钢琴居多，民族乐器、管弦乐器较为普遍。

4. 专业课授课时间。

（1）教师授课安排：共9课时。

星期一18：00-20：00—3节

星期二15：00-17：30—3节

星期三15：00-17：30—3节

（2）学生琴班自主训练时间。

星期二18：00—20：00

星期三18：00—19：00

星期四18：00—19：00

星期五18：00—19：00

星期日18：00—19：00

以下列举三周音乐专业人才培养课程周教学计划。

教　师	付　裕	课　题	音乐素养能力提升	年　级	高　一
课　时	9	周　次	第2周	模　块	合　唱
教学内容	声乐、器乐、乐理、视唱、听音				
教学目标	培养学生音乐素养的初步建立和形成				
重　点	感受歌唱的正确方法				
难　点	音高、音准的识别，歌唱的正确发声				

（续表）

教具	钢琴、五线谱板		
	教学内容	教师活动	学生活动
教学过程	1.声乐：正确歌唱的发声训练，强调歌唱的站姿、面部状态、呼吸。	讲解，示范，钢琴弹奏	体会，练唱
	2.器乐：初学者——钢琴琴键的认知，手型训练，断音训练；有器乐基础的——《哈农练指法》，音阶流动性训练、小型器乐练习曲训练、小型乐曲作品训练，纠正和调整手型和触键发力的协调。	正确的讲解和示范，现场一对一指导和纠错	聆听弹奏和练习体会
	3.乐理：五线谱和音符的认知和规范书写规则。	示范讲解	在五线谱本上演练
	4.视唱：识别五线谱，对音符音高概念的建立和准确的歌唱。	边弹琴伴奏边范唱	学生反复歌唱，强化音准
	5.听音：对简单音高（dou re mi fa sol la si dou）的识别和记写。	引导	识别和记写

教师	付裕	课题	音乐素养能力提升	年级	高一
课时	9	周次	第3周	模块	合唱
教学内容	声乐、器乐、乐理、视唱、听音				
教学目标	培养学生音乐素养的初步建立和形成				
重点	感受歌唱的正确方法				
难点	音高、音准的识别，歌唱的正确发声				
教具	钢琴、五线谱板				

（续表）

	教学内容	教师活动	学生活动
教学过程	1.声乐：通过练声曲强调歌唱的站姿，歌唱的面部状态，歌唱的呼吸及声音的流动性。	讲解，示范，钢琴弹奏	体会，练唱
	2.器乐：加强手型训练，继续纠正和调整手型和触键发力的协调。	正确的讲解和示范，现场一对一指导和纠错	聆听弹奏和练习体会
	3.乐理：音符的书写规则	示范讲解	在五线谱本上演练
	4.视唱：通过简单的视唱对音符音高概念的建立和准确的歌唱	边弹琴伴奏边范唱	学生反复歌唱，强化音准
	5.听音：基本音阶的识别和记写	引导	识别和记写

教 师	付 裕	课 题	音乐素养能力提升	年 级	高 一
课 时	9	周 次	第4周	模 块	合 唱
教学内容	声乐、器乐、乐理、视唱、听音				
教学目标	培养学生音乐素养的初步建立和形成				
重 点	感受歌唱的正确方法				
难 点	音高、音准的识别，歌唱的正确发声				
教 具	钢琴、五线谱板				

	教学内容	教师活动	学生活动
教学过程	1. 声乐：学唱歌曲《思乡曲》，声音的高位置训练。	讲解，示范，钢琴弹奏	体会，练唱
	2. 器乐：继续强化弹奏时的手指支撑和协调发力的要点，强调触键的方法，学会聆听声音的音质。	正确的讲解和示范，现场一对一指导和纠错	聆听弹奏和练习体会
	3. 乐理：音程的一度、二度、三度的名称识别和构成学习。	示范讲解	在五线谱本上演练
	4. 视唱：C大调音阶的上行和下行音准视唱，强调音准和视唱时力度的推动变化。	边弹琴伴奏边范唱	学生反复歌唱，强化音准
	5. 听音：基本音阶的识别和记写。	引导	识别和记写

二、舞蹈专业人才培养课程教学计划

新课程改革实施以来，素质教育日显重要，学校以促进学生全面和谐发展为核心，以尊重学生个性发展、实施多元化人才培养、培育各类顶尖人才为目标，并确定"高标准、精培养、升名校"的高端艺术人才培养的战略定位，高度重视艺术特长生的培养工作。根据学生专业实际情况，特制定本学期舞蹈专业课教学计划。

1. 学生专业情况分析。

学校艺术班于2021年3月正式组建，舞蹈特长生虽然人数少，但丝毫不放松专业培养。学生具有一定专业基础，软开度基本解决，舞感较好，但从未进行过系统专业训练，没有学习过任何的技术技巧，肌肉素质能力较弱。

2. 教学目标。

本学期以基础动作、肌肉力量、柔韧软开训练为主，达到腰、腿、胯、肩柔软，四肢灵活，以技术技巧、民间舞训练、剧目为辅，同时纠正不良姿态，帮助学生养成良好的训练习惯，为今后的专业训练打下良好的基础。

3. 课程设置及教材。

（1）基本功课程。

开设中国古典舞基础训练，以北京舞蹈学院附中古典舞基训教材为主，分为地面训练、把杆训练、中间训练。通过这些训练，使学生身体得到较自然、全面的活动，增强动作的灵活性。

（2）技术技巧课程。

开设跳、转、翻等高难度技巧，以开范为主，夯实基础。通过严格训练，能够掌握规范、扎实的技术技巧。

（3）民间舞课程。

开设藏族舞蹈组合训练，以中央民族大学舞蹈学院藏族舞蹈教材为主。教授屈伸组合、手位组合，能够准确掌握藏族舞蹈的风格特征。

（4）剧目课程。

教授藏族舞蹈作品《转山》，认识藏族文化，进一步掌握藏族舞蹈的风格特征，体验藏族舞蹈的韵味。

4. 教学进度。

周次	课程	教学内容摘要
第2周	古典舞基训	地面训练组合：头与躯干训练、风火轮、卧鱼盘手
	技术技巧	把上踢腿、踏步翻身
第3周	古典舞基训	把上训练组合：一位擦地、蹲、五位擦地
	技术技巧	把上踢腿、踏步翻身
第4周	古典舞基训	把上训练组合：小踢腿、划圈
	技术技巧	把上搬腿、踏步翻身
第5周	古典舞基训	把上训练组合：单腿蹲、腰、
	技术技巧	把上搬腿、踏步翻身
第6周	古典舞基训	把上训练组合：小弹腿、控制
	技术技巧	把上搬腿、行进踢腿、踏步翻身
第7周	古典舞基训	把上训练组合：大踢腿前、旁、后
	技术技巧	行进踢腿、把下搬腿
第8周	古典舞基训	把下训练组合：行进踢腿组合前、旁、后
	技术技巧	行进踢腿、把下搬腿、平转分解动作
第9周	古典舞基训	把下训练组合：小跳
	技术技巧	行进踢腿、把下搬腿、平转分解动作
第10周	古典舞基训	把下训练组合：中跳
	技术技巧	平转分解动作、点翻分解动作
第11周	古典舞基训	练习所学组合
	技术技巧	平转分解动作、点翻分解动作
第12周	古典舞基训	练习所学组合
	技术技巧	平转分解动作、点翻分解动作、横飞燕
	民间舞	学习藏族基本动律
第13周	古典舞基训	练习所学组合
	技术技巧	四位转分解动作、横飞燕
	民间舞	学习藏族屈伸组合

（续表）

周　次	课　程	教学内容摘要
第14周	古典舞基训	练习所学组合
	技术技巧	横飞燕、倒踢紫金冠
	民间舞	复习藏族屈伸组合，学习藏族手位基本动作
第15周	线上教学	复习所学内容
第16周	高　考	自行练习
第17周	古典舞基训	练习所学组合
	技术技巧	练习已学技巧
	民间舞	复习藏族屈伸组合，学习藏族手位组合
	剧　目	藏族舞蹈作品《转山》
第18周	古典舞基训	复习组合
	技术技巧	练习已学技巧
	民间舞	复习藏族屈伸组合、手位组合
	剧　目	藏族舞蹈作品《转山》

以下列举三周舞蹈专业人才培养课程周教学计划。

教　师	陈　琼	课　题	古典舞基训、技术技巧	年　级	高　一
课　时	9	周　次	第2周	专　业	舞蹈特长生
教学内容	古典舞地面训练组合：头与躯干训练、风火轮、卧鱼盘手 技术技巧：把上踢腿、踏步翻身				
教学目标	能够掌握中国古典舞的风貌及其理解精髓，掌握和具有中国古典舞规范、扎实的基本技术技巧的能力				

（续表）

重 点	动作的协调以及古典舞的韵味
难 点	动作之间的衔接以及气息的运用
教 具	音箱、把杆

<table>
<tr><th rowspan="10">教学过程</th><th>教学内容</th><th>教师活动</th><th>学生活动</th></tr>
<tr>
<td>一、热身活动
1. 压腿
2. 耗腿
3. 甩腰</td>
<td>协助练习，并在过程中指出问题，强调动作的重点</td>
<td>练习</td>
</tr>
<tr>
<td>二、教授地面训练组合
1. 头与躯干训练
2. 风火轮
3. 卧鱼盘手</td>
<td>1. 示范，讲解基础动作的要点
2. 教授完整组合
3. 指出动作的问题</td>
<td>1. 学习基础动作
2. 学习新组合
3. 合音乐练习</td>
</tr>
<tr>
<td>三、技术技巧练习
1 把上踢腿
2 踏步翻身</td>
<td>1. 示范，讲解基础动作的要点
2. 指出动作的问题</td>
<td>按照动作要求练习</td>
</tr>
<tr>
<td>四、身体素质练习
1. 核心练习
2. 弹跳练习</td>
<td>强调动作要求，并布置任务
1. 腹背肌30次一组，共两组
2. 弹跳50次一组，共两组</td>
<td>按照要求完成任务</td>
</tr>
</table>

教 师	陈 琼	课 题	古典舞基训、技术技巧	年 级	高 一
课 时	9	周 次	第3周	专 业	舞蹈特长生

教学内容	古典舞把上训练组合：一位擦地、蹲、五位擦地 技术技巧：把上踢腿、踏步翻身				
教学目标	能够掌握中国古典舞的风貌及其理解精髓，掌握和具有中国古典舞规范、扎实的基本技术技巧的能力				
重 点	1.身体的直立、腿的外开 2.动作的协调以及古典舞的韵味				
难 点	动作之间的衔接以及气息的运用				
教 具	音箱、把杆				

教学过程	教学内容	教师活动	学生活动
	一、热身活动 1.压腿 2.耗腿 3.甩腰	协助练习，并在过程中指出问题，强调动作的重点	练习
	二、复习已学组合 1.头与躯干训练 2.风火轮 3.卧鱼盘手	1.强调动作要点 2.指出动作的问题	独立完成已学组合，并能掌握动作要点
	三、教授把上训练组合 1.一位擦地 2.蹲 3.五位擦地	1.示范，讲解基础动作的要点 2.教授完整组合 3.指出动作的问题	1.学习基础动作 2.学习新组合 3.合音乐练习

（续表）

教学过程	四、技术技巧练习 1. 把上踢腿 2. 踏步翻身	1. 示范，讲解基础动作的要点。 2. 指出动作的问题	按照动作要求练习
	五、身体素质练习 1. 核心练习 2. 弹跳练习	强调动作要求，并布置任务 1. 腹背肌30次一组，共两组 2. 平板撑2分钟 3. 直腿跳50次一组，共两组 4. 吸腿跳20次一组，共两组	按照要求完成任务

教 师	陈 琼	课 题	古典舞基训、 技术技巧	年 级	高 一
课 时	9	周 次	第4周	专 业	舞蹈特长生
教学内容	古典舞把上训练组合：小踢腿、划圈 技术技巧：把上搬腿、踏步翻身				
教学目标	能够掌握中国古典舞的风貌及其理解精髓，掌握和具有中国古典舞规范、扎实的基本技术技巧的能力				
重 点	1. 身体的直立、腿的力量以及外开 2. 动作的协调以及古典舞的韵味				
难 点	动作之间的衔接以及气息的运用				
教 具	音箱、把杆				

（续表）

	教学内容	教师活动	学生活动
教学过程	一、热身活动 1. 腿部练习：压腿、耗腿、踢腿 2. 腰部练习：压腰、甩腰、下腰	协助练习，并在过程中指出问题，强调动作的重点	练习
	二、复习已学组合 1. 头与躯干训练 2. 风火轮 3. 卧鱼盘手 4. 一位擦地 5. 蹲 6. 五位擦地	1. 强调动作要点 2. 指出动作的问题	独立完成已学组合，并能掌握动作要点
	三、教授把上训练组合 1. 小踢腿 2. 划圈	1. 示范，讲解基础动作的要点 2. 教授完整组合 3. 指出动作的问题	1. 学习基础动作 2. 学习新组合 3. 合音乐练习
	四、技术技巧练习 1. 把上搬腿 2. 踏步翻身	1. 示范，讲解基础动作的要点 2. 指出动作的问题	按照动作要求练习
	五、身体素质练习 1. 核心练习 2. 弹跳练习	老师强调动作要求，并布置任务 1. 腹背肌30次一组，共两组 2. 平板撑2分钟 3. 直腿跳50次一组，共两组 4. 吸腿跳20次一组，共两组	按照要求完成任务

第二节　美术专业人才培养课程设计

1. 教学目的。

为响应国家艺术人才培养政策，支持学校拔尖人才培养计划和多方向培养学校优秀学生的要求，对有艺术高考需求的学生进行专业基础训练，提升专业技能，助力其高考之路。

2. 教学对象：高一美术生。

3. 课程时间。

（1）素描：星期二第七、八、九、十节课+晚修。

（2）速写：星期四第七、八、九节课。

4. 教学进度。

周　　次	教学内容
第2周	速写——人体的比例关系
第3周	素描静物临摹——酒瓶与苹果
第4周	速写——站姿（临摹）
第5周	静物素描——陶罐与香蕉（临摹）
第6周	速写——坐姿（临摹）
第7周	陶器、梨与勺明暗素描（写生）
第8周	速写——写生站姿
第9周	玻璃、酒瓶、结构素描（写生）
第11周	速写表现——坐姿写生
第12周	陶器、不锈钢与蔬菜素描（临摹）
第13周	速写临摹运动状态的动作

（续表）

周　次	教学内容
第14周	酒瓶与水果等静物临摹
第15周	陶器、酒瓶、水果等静物写生
第16周	速写——人体的比例关系
第17周	瓷碗、陶器、水果
第18周	陶器、银盘、水果等静物写生

以下列举三周美术专业人才培养课程周教学计划。

教　师	徐宜红	课　题	速写——人体的比例关系	年　级	高　一
课　时	10	周　次	第2周	模　块	绘　画
教学内容	学习人体的比例关系，动态线的画法				
教学目标	学会运用动态线进行人物动态速写				
重　点	如何运用动态线表现人物动态				
难　点	人体比例关系的处理				
教　具	临摹图片、绘画工具				

（续表）

	教学内容
教学过程	一、人体比例关系 1.展示：人体比例关系图例 2.分析：站立7个人头，坐5个人头，盘坐3个人头，肩担2个人头，腹怀2个人头 3.讲解：口诀，立7坐5盘3 二、动态线的画法 1.讲解：重心，人体重量的中心 2.分析：重心随人体运动而变化，移动的方向与人体主要部位移动的方向一致 3.方法：将固定的头部、胸部、盘骨三个基本形体画成三个几何形体 三、示范，动态线的表现方法 1.讲解：可以运用简练的线条表现，定比例、定动态线，在此基础上再深入刻画人物的形体结构和衣纹 2.分析：画衣纹时要根据肢体的结构走向来画 四、课堂作业 临摹一幅人物站姿速写 五、教师巡回辅导 辅导要点：1.注意线条的运用的连接性　　2.比例关系的协调性 六、学生作业评价 1.人体比例是否协调 2.是否正确地运用了动态线确定人物的动态 3.线条是否流畅 4.衣纹刻画是否与肢体结构相适应 七、小结 教师根据学生的学习情况进行小结 八、学生进行作业交流
作业布置	临摹4幅、写生3幅人物站姿速写
教学后记	如果一开始就进行15分钟的速写训练，那么在比例关系的处理方面会难以把握。教师在辅导时应从学生的能力点出发，有方向性地进行辅导

教　师	徐宜红	课　题	素描静物临摹——酒瓶与苹果	年　级	高　一
课　时	10	周　次	第3周	模　块	绘　画
教学内容	学习静物结构，形体基本结构画法				
教学目标	学会运用简练的线条进行静物临摹				
重　点	构图的技巧				
难　点	形体结构透视的处理				
教　具	临摹图片、绘画工具				
教学过程	教学内容				
	一、构图				
	1.引导：学生观察物体，找出物体高低、大小比例，用长线勾画出淡淡的大体结构				
	2.讲解：酒瓶较高，苹果较低，酒瓶的高度与苹果高度的大概比例关系				
	3.分析：酒瓶与苹果在画面中的具体位置				
	二、比例				
	1.引导：观察、分析酒瓶与苹果的大小结构关系，确定具体比例关系，在大轮廓之间进行对比，进一步画准各个物体的比例				
	2.调整：调整各个物体之间的比例结构是否合理				
	三、明暗调子				
	1.找出明暗交界线、投影线、边缘线				
	2.画出物体的两大面，如亮面、暗面				
	3.深入刻画、对比，画出物体的亮面、暗面、灰面、明暗交界线、反光面				
	四、整体调整				
	1.进行整体比较，运用排线的轻重、深浅、疏密等变化表现物体的质感				
	2.运用物体明暗对比的变化表现物体的空间感				
	五、分析评价作业效果				
	1.构图效果				
	2.比例关系				
	3.明暗处理				
	4.形体质感				

（续表）

作业布置	临摹1幅酒瓶与苹果的静物素描
教学后记	静物绘画构图相对比较难，在学习时许多学生忽略了构图的重要性，教师要引导学生善于观察与比较，把好构图这一关

教师	徐宜红	课题	速写——站姿（临摹）	年级	高一
课时	10	周次	第4周	模块	绘画
教学内容	速写——站姿（临摹）				
教学目标	学会运用简练的线条绘画人物站立姿态				
重点	人物比例、动态线的确定				
难点	利用比例关系画出人物动态				
教具	临摹图片、绘画工具				
教学过程	教学内容				
	一、人物站立的比例关系 复习：人物比例关系的口诀 观察：人物临摹图例 思考：如何运用动态线确定人物动态？ 二、构图：确定人物具体位置 比例：确定各个部位的比例关系 动态：运用动态线画出人物基本动态 结构：深入刻画人物各个部位的结构 衣纹：根据人体结构运用简练的线条画衣纹。 整体调节				

（续表）

教学过程	三、作业评价 比例是否准确 动态是否协调 神韵是否相符 线条是否简练 修改完善 四、教师示范与辅导： 1. 示范：如何定动态线、定比例 2. 辅导：透视处理、比例的协调 五、小结
作业布置	临摹4幅、写生3幅站立动态速写
教学后记	动态线的画法与比例关系的处理是速写中每次教学的首要注意内容

第三节　体育专业人才培养课程设计

经过一个暑假的休息，学生目前的身体状态不能立刻适应上学期的训练强度，要经过一段时间的恢复训练，激活身体机能，才能对接上学期的训练强度。

第1周：恢复训练，以心肺功能的恢复、身体柔韧性、灵敏性和克服自身体重的力量为主。

第1周恢复训练：

（1）长距离跑：2 000米。

（2）短距离加速跑（80%—95%的速度）：60米、80米、100米、150米；3次为一组，跑2—3组。

（3）核心素质：波比跳、平板支撑、仰卧起坐、俯卧两头起、仰卧两头起，侧卧两头起；20—30个一组，做5组，每天根据情况适当选择3—4个内容进行训练。

第一阶段训练计划：

训练时间：

时　间		场　地	内　容	教　练
星期一	16：55—18：55	篮球场	专　项	
星期二	16：10—18：55	田径场	跳　投	
星期三	16：10—18：55	田径场	跑	
星期四	16：55—18：55	田径场	跳　投	
星期五	16：10—18：55	田径场	力量素质	

星期一：篮球、足球

篮球：以运球绕杆和投篮的稳定性为主。

足球：以垫球的稳定性为主。

星期二：跳和投

跳：

跨步跳，50米，2组。

立定跳远，15次，5组。

阶梯交换跳，60次，3组。

跳深，60厘米，15次，5组。

弓箭步单腿支撑跳，第一次跳起接第二次快速踏地摆臂跳，8次，5组。

收腹跳，20个，5组。

投：

快速拉弹力带，20次，10组。

杠铃身前斜蹬推（10—20 kg），15次，5组。

侧身蹬腿杠铃10—30 kg，8个，6组。

俯卧撑，20个，5组。

星期三：跑

摆臂练习，1分钟，3组。

高抬腿，100次，5组。

小车轮跑，60米，5组。

垫步节奏快速高抬腿，5组。

30米，6组；60米，6组；80米，6组；150米，6组。

星期四：跳和投

跳：

跨步跳，50米/2组。

立定跳远，15次/5组。

阶梯交换跳，60次/3组。

跳深，60厘米，15次/5组。

弓箭步单腿支撑跳，第一次跳起接第二次快速踏地摆臂跳，8次，5组。

收腹跳，20个，5组。

投：

快速拉弹力带，20次，10组。

杠铃身前斜蹬推，10—20 kg，15次，5组。

侧身蹬腿杠铃，10—30 kg，8个，6组。

俯卧撑，20个，5组。

星期五：力量素质

腿部力量训练：

提踵，20—30 kg，20—30次，3组。

深蹲，40—60 kg，5—8次，5组。

半蹲跳，15—30 kg，8—10次，5组。

垫上俯卧屈小腿（弹力带），30次，5组。

核心力量训练：

臀桥，30—50 kg，8—10次，5组。

硬拉，20—30 kg，8—10次，5组

负重仰卧挺身，5—10 kg，10—15次，5组。

上肢力量训练：

卧推，10—30 kg，10—15次，5组。

挺举，15—30 kg，8—10次，5组。

杠铃颈后推举，10—30 kg，10—15次，5组。

可根据当晚的实际训练情况调整训练内容。

高中艺体活动与赛事篇

　　学校艺体活动与举办和参加的赛事能为学生提供展示的舞台。学校经常举办各种体育赛事和艺术比赛以及表演活动，可以提高学生学习的积极性，检验学习效果，创设良好的艺体文化氛围。学校组织艺体代表队参加各级比赛，代表着一所学校艺体教育的实力和水平，起到了宣传学校、扩大学校影响力的作用。

第一章 校内外体育活动与赛事

第一节 校运动会的编排与组织

关于举办第四十五届校运会的通知

为了更好地贯彻落实党的教育方针，增强学生的身体素质，推动学校群众性体育活动的开展，提高运动技术水平，培养同学们的集体主义精神，活跃校园文体生活，使同学们在德、智、体、美、劳等各方面得到全面发展，特举行第四十五届校运会。希各班同学积极组队，加强训练，依时参加比赛。

校运会组委会

年 月

第四十五届校运会竞赛规程

一、分组以年级为单位：分四个组进行比赛。

二、比赛时间： 年 月 日

三、比赛项目：

（1）高三、高二、高一、初一四个组项目分别是100米，200米，400米，800米，1 500米（高中部），4×100米，4×400米（高中部），跳远，跳高，男、女子三级跳远（高中部）；

（2）广播操（第九套广播操）。

四、比赛办法:

(1)田径:采用国家体委审定的最新田径比赛规则,径赛采用预、决赛办法,100米、200米、400米项目取前六名参加决赛。800米以上项目、接力均采用直接决赛,并按成绩定名次。田赛采用预、决赛办法,预赛前六名参加决赛。(注:初中部200米、400米、800米项目采用直接决赛,并按成绩定名次)

(2)广播操:以班为单位组队参加,分年级进行。

五、参加办法:

(1)以班为单位组队参加。

(2)广播操各组奖前六名,评出全校前六名。

(3)田径单项各组奖前六名,按7、5、4、3、2、1计分;接力跑按田径单项双倍计分,队列广播操按田径单项三倍计分。

(4)破学校纪录加10分,奖50元;破花都区纪录加20分,奖100元;破市纪录加30分,奖150元;破省纪录加40分,奖250元;破全国纪录加50分,奖350元。

(5)团体总分奖各组前四名,奖金分别为500元、300元、250元、200元(按同等价值的物品发放),并发奖状。

注:初中部单项取前六名,团体项目取前三名。

六、报名时间:

1. 各班田径报名表在第3周前报体育教研组,逾期不报,恕不接收,报名后,不得更改,不准冒名顶替,违者取消最佳成绩,并在该班总分中扣10分。

2. 参加比赛的运动员须检查证明身体健康,参加800米、1 500米项目的运动员要家长、学生亲笔签名确认。

队列、健身操评分标准:

指挥占10分,要求:口令洪亮、准确、有精神、领操动作规范。

服装占20分,要求:基本上穿统一颜色运动服、运动鞋。

队列占30分,要求:动作规范、整齐、听从指挥、严肃认真、精神饱满、纪律良好。

健身操占40分,要求:动作规范、整齐、一致,按乐曲节拍、精神集中、纪律良好。

第四十五届校运会组织机构

组织委员会：

主任：校长。

副主任：副校长。

委员：各部门主任、体育教师。

组织委员会下设组织机构。

仲裁组：主管体育的副校长、主管体育的主任、体育教研组组长等5—7人。

竞赛组：高中体育教研组教师、初中体育教研组教师。

宣传组：团委书记及团委委员和学生会干部（宣传器材、播音、校园宣传气氛、稿件统计、总结等）。

保卫组：综治办主任、专干、校警。

会场布置组：总务处副主任、专干、电工等（布置开幕式和闭幕式主席台、音响设备等）

成绩公布主管领导：部门主任（负责成绩公布处教师的考勤）。

1. 初中部教师3人、学生2人。

（负责初中部成绩核对、录入、制大表公布成绩、准备奖状和证书）

2. 高一级教师3人、学生2人。

（负责高一级成绩核对、录入、制大表公布成绩、准备奖状和证书）

3. 高二级教师3人、学生2人。

（负责高二级成绩核对、录入、制大表公布成绩、准备奖状和证书）

4. 高三级教师3人、学生2人。

（负责高三级成绩核对、录入、制大表公布成绩、准备奖状和证书）

后勤组主管领导：总务主任（负责后勤处教师的考勤）。

总务处工作人员6人（负责裁判、工作人员茶水供应等）。

医务：校医3人。

摄影组：摄影教师和学生5—7人。

器材室：器材管理员2—3人。

裁判工作人员安排：

裁判长：体育教研组组长。

径赛长：径赛经验丰富的体育教师。

终点主管领导：部门主任（负责终点、计时处教师的考勤）。

终点主裁：体育教师（学生10人）。

电计时：信息技术教师2人。

计时员：教师17—18人。

终点记录：体育教师。

组员：教师10人。

发令：体育教师。

组员：青年男教师4人。

检录主管领导：部门主任（负责检录处教师的考勤）。

检录主裁：体育教师。

组员：

1组：教师6人（学生2人）。

2组：教师6人（学生2人）。

3组：教师6人（学生2人）。

4组：教师6人（学生2人）。

田赛主管领导：部门主任（负责田赛处教师的考勤）。

田赛长：田赛经验丰富的体育教师。

三级跳远主裁：体育教师。

组员：

1组：教师6—8人。

2组：教师6—8人。

跳高主裁：体育教师。

组员：教师8—10人。

跳远主裁：体育教师。

组员：

1组：教师6—8人。

2组：教师6—8人。

广播体操比赛：＿＿＿周星期＿＿＿（＿＿＿月＿＿＿日）下午＿＿＿时在田径场集中。

评委组组长：校长。

评委组成员：副校长及各部门主任。

校运会注意事项

为了加强校运会期间的管理和安全，做到训练安全、比赛安全，确保校运会顺利进行，校运会前，各班班主任要加强对学生进行训练、比赛等安全教育，遵守"安全第一、比赛第二"的原则。现对有关注意事项要求如下：

一、安全方面

1. 参赛学生在规定时间参赛，在指定地点休息；无参赛项目的学生不准在操场上乱走动。

2. 校运会期间要时刻关注本班学生的情况，尤其是关注参赛运动员的状况，若有不适反应，则及时与校医联系。

3.班主任要了解学生身体状况，凡有高血压、心脏病及其他不适合参加剧烈运动之疾病的学生一律不准参加比赛。

4. 800米以上项目一定要家长签名同意及学生本人签名同意后才能参加比赛。

二、组织纪律方面

1. 严守校运会纪律和各项规定，在运动会期间，非比赛运动员按照指定位置就座，不得追逐打闹，文明观看比赛，无比赛项目的学生必须在指定休息区域，不得在比赛场地干扰比赛。

2. 各班要组织好啦啦队，有组织地为运动员加油助威。

三、比赛方面

1. 比赛中不能陪跑，干扰比赛，做好参赛运动员管理，早通知、早准备，参赛前充分做好热身准备，避免运动伤害。

2. 合理安排好班级工作人员，认真保管好参赛运动员的衣物和财物，并做好学生赛后服务工作，特别对参加长跑的运动员。

3. 检录；径赛在器材室门口检录；田赛在比赛场地检录，检录提前20分钟进行，三次点名不到者当弃权处理。

4. 严禁非运动员到起点、终点处围观、接人、照相等。避免踩伤或影响比赛。长跑比赛可适当安排指定人员接应。

5. 运动员完成比赛后需及时离开比赛场地，不要在场内逗留，避免出现伤害事故或影响比赛秩序。

6. 比赛时，学生应按要求穿好服装和鞋子，不穿带有金属徽章、尖利或硬质的物体，防止意外事故。

7. 比赛期间，学生不得进入安全警示范围，不得在跑道上逗留或横穿跑道，不得站在赛区内影响比赛，危及安全。

8. 临赛前不可吃得过饱或过多饮水。比赛结束后，不要立即停下来休息，要坚持做好放松活动，如慢跑等，使心脏逐渐恢复平静；不要马上大量饮水、吃冷饮。

注：1. 学生每天比赛结束后才能离开学校。

2. 学生每天比赛结束后把垃圾清理干净。

第二节　校内部分赛事举例

一、校园篮球赛事

高中篮球混合和谐赛规程

（一）比赛目的

弘扬奥运精神，树立良好校风，为营造一个积极、健康、朝气蓬勃的校园环境，加强学生们积极参加体育活动、终身锻炼意识，特举办篮球冠军赛，丰富校园文化生活，增强班级凝聚力，锻炼同学们彼此之间的协作精神和团结精神，达到锻炼身体、增强体质的目的。

（二）主办单位

高中部。

（三）比赛日期、地点

1. 比赛日期：

（17：00—17：40、17：45—18：25）

2. 比赛地点：东边篮球场。

（四）参赛要求

1. 全体学生按时来到比赛场地，由班主任和体育委员组织好班级队伍观看比赛。

2. 参赛队伍必须按规定时间提前10分钟到达指定场地参赛，迟到10分钟当弃权处理。

3. 在比赛过程中，全体学生应始终保持文明打球和文明观球，若出现辱骂打架等不道德行为，则取消该班级比赛资格，并严肃处罚。

4. 各队队员在比赛时必须遵循"友谊第一，比赛第二"的原则，服从裁判

的判决，严禁发生打架、斗殴、藐视裁判判罚等行为，严重者将被取消其所代表班级的比赛资格（视为0∶20）

5．同一参赛队伍的队员统一球服，上衣后面一定要有清晰的号码，并能明显区分两队球衣的颜色与号码，赛前参赛双方协商各自队服颜色，把上衣束进裤子里。班主任可与学生、家长商定球服事宜。

6．各班级组建本班"啦啦队"，为班级加油助威推动比赛气氛，至少8人参加（健美操、健身操、啦啦操均可）。赛后将会评选表演等级。

7．参加第二场比赛（17∶45—18∶25）的参赛班级请提前就餐，注意切勿过量、过饱。

（五）参赛单位、形式

1．参赛队伍为高一、高二年级各班，以班级为参赛单位，共20人，其中男子12人、女子8人，必须身体健康，家长知晓，自愿参赛。

2．以班为单位男、女混合进行比赛，比赛共四节，第一、三、四节为男生5人全场比赛，第二节为女生5人全场比赛。

（六）竞赛方法、规则

1．本次比赛由年级进行单循环比赛，每个比赛日进行两场比赛，按比赛积分（胜一场2分、负一场1分、弃权0分）排列本次比赛的排名。

2．两队积分相等时，以两队相互比赛的胜负确定名次，胜者列前。若3个或3个以上班级积分相等，则以相互间得分率决定名次。

比赛为全场5人制，第二节为女生5人全场比赛，第一、三、四节为男生5人全场比赛，男女得分和为班级的总得分。

3．每节比赛全队累计4次犯规后第5次犯规开始罚球，个人累计5次犯规的队员必须立即离开比赛，并在30秒内被替换。

4．比赛时间分上、下半场共四节，每节10分钟毛时（暂停、换人、违例、犯规、罚篮、进球等均不停表）；第四节及决胜期的最后2分钟为"闻哨即停"（暂停、换人、违例、犯规、罚篮、进球等均停表）。上、下半场之间有15分钟的休息时间，节与节之间的休息时间为2分钟。

5. 决胜期：如果在第4节比赛时间终了时比分相等，那么采用一个或多个5分钟的决胜期来继续比赛，直至决出胜负。

6. 暂停：每次暂停时间为30秒，每队在上半场内可以各自请求2次暂停，下半场可以各自请求3次暂停，上半场规定时间内未使用暂停不得保留至下半场，加时赛可以请求一次暂停。

（七）录取名次和奖励

1. 高一年级取前4名，拼搏奖1名。

（为其参赛队员颁发成绩证书，证书名单取决于名次赛时的20人比赛名单）

2. 高二年级取前3名，团体奖1名。

3. 年级最有价值球员2人（男、女各1人，冠军队产生）。

4. 王中王2人（全明星冠军队产生）。

5. 最佳阵容：每年级男、女各一个阵容（5人），年级组织评选。

6. 单项奖：篮板王、助攻王、抢断王、得分王、盖帽王（年级男、女各1人，列表统计由本班组织，最后交级组汇总）。

7. 啦啦操创意奖、技巧奖。啦啦操评选结果将在王中王挑战赛当日集中评比。

8. 最佳摄影奖若干名。

（八）报名方法

1. 报名参赛的队员请到各班级的班长处报名，班长确定参赛队员及队长1名，再将报名表交到体育教师处（注明报名班级）。

2. 联系人：体育教师。

3. 联系方式：

4. 各队一经报名，不得无故停赛、罢赛或以各种形式干扰比赛，对不听劝阻造成不良后果者，给予相应的处罚。

（九）风险预测和解决办法

1. 天气问题：提前做好天气预报的留意和确定工作，若遇上连续雨天，则可以将比赛退后进行。

2. 物资问题：比赛所涉及的物资并不多，但是预防有物资的不足或损坏，租借物资应提早一周与租借的部门协调好。

3．场地的不确定性问题：因为可能涉及场地与其他活动冲突问题，所以应提前进行场地租借，若遇上冲突，则与学校进行协商。

4．参赛队伍不能如期到来的问题：在比赛前一天通知参赛队伍确定参赛时间，并提前到比赛场地，保证比赛的流畅进行。

5．在比赛中出现人员受伤问题：应准备药箱等急救物品，设置具有急救能力的工作人员，并于赛前引领参赛队员进行热身。

（十）其他

1．参赛学生在比赛过程感觉到身体不适，需及时向教师报告而获取帮助。

2．比赛过程中，全体学生不能擅自离开比赛场地，有事必须向教师报告得到同意才可离开。

3．未尽事宜另行通知。

年　班篮球混合和谐赛数据统赛数计

姓　名	号　码	得　分	篮　板	助　攻	抢　断	盖　帽	犯　规

年　月　日　年　班　对阵　年　班

注：各项数据统计以"正"字笔画为统计标示，依次增加，请班主任讲解清楚，安排2名同学做好记录。

由于体育教师要临场吹罚比赛，因此，统计数据由各班完成，请班主任提前打印后交给负责同学，每场比赛后上交，请实事求是统计。

动感篮球　热情似火

——高中部篮球赛总结

　　初春时节，连绵的细雨没有浇灭孩子们的热情，时见阳光便鸣奏了高中部篮球赛的青春旋律。在球场上奔跑的激情少年，像一阵自由自在的风，激烈争夺，血气昂扬。

　　经过半个多月的紧张对决，高中部篮球冠军赛于近日正式落下帷幕。本次比赛共两个年级、36支队伍、400多名运动员参加。比赛采用男女混合赛制，每场比赛设置四个小节，第一、三、四小节为男子篮球赛，第二小节为女子篮球赛。赛程分三个阶段进行，第一阶段为班级积分赛，第二阶段由年级获胜队伍参与王中王挑战赛，第三阶段选出班级MVP，参与全明星对抗赛。丰富多样的比赛形式，为本次篮球冠军赛增添了不少亮点。为鼓励学生踊跃参加比赛，比赛还设置了最佳拼搏奖、最佳团队奖、最有价值球员奖、王中王挑战赛冠军、王中王MVP、全明星赛冠军、全明星MVP及啦啦操奖等奖项。

　　在球场上，同学们激烈角逐、默契配合，敢打敢拼、力争上游，用他们精湛的球技赢得了阵阵的掌声和喝彩声，充分展现了同学们的篮球技术水平和体育拼搏精神。啦啦队队员以活力四射的舞蹈为炽热的球场再燃起了一把火，连绵不断的助威声包围着整个球场，胜利的欢呼、遗憾的泪水，这些精彩的瞬间都给我们留下了这个夏天最美好的回忆。

　　最后，感谢本次参加比赛的所有运动员和大声助威的同学们，以及前来观战支持的家长志愿者们和辛苦付出的裁判们。精彩纷呈的赛事诉说着青春与激情并存的故事，凝聚着竭尽全力永不言弃的团队精神。让我们以篮球之名舞蹈个性青春。

　　以下是本次比赛的获奖名单，热烈祝贺获奖班级与同学！

获奖名单：

获得比赛前4名的班级：

获得精神文明奖的班级：

获得优秀组织奖的班级：

获得最佳拼搏奖的班级：

获得最佳进步奖的班级：

获得级赛MVP参赛队员：

王中王挑战赛冠军：

王中王MVP参赛队员：

全明星冠军赛获奖班级：

全明星MVP参赛队员：

二、校园足球赛事

关于举办各年级校园足球班级联赛的通知

各年级班主任：

为贯彻《教育部等6部门关于加快发展青少年校园足球的实施意见》的精神，丰富学生校园生活，增强班级凝聚力，提高学校学生的身体素质和足球竞技水平，展现学校学生朝气蓬勃和积极向上的精神风貌，促进班级交流、全校足球爱好者的团结、合作与交流，共同构建和谐校园，同时，在比赛中选拔有天赋的足球运动员组建校园足球队。经研究，定于下月中旬开始，举办校园足球班级联赛，现将联赛规程印发给你们，望各班级按照联赛规程的有关要求，认真选拔队员，按时上报参赛报名表，做好赛前准备工作，准时参赛。

班级校园足球班级联赛组委会

年　月　日

校园足球班级联赛活动方案

（一）指导思想

为进一步推进校园足球工作的深入开展，培养学生的运动兴趣、团结协作和拼搏精神，广泛组织开展校园内的足球比赛活动，促进学生全面发展，增强学生体质，培养学校足球运动后备人才，提高学校整体足球运动水平。

（二）工作方针

依据教育部关于开展校园足球工作的精神，以学校成功申报成为广州市体育传统学校为契机，在全校掀起足球热潮，充分发挥各年级的足球优势，积极投入足球选拔和推选热爱足球运动的学生，共同为校园足球活动的开展提供保障。

（三）组织机构

校园足球班级联赛领导小组：

组长：主管体育的副校长。

副组长：主管体育的主任。

组员：体育教研组成员、各年级组组长。

1. 宣传：学生会成员。

主要任务：协调足球联赛的宣传、比赛摄影。

2. 场地、器材：体育教研组成员。

主要任务：负责竞赛的编排，裁判员、体育器材的安排，比赛场地的整理等工作。

3. 裁判：体育教研组成员及部分学生。

4. 医疗组：校医室。

主要任务：处理比赛过程的伤害事故。

（四）比赛办法

联赛安排：按三个年级分三个组别进行比赛，采用淘汰赛形式，决出三个年级的名次。其中高二、高三文科班各组一个文科联队，其余各班自行组队。

（五）比赛方式

采用8人制，比赛时间为全场50分钟，上、下半场各25分钟，中场休息10分钟，用4号球。

（六）比赛时间

4月至5月，利用课后时间进行比赛。

（七）比赛地点

学校足球场。

（八）奖励办法

本次校园足球班级联赛每个组别奖前3名。

（九）其他未尽事宜，另行通知。

校园足球班级联赛报名表

组　别		班　级			电子邮箱	
球员名单						
序　号	姓　名	号　码	出生年月	身　高		
1						
2						
3						
4						
5						
6						
7						
8						
9						
10						
11						
12						
13						
14						
15						
16						
17						
18						
19						
20						

足球班级联赛成绩册

	第一名	第二名	第三名	备　注
高一级				
高二级				
高三级				

第三节　学校运动队参加各级赛事

一、学校击剑备战参赛周期发展规划（2020年-2022年）

秀全中学是一所以击剑运动为传统项目的学校，击剑运动在这里得到了普遍的开展。学校学生、教师对击剑都非常钟爱，学校击剑队曾夺得无数的荣誉。体育作为学校教育的一个重要组成部分，作用已变得越来越重要。在国家推行的"全民健身"思想的引导下，体育运动越来越被人们所重视和喜爱，击剑运动得到了快速的发展，学校将为击剑运动的普及和发展做出最大的努力。以下就是学校今后三年的发展目标与方向。

（一）指导思想

全面贯彻党的教育方针，以学校体育工作条例为重点，狠抓创新教育特色活动，狠抓素质教育工作，牢固树立"健康第一"的思想，为创建优秀的击剑传统项目学校而努力工作。

（二）学校基本情况

多年来，学校从教育改革的大趋势着眼，与时俱进；从学校的校情着手，求实创新。学校十分重视学生身体素质的发展，注重学生体能与技能的训练，在体育方面做了大量扎实、卓有成效的工作，为上级运动队和各高级中学培养了大批优秀后备人才。学校的击剑运动在全区组织的各项体育活动中成绩名列

前茅，尤其是在历届区、市中学生击剑比赛中获得好成绩。

（三）发展目标及规划

1. 积极开展击剑特色活动，抓普及促提高，争创一流工作。

2. 参加省、市击剑比赛力争冠军。

3. 深化体育教育改革，不断提高体育教育手段的现代化，大幅度、大面积地提高体育教育的质量。

4. 组建一支更为优秀的师资队伍。

5. 积极开展面向全体学生的经常性课外击剑活动，使其规范化和制度化，举办全校性的"击剑运动节"活动。在活动期间大力开展各种各样关于击剑运动的活动。

（四）主要任务

1. 不断提高击剑课程的开课率在体育课中的比例，争取在以后3年中使其比例达到30%以上。不同年龄阶段的学生实行不同的击剑水平教学。

2. 从七年级和高中一年级就开始选拔一些击剑苗子重点培养，组建击剑队，并制定一套规范、科学的训练计划。在训练方法上，可利用多种手段和方法对学生进行全方位的训练，如网络等多媒体技术进行教学训练。

3. 积极开展击剑运动的课外活动，每个学期可组织进行一次班级或年级击剑赛，形成一个比较固定的竞赛体系。还要在校园内举办"击剑运动节"，通过这个活动来增强击剑知识和提高运动水平。

4. 加强师资培训工作，逐步建立和完善体育教师继续教育体系，坚持以培训全体体育教师为目标、以骨干教师为重点的培训原则，认真组织实施提高击剑专项技能和教学训练能力的学习培养工作。此外，还可经常性与外校的体育教师进行经验的交流和学习，不断提高自己的业务和素质水平。大力实施击剑教学训练研讨活动，大力弘扬击剑文化，不断开拓进取，确保击剑队每年都要参加市里和省里的比赛，并取获得好的名次。在以后几年中计划每年为高校运动队输送3—5名击剑队员，争取为省队培养优秀的击剑苗子。

（五）具体措施

1．加强高素质教师队伍的建设。

教育以人为本，高素质的教师队伍是搞好学校击剑教学训练工作的根本。可通过多种渠道和方法，使学校教师的教学训练能力达到较高水平。

2．加强球队的管理。

（1）积极参加各级各类击剑比赛。

（2）进一步完善击剑的训练和管理体制，使其更加科学化、规范化。

（3）积极向社会宣传，扩大击剑运动的影响，举办校际击剑邀请赛，打造击剑品牌。

（4）加大对优秀运动员的表彰力度。

（5）增加对学校击剑教学和训练设施的资金投入，改善训练环境。

（六）营造学校击剑文化氛围

1．通过开展普及型击剑活动，形成"人人爱击剑，人人会击剑"的环境氛围，将普及击剑运动、提高全体学生身心素质作为学校击剑运动新的发展点。

2．宣传优秀击剑运动员的成长经历和刻苦训练的事迹，学习他们刻苦拼搏、不怕挫折的精神。

3．开展一年一度的击剑文化宣传活动，介绍击剑文化的历史和发展现状，让更多学生懂击剑、热爱击剑。

4．重视击剑的梯队建设，做好运动员的选拔工作，保证击剑后备人才的不断涌现，逐渐形成击剑运动员的发展梯队。

二、学校代表队参赛取得成绩的宣传报道

读书自有儒雅气　赛场拼搏显雄风

——2020年度第一学期我校体育运动队参赛获奖喜报

2020年度第一学期举办了多项各级体育赛事，在学校领导的关心和支持

下，我校积极组队参赛，经过体育教研组各项且带队教师和全体参赛师生的共同努力，学校体育运动队在各项赛事中取得了优异的成绩。

一个学期以来喜报不断，让人欢欣鼓舞。

（一）全国中学生击剑比赛

学生参加全国中学生击剑比赛获高中组女佩个人第一名、高中组女佩团体第二名、高中组男佩团体第一名、初中组男佩个人第三名、初中组男佩团体第四名的好成绩。

（二）区中学生足球比赛

我校学生参加2020年区中学生足球比赛获得高中组男子第一名、高中组女子第三名、初中组男子第四名的好成绩

（三）"市长杯"羽毛球比赛

我校学生参加2020年"市长杯"羽毛球比赛获得高中组男子团体第一名、高中组女子团体第一名、初中组女子团体第三名的好成绩。

（四）区青少儿游泳锦标赛

我校学业参加2020年区青少儿游泳锦标赛获得甲组女子蛙泳50 m第3名、乙组男子蛙泳50 m第8名、乙组女子蛙泳50 m第7名、甲组男子50 m仰泳第2名、甲组男子50 m自由泳第3名、甲组女子50 m自由泳第3名、乙组男子50 m自由泳第7名、团体总分第三名的好成绩。

（五）区体育节"迎楠而上"校园篮争霸赛暨小篮球锦标赛

我校学生参加2020年区体育节"迎楠而上"校园篮球争霸赛暨小篮球锦标赛获得初中男子组季军、初中女子组季军的好成绩。

（六）"市长杯"乒乓球赛

广州市"市长杯"乒乓球赛举办以来，我校参加了全部的12届比赛，且每届都有取得团体冠、亚军的上佳表现，成为体教融合的典范。因此，广州电视台竞技频道现场对我校带队指导教师和乒乓球队队员进行了专访，为学校重视学生体育锻炼、大力开展乒乓球活动、积极鼓励支持学生参加各级赛事进行宣传报道。

一个学期以来，我校运动健儿在各项体育项目指导教师的带领下，取得了一系列的优异成绩，以良好的精神风貌、敢打敢拼的意志品质充分展示了我校师生的集体荣誉感和勇于挑战的精神，为学校争得了荣誉，做出了贡献。

第二章　校内外艺术活动与赛事

第一节　校园艺术节活动的策划与组织

一、校园文化艺术节活动方案

（一）活动目的

体现学校"以人为本，美育育人"的理念，培养和提高师生学习人文艺术的热情，丰富学生的第二课堂生活，提高师生人文艺术素养，培养学生的审美能力，繁荣校园文化，营造向真、向善、向美的校园文化艺术氛围；为学生展示个人才艺与风采搭建舞台；培养学生高雅的艺术欣赏能力和艺术表现能力；为学生的终身发展、幸福人生打下基础。

（二）时间安排

12月15日—12月30日（第16周星期一至第18周星期二）

（三）活动负责

主要负责：学生处、团委、艺体教研组组、社团联合会（负责跟踪当天的社团活动）、摄影社（全程跟踪拍摄活动现场）。

活动协助：教研室、校工会、各学科教研组、高一年级组、高二年级组、学生会。

（四）活动宣传：

提前一到两周以挂横幅、贴海报、广播、微信、网络等形式在校内进行大力宣传造势。

团委负责横幅、彩旗，并指导广播站做好介绍文化艺术节的相关活动。

社团负责设计本社活动海报，交由美术教师统一制作。

社团联合会负责在全校范围内利用网络、媒体进行直播报道。

（五）活动开幕

1. 时间：12月15日（第16周星期一）第一节。

2. 地点：运动场。

3. 参与：全体师生。

4. 流程：

（1）学校领导致开幕词。

（2）社团联合会主席介绍文化节活动内容。

（3）健身操表演、级歌轮唱、集体广场舞。

（六）活动内容

校园文化系列活动之一

知识竞猜

活动时间：12月16日（第16周星期二）第八、九节。

活动地点：文化广场。

负责社团：社团联合会、地理社、历史社、文学社、政治社。

活动内容：

（1）地理社——拼图游戏。

（2）天文社——天文地理问答、星座拼图、社员表演。

（3）历史社——汉服说书、品茶会。

（4）文学社——展示社刊，有奖竞答。

（5）政治社——国家文化图片展、评选优秀报纸作品。

（6）电脑社——PS作品评比。

（7）心理协会——心理游戏。

校园文化系列活动之二

"喜迎春"现场书法大赛、现场班服设计大赛

活动时间：12月17日（第16周星期三）第九节。

活动地点：文化广场。

负责社团：书法社、服装社。

活动内容：

（1）书法社——现场春联。

（2）服装社——现场班服设计。

校园文化系列活动之三

影像系列

活动时间： 12月18日（第16周星期四）第九节。

活动地点：电教室、美术室、会议中心。

负责社团：社团联合会、地理社、天文社、英语社、摄影社。

活动内容：

（1）地理社：纪录片《地的历险记》视频抢答游戏 ——电教一。

（2）天文社：天文纪录片——电教二。

（3）英语社：英语经典电影——会议中心。

（4）摄影社：优秀校园微电影展播——美术室。

校园文化系列活动之四

专场演唱会

活动时间：12月24日（第17周星期三）第九节。

活动地点：会议中心。

负责社团：音乐社、革命舞社、吉他社、戏剧社。

活动内容：专场演唱会。

校园文化系列活动之五

话剧表演

活动时间：12月25日（第17周星期四）第九节。

活动地点：会议中心。

负责社团：话剧社、戏剧社。

活动内容：话剧《暗恋桃花源》。

校园文化系列活动之六

第二届秀全好声音决赛

活动时间： 12月26日（第17周星期五）第九节。

活动地点：会议中心。

负责社团：音乐社、吉他社、戏剧社、社联。

活动内容：第二届秀全好声音决赛。

校园文化系列活动之七

辩论赛、象棋赛决赛

活动时间：12月29日（第18周星期一）第九节。

负责社团：笙歌辩论社、棋趣社。

活动内容：

（1）辩论赛——电教三。

（2）棋逢对手象棋大赛——文化广场。

（3）动漫舞台剧——会议中心。

校园文化系列活动之八

迎新晚会

活动时间：12月30日（第18周星期二）第八、九节。

活动地点：会议中心。

负责年级：高一年级组。

活动内容：高一年级迎新晚会。

校园文化系列活动之九

"阳光下"摄影、立体纸雕、书法获奖作品展览

展示时间：12月22—30日。

活动地点：校道、体育馆二楼。

负责社团：社团联合会、摄影社、手工社、书法社、舞社。

活动内容：

（1）"阳光下"摄影、立体纸雕、书法获奖作品展览。

（2）活动图片展览：活动现场图片展示（社团联合会负责）。

（3）革命舞社授课季（12月15—30日、体育馆二楼）。

校园文化系列活动之十

文化艺术节闭幕式

闭幕时间：1月5日（星期一）第一节。

参加人员：全校学生。

活动地点：运动场。

负责处室：学生处、团委、学生会、社团联合会、艺术教研组。

活动内容：

周会总结表彰：校领导做总结发言，并为相关比赛获奖的学生颁奖。

备注：

1．各社团负责人在活动前一周做好计划、海报及活动准备。

2．出现天气问题时启用备用场地：体育馆。

3．活动相关奖品需在活动前一周准备好，并确保每项活动时能及时到位。

二、戏剧社同学参加文化艺术节感悟

很多人参与戏剧社的初衷是为了抛头露面风光一下，享受明星的感觉。而有些人觉得这个事"好玩儿"，以凑热闹的心态参与。我觉得这些想法可以有，但不能仅仅停留在这些目的。我们说，做戏剧的人要有"戏比天大"的决心才能做好戏。不然，就是一堆人热闹一下，然后就散了。作为"非专业"的戏剧社团，我们要有专业的态度。没有专业知识可以，但是要愿意去学专业知识。这个专业知识并不仅限于表演，还要有戏剧理论、舞台设计、道具制作、灯光设计、舞台管理、服装造型、音乐、舞蹈等方方面面的知识。另外，还要不断提高人文历史美学方面的个人修养。我觉得学习这些事情所带来的收获才是参与戏剧社所得最主要的收获，远比表面风光重要。

这一次，我社在文化艺术节上的表演比上一次更精彩、更引人入胜。我认为最重要的原因是各位同学的积极配合，以及学校能在各方面给予我们的支持。

在这一次艺术节中，我社的表演节目取得观众的更加关注，得到了同学们的热烈掌声。演员在台上能完全融入舞台，倾情演出，把话剧的主题大部分表现出来，惹得台下的观众忍俊不禁。

不足的是演员的经验不足，有点怯场。另外，还有在表演过程中有点小意外，出场不够连贯，舞台麦不够。不过，整体来说，这一次的文化艺术节有进步。希望学校的艺术节能越办越好！

第二节　学校艺术团队排练与参加各级赛事

学校艺术团队是学校艺术教育水平的集中体现，主要有合唱、舞蹈、器乐、书画、微电影等艺术团队，这些艺术团队代表学校参加各级赛事和表演活动成绩辉煌。以成立比较早的学校合唱团为例，学校合唱团从开创到现在走过了30多年的发展之路。1990年，学校就立足长远，加强学校混声合唱团训练，在广州市第四届中小学合唱比赛中夺得冠军，此后，经过一代一代人的执着努力，学校合唱团共获得8次广州市一等奖，多次参加省市优秀节目汇演，2000年荣获广州市学校合唱"五连冠"特殊荣誉称号，2015年被广州市教育局选派参加广东省第二届中小学生合唱比赛现场总决赛，最终荣获省级一等奖，实现历史性的突破。2019年在广州市第十四届学校合唱节总决赛中，学校合唱团再次荣获一等奖。

学校合唱团管理制度

1. 按照比赛任务的时间和要求安排合唱团训练时间，原则上为每周星期一、星期二第八、九节；星期四、星期五第九节。在必要的情况下星期六加训。

2. 实行严格考核制度，任何合唱团团员不得无故迟到、早退及旷课。团员向各声部长请假，声部长向队长或副队长请假。考勤由声部长负责登记，声部长不在时，应指定本声部一名团员登记，考勤登记情况学期末交副队长统一核准。（考勤登记包括日常练习、演出前加训排练及比赛演出）

3. 日常培训不能到达者必须提前提出书面申请，并交于各声部长。连续两次缺席者写检讨书，并在团内公开批评。

4. 无故缺勤3次者，勒令退团，并上报学校，取消音乐学科学分。

5. 每次授课与排练时团员自带统一发放的乐谱，团员在训练及演出结束后要及时按要求整理好场地，每次训练结束后由队长负责检查。（负责训练场地的环境卫生、灯光、空调、教具、多媒体）

6. 合唱团将对每名团员进行不定期考核。

7. 每名团员在活动（含比赛）过程及活动往来中要注意安全，防止各类事故发生。

8. 团员要尊师敬教，虚心学习，互相帮助，遵守教学秩序和纪律，树立团队精神。全体团员要明确自己的权利和义务，自觉维护合唱团的形象，不得因个人因素影响集体，不做有损合唱团声誉的事情。

希望团员们自觉遵守合唱团章程和各项规章制度。充分发挥艺术专长，具有奉献精神，责任心强，能吃苦耐劳，全心全意为合唱团服务。

合唱团推荐出学生干部包括队长1人、副队长2人、声部长四人。

高中艺体教师专业发展篇

　　高中艺体教师的专业培养和发展不但关系着艺体教师个人专业的成长和提高，更是促进教育教学质量提高的重要一环。艺体教师的专业发展维度多、涉及广，需在专业技能、教育教学能力、理论水平、科研素质、信息技术等等全面加强培养，才能不断提升自身的综合能力，做好教育教学工作。

第一章　科研课题申报与研究

第一节　各级科研课题通知与要求

各级中小学科研课题的申报要有上级主管部门或科研部门下发的科研课题的申报通知，学校和教师按通知相关要求进行申报。各级科研课题申报的要求既有相似之处，又各有不同。

下面列举近几年来的全国、省、市、区各级教育科学规范课题的申报通知仅供参考。

1. 区教育科学规划课题通知与要求（部分通知文件图片）。

广州市花都区教育局文件

花教〔2019〕179 号

关于申报花都区教育科学规划 2019 年度
课题的通知

各教育指导中心、各学校和幼儿园、区教研室：

依据《花都区教育科学研究"十三五"规划纲要（花教〔2016〕126 号）》，组织申报花都区教育科学规划 2019 年度课题。在本区教育系统从事教学、研究和管理工作者均可申报。

一、课题类别

本次申报课题类别包括：重大课题、重点课题、一般课题、育苗工程专项课题、课程资源和技术开发专项课题。各类课题的选题范围、成果要求和资助标准如下：

1. 重大课题：选题要具有重大实践意义，要针对本区教育发展中的重大问题，例如：花都教育发展战略研究、花都教育 XX 问题与对策研究、花都群众对教育的满意状况和诉求研究、近 XX 年花都教育改革成败和管理得失研究等，必须取得高质量、可直接应用的成果。具体要求：发表论文 1 篇以上（含 1 篇）、至少有 1 项可在全区推广、能直接应用的成果；以公文形式向区教育局提

2. 市教育科学规划课题通知与要求（部分通知文件图片）。

广 州 市 教 育 局

穗教科〔2018〕29号

广州市教育局关于申报广州市教育科学规划
2018 年度课题的通知

市属各高校，各区教育局，局属各单位：

为全面贯彻党的十九大精神，以习近平新时代中国特色社会主义思想为指导，深入贯彻习近平总书记重要讲话精神，根据《广州市教育发展第十三个五年规划》发展目标和主要任务，围绕我市教育的重点、热点、难点、疑点问题，开展发展战略研究、应用研究和对策研究，充分发挥教育科研"创新理论、服务决策、指导实践、引导舆论"的作用，我局决定组织广州市教育科学规划 2018 年度课题申报工作，请按要求做好课题申报组织工作。

附件：1.广州市教育科学规划 2018 年度课题指南
2.广州市教育科学规划 2018 年度课题申报组织办法
3.广州市教育科学规划 2018 年度课题申报限额
4.广州市教育科学规划课题申报联络信息表
5.广州市教育科学规划 2018 年度课题申报汇总表
6.广州市教育科学规划 2018 年度课题申请书

广州市教育局
2018 年 4 月 25 日

（联系人：市教育局李建平，联系电话：22083722；
市教研院郑家裕，联系电话：83355690；
市教育评估中心王怡清，联系电话：83491385）

3. 省教育科学规划课题通知与要求（部分通知文件图片）。

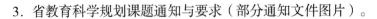

广州市花都区教育局

关于组织我区教师申报广东省教育科学"十三五"规划2020年度"强师工程"项目的通知

各教育指导中心、各学校和幼儿园、区教研室：

依据《广东省教育厅关于做好广东省教育科学"十三五"规划2020年度中小学教师教育科研能力提升计划项目有关工作的通知》、《广州市教育局关于做好广东省教育科学"十三五"规划2020年度"强师工程"项目申报评审工作的通知》，组织我区教师申报广东省教育科学"十三五"规划2020年度"强师工程"项目。

2020年度省"强师工程"项目分为中小学教师教育能力提升计划项目和粤港澳大湾区国际教育示范区建设专项项目两类，每类项目均分为重点项目和一般项目。

一、申报中小学教师教育能力提升计划项目

中小学教师教育能力提升计划项目申报者填写《广东省教育科学研究项目申请书（基础教育）》和《2020年度中小学教师教育科研能力提升计划项目推荐申报汇总表》，于2020年1月10日前，将以上材料（暂不要签章扫描）发送到 hdjyky@qq.com 邮箱。注意：将邮件主题设为"申报2019省能力提升项目-学校简称-项目

4. 全国教育科学规划课题通知与要求（部分通知文件图片）。

广州市花都区教育局

关于推荐申报全国教育科学"十三五"规划2020年度课题的通知

各教育指导中心、各学校和幼儿园、区教研室：

根据广州市教育局《关于做好全国教育科学"十三五"规划2020年度课题申报工作的通知》，拟推荐本区1个项目申报全国教育科学"十三五"规划2020年度课题。

符合《全国教育科学"十三五"规划2020年度课题组织申报办法》中申报条件的单位和个人，均可申报。申报者应于2020年3月5日中午12:00时前（逾期不受理），将《申请书》和《汇总表》（暂时不需要签名、盖章、扫描）发送到 jykyb@qq.com 邮箱。邮件主题设为"申报国课题-单位名称-课题名称"。

在目前防控新冠疫情、广泛开展线上教学的大背景下，有担当精神、愿意承担区教育科学规划重大课题（课程资源开发类选题）的单位，申报全国教育科学"十三五"规划2020年度课题时享优先推荐权（并不是要求全国教育科学规划课题申报选题与区课题选题相同）。存在优先推荐的情形时，或者不存在优先推荐的情形时，若存在多个申报项目间的竞争关系，则组织专家评审、

第二节　中小学体育科研课题研究

中小学体育科研课题研究以广州市教育科学规划课题的申报和研究各个过程为例，广州市教育科学规划课题完整的研究记录有14项，分别如下：

1. 广州市教育局资助科研项目验收申请书。

2. 广州市教育局资助科研项目结题证书。

3. 研究报告。

4. 结题陈述PPT。

5. 《广州教育科研成果简报》课题成果简介。

6. 广州市教育科学规划课题申请书。

7. 广州市教育科学规划课题任务书。

8. 课题立项通知书。

9. 课题开题报告书。

10. 广州市教育局资助科研项目年度进展报告书。

11. 广州市教育局科研项目重要事项变更申请表。

12. 广州市教育局科研成果登记表。

13. 广州市教育局科研项目进展情况表。

14. 课题成果佐证材料。

下面从课题申报书开始介绍，但立项通知书、变更申请书或内容相近的项目将不再占用篇幅进行详细介绍。

一、体育科研课题申请书

附件6

年度	
课题编号	

广州市教育科学规划

课题申请书

课题名称：中小学体育场馆设施使用开发与开放运营管理策略研究

课题类别：专项课题

研究领域：教育实践研究

学科分类：890体育学

课题负责人：黄显良

联系电话及手机：

电子邮箱：

课题依托单位：广州市花都区秀全中学

申请日期：　　　年　　月　　日

广州市教育科学规划领导小组办公室

2018年修订

填写说明

一、申请书的各项内容，要实事求是，逐条认真填写，表达要明确、严谨。

二、申请书一律要求用A4纸打印填报，于左侧装订成册。由所在单位和主管部门审查和签署意见后，报送广州市教育局科研处。

三、封面"课题类别"栏选择填写重大课题、重点课题、一般课题或××专项课题。

四、封面"研究领域"栏填写课题指南公布的相关具体研究领域，不在所公布的研究领域范围内的填写"自选领域"。

五、在"课题依托单位意见"一栏中，应明确所在单位在人员、时间、条件、政策等方面的保证措施和对配套经费的意见。

六、"学科分类与代码"请按国家质量技术监督局《学科分类与代码》（2009年版）填写。跨学科课题根据"尽量靠近"原则选定一类学科进行申报。

七、"研究经费支出计划"应根据《广州市教育系统科学研究项目经费管理办法》编制，列出具体支出科目、金额、并说明计算的依据。

八、申请书中课题论证部分不得出现申请人（课题负责人）和课题组成员姓名、单位名称等个人资料。

申请人承诺

我承诺本申请书填写各项内容及签字属实，无知识产权争议。

申请人（签字）：

2018年5月10日

研究课题	课题名称	中小学体育场馆设施使用开发与开放运营管理策略研究				
	课题类别	专项课题		学科分类		890体育学
	研究领域	教育实践研究				
	起止年月	自　　年　　月至　　年　　月				
申请人	姓　　名		性　　别	男	出生年月	年　月
	行政职务	无	民　　族	汉	专　　业	体育教育
	职　　称	中学高级	最后学历	大学本科	最终学位	理学学士
依托单位	单位名称	广州市花都区秀全中学				
	详细地址	广州市花都区秀全中学新校区				
	性　　质	1.高等院校　　2.科研单位（支撑机构）　3.中学（中职）√ 4.小学　　　　5.幼儿园　　　　6.其他				
	邮政编码	单位电话及课题 负责人手机号码				
主要研究内容和意义摘要		中小学体育场馆的教学使用与对外开放运营管理问题是一个普遍性难于协调的问题，也是当前中小学校体育场馆发展中的难题。广州市中小学校体育场馆在全国来讲总量不少，教学使用只是在特定的时间内，利用率不高，特别是社会性服务利用率更是有待开发，这是目前广州市学校体育场馆发展中凸显的问题。改善中小学体育场馆教学使用与运营管理中存在的问题，提升学校体育场馆的利用效率，从而促进学校体育和社会体育事业的发展是目前亟待解决的问题。本课题研究，首先，本着实事求是的态度对我区和广州市部分中小学体育场馆的教学使用与对外运营管理现状进行了全面了解，分析中小学体育场馆使用和运营管理中存在的问题，拟制定出一套中小学大型体育场馆、中小型体育场馆联动实施的可持续发展策略；其次，通过国内外先进的中小学体育场馆管理和运营经验，借鉴学习其理念，为中小学体育场馆教学使用与对外运营管理现状及对策研究提供参考依据；再次，针对中小学体育场馆运营管理中的不足之处，吸取先进的成功经验，并通过各方面的关注、配合和大力支持，以期对我区甚至广州市中小学体育场馆提出一套行之有效的管理实施方案，以达到优化和高效利用中小学体育场馆资源，促使学校体育场馆的发展，调动学校体育的发展和群众开展健身活动的积极性，促进公共体育服务事业的发展，进一步加快建设体育强国的步伐。因此，本课题研究具有较强的理论意义和现实价值。				

课题组主要成员（含课题负责人）

姓　名	学历及学位	专业技术职务（职称）	专　业	工作单位	在本课题中的分工	签　名
主持人	大学本科学士学位	中学高级教师	体育教育	广州市花都区秀全中学	负责主持全面研究工作	
成员A	大学本科	中学高级教师	体育教育	广州市花都区秀全中学	策划、调研、收集分析数据	
成员B	研究生硕士学位	中学一级教师	体育教育	广州市花都区狮岭中学	调研、收集分析，总结、撰写论文	
成员C	大学本科	中学一级教师	体育教育	广州市花都区秀全中学	联系学校、调研、收集整理分析数据	
成员D	大学本科	中学一级教师	体育教育	广州市花都区秀全中学	协调联系、协助撰写论文及研究报告	
成员E	大学本科	中学二级教师	体育教育	广州市花都区秀全中学	后勤保障、整理归档材料策划、实验、收集材料	
成员F	大学本科	中学一级教师	体育教育	广州市花都区秀全中学	联系学校、调研、收集整理分析数据	

经费支出计划

根据《广州市教育系统科学研究项目经费管理办法》编制，并说明计算的依据。间接费用不超过申请资助金额的5%。

申请资助金额/万元		
预算支出科目	金额/万元	计算依据说明
1. 直接费用		
数据采集费		
差旅费/会议费		
仪器设备费		
专家咨询费		
劳务费		
出版/文献/信息传播/知识产权事务费		
协作费		
其他支出		
2. 间接费用		

一、本研究项目的科学依据（含选题意义、国内外研究现状、学术思想、立论根据、特色与创新之处、主要参考文献）

1. 选题意义

中小学体育场馆的教学使用与对外开放运营管理问题是一个普遍性难于协调的问题，也是当前中小学校体育场馆发展中的难题。广州市中小学校体育场馆在全国来讲总量不少，教学使用只是在特定的时间内，利用率不高，特别是社会性服务利用率更是有待开发，这是目前广州市学校体育场馆发展中凸显的问题。何改善中小学体育场馆教学使用与运营管理中存在的问题，提升学校体育场馆的利用效率，从而促进学校体育和社会体育事业的发展是目前亟待解决的问题。本课题研究，首先，本着实事求是的态度对我区和广州市部分中小学体育场馆的教学使用与对外运营管理现状进行全面了解，分析中小学体育场馆使用和运营管理中存在的问题，拟制定出一套中小学大型体育场馆、中小型体育场馆联动实施的可持续发展策略；其次，通过国内外先进的中小学体育场馆管理和运营经验，借鉴学习其理念，为中小学体育场馆教学使用与对外运营管理现状及对策研究提供参考依据；再次，针对中小学体育场馆运营管理中的不足之处，吸取先进的成功经验，并通过各方面的关注、配合和大力支持，以期对我区甚至广州市中小学体育场馆提出一套行之有效的管理实施方案，以达到优化和高效利用中小学体育场馆资源，促使学校体育场馆的发展，调动学校体育的发展和群众开展健身活动的积极性，促进公共体育服务事业的发展，进一步加快建设体育强国的步伐。因此，本课题研究具有较强的理论意义和现实价值。

2　国内外研究现状

2.1　国内对体育场馆的运营管理方面研究

陈鑫在《21 世纪初我国体育场馆设施及其经营管理的探索》一文中，分析了我国体育场馆在运营管理中存在分布不均匀、投资结构单一、经营管理方式落后、场馆功能定位单一、收费较高等问题，并针对目前体育场馆存在的问题提出从实现体育场馆建设与经济管理良性循环、明确投资主体、建立健全多元化融资渠道、实现多元化经营、国家从产业政策上支持等方面提出了针对性建议。李伟民在《体育营销导论》中指出，在欧美许多国家中，多数体育场馆管理者认为体育是社会公益性事业，属于非营利性经营，因此，大多数体育场馆的经营主要是为了保障体育场馆的正常运营与发展，并不是以盈利为目的，将场馆以出租的形式举办大型活动，利用经营健身俱乐部出售健身会员卡等各种方式吸引更多的群众到场馆进行体育运动。张仁寿、丁小伦在《国外大型体育场馆的运营管理模式与经验借鉴》一文中，从投融资、经营管理方面阐述了国外大型体育场馆的发展经验：在投融资方面，大型体育场馆是以政府财政拨款建设为主、大力引进风险投资；在经营项目方面，大力开发体育场馆的无形资产；在经营管理方面，促进资金多元化和 BOT 融资模式的建立。

徐文强、陈元欣、张洪武、王健在《我国公共体育场馆经营现状及管理体制改革研究》一文中，阐述了我国公共体育场馆的经营管理现状：多数的公共体育场馆属于传统的事业单位；经费来源途径多元化，以差额预算为主；经营自主权下放不完全；国有资产流失严重，监督缺位；政府干预较多，政事未能分开；冗员过多，支出严重；经营创收乏力，政府财政负担严重；激励机制不健全等。黄卓、周美芳在《西方国家体育场馆公共服务市场化研究》一文中，从西方国家体育场馆公共服务市场化的内涵、特征出发，在其建立市场化动因和成效评述的基础上，分析了西方国家体育场馆公共服务市场化的方案，以及对我国体育事业改革的借鉴意义。张宏在《我国体育场馆经营管理模式的现状及发展趋势》一文中，提出了我国体育场馆建设和运营模式发展的趋势——投资结构由政府投资转向多元化投资，管理方式由行政管理向现代企业管理转变。徐伟宏等在《我国大型体育场馆管理与经营现状及对策》一文中，指出了我国大型体育场馆存在的问题：场馆功能单一，使用率低；运营管理机制落后，对外开放率低；融资渠道单一，不能有效地调动社会资金。武国栋在《奥运体育场馆赛后运营模式分析与启示》一文中，分析了奥运场馆赛后运营大多采用的是政府和私人企业相结合、政府与职业体育赛事相融合、组织大型活动、赛后改造等管理方式进行运营。作者通过借鉴国外先进运营经验，得出我国大型体育场馆的运营应采取多功能化设计，通过投融资管理创新吸引私营资本参与，承办职业体育赛事，进行专业化经营管理措施，将场馆建在高校，提高场馆的综合效益。

肖淑红、付群在《我国大型体育场馆融资模式分析及发展趋势研究》一文中，对我国大型体育场馆融资模的式现状进行了梳理，分析了不同类型的融资模式的优劣，发现我国大型体育场馆的融资趋势：政府拨款为主，多元化融资；无形资产融资将得到高度重视；发展盈利项目与体育场馆捆绑运作模式；由政府主导向政府引导转变等，并对我国大型体育场馆融资模式的发展提出了针对性的建议：完善法律法规及风险防控保障体系；加强管理人才的队伍的建设与培养；营造良好的融资环境等。张健、张建华、王琳在《高校体育场馆经营管理现状及对策》一文中，对国内高校体育场馆的经营管理进行分析，认为当前我国高校体育场馆在经营管理过程中主要存在场馆规划建设与市场开发脱节、场馆经营管理人员无法满足场馆市场化开发需求经营管理人员无法满足场馆市场化开发需要、场馆不能兼顾社会效益与经济效益等矛盾，并从场馆科学、合理的规划与管理、政策资金保障与运营模式创新、团队营销、拓宽综合服务渠道、提高人员素质、与国际接轨等方面提出了高校体育场馆经营的思路。

2.2 国外对体育场馆的运营管理方面研究

伯尼·帕克豪斯（Bonnie L.Parkhouse）在《体育管理学》一书中指出，体育赛事的成功举办要依赖于场馆运用专业化的经营管理团队，专业化的经营管理团队除可以为观众提供完善的服务之外，还带给顾客快乐，好的经营管理团队可以为大型体育场馆吸引和保留更多的顾客。冯欣欣、邹英、荆俊昌在《西方国家大型体育场馆民营化改革研究》一文中，从民营化及大型体育场馆民营化的基本内涵入手，在分析西方国家大型体育场馆民营化改革动因、条件和方式的基础上，探讨了西方国家大型体育场馆民营化改革对我国的启示。

日本体育场地设施主要有各级体育行政主管部门经营管理和委托经营管理两种方式。日本的公共体育场馆大多数属于复合型场馆，实用功能种类繁多，人们只需要缴纳少许的费用，就能够很方便地利用；部分场馆还专门设有健身指导员，能够为群众的健身活动提供指导服务，并进行各种相关咨询。民营体育场地设施都是私有的，经营管理方式主要是由场馆设施的所有者或管理者直接实施。

综上所述，国内学者主要从场馆经营管理现状及模式进行了研究，主要体现在强调我国体育场馆功能单一，尤其是中小学体育场馆只提供教学使用，使用率低；场馆无形资产开放不够，管理体制落后；投资方式主要是以政府财政拨款为主，投资机构单一；对外开放率低，开发项目不能够体现地域特色；缺乏专业的管理人才，激励机制不健全。国外较先进的研究体育场馆的管理注重以人为本的原则，注重体育场馆内相关功能的开发；投资模式多元化，注重开放体育场馆的无形资产；运用市场化管理方式对场馆进行管理，聘用专业人员对场馆进行管理。了解和掌握国内外体育场馆管理，尤其是中小学体育场馆使用和管理的研究现状，有助于借鉴和吸收国内外体育场馆经营管理的先进经验，从而更好地分析我们中小学体育场馆使用和运营管理中存在的问题，并探索出一条适合广州市学校体育场馆运营管理的道路。

3 立论根据

党的十九大报告中指出："扎实推进社会主义文化强国建设，广泛开展全民健身运动，促进群众体育和竞技体育全面发展。"这是把体育作为全面建成小康社会中的重要内容，说明体育在保障和改善民生中的作用更加凸显，在构建和谐社会中的作用更加独特，体育对促进人的全面发展和社会进步具有重大贡献。在新的历史起点上，全面、完整、准确地理解体育在全面建设小康社会的地位和作用，是充分发挥体育的价值和功能的重要前提。《全民健身条例》和《全民健身计划（2021—2025年）》的颁布实施极大地刺激了公众参与体育的热情，也为体育场馆资源的开发利用提出了一个新的主题。加大各级政府认真履行公共体育服务职能的推动力度，加强基层公共体育设施的建设和利用，大力发挥基层的组织作用，以积极开展基层全民健身活动为重点，将全民健身向广度和深度拓展，也让更多的人民群众享有公共体育服务。2012年7月，在国务院印发的《国家基本公共服务体系"十二五"规划》（国发〔2012〕29号）中明确指出，要加强基层公共体育设施建设，大力推动公共体育设施向社会开放，健全学校等企事业单位体育设施向公众开放的管理制度。公共体育设施是城乡居民参加体育锻炼的重要载体，在保护群众体育健身权益、满足群众体育健身需求方面起着越来越重要的作用。体育场馆作为公共体育文化设施的主要组成部分之一，服务于广大人民群众。体育场馆不仅是政府提供公共体育服务，构建公共体育服务体系的重要内容，也是发展体育事业和体育产业的重要物质基础和载体。体育场馆资源是体育事业发展的重要物质保障，是体育产业领域中的一个重要组成部分，其发展将直接影响到体育事业的发展前景。加强和完善公共体育设施服务，是各级政府履行公共服务职能的重要内容。

4 特色与创新之处

通过研究国内外体育场馆经营现状，结合广州市中小学体育场馆使用和对外开放经营现状，以一些经营比较有特色的学校体育场馆为案例，给我区乃至广州市学校体育场馆的经营提供借鉴和参考。

5 主要参考文献

[1] 陈鑫. 21 世纪初我国体育场馆设施及其经营管理的探索 [J]. 西安体育学院学报，2002.

[2] 李伟民. 体育营销导论 [M]. 北京：龙门书局，1995.8.

[3] 张仁寿，丁小伦. 国外大型体育场馆的运营模式与经验借鉴 [J]. 广州经济，2006，11：21 -23.

[4] 黄卓，周突芳. 西方国家体育场馆公共服务市场化研究 [J]. 西安体育学院学报，2008，25（4）：31-35.

[5] 伯尼·帕克豪斯.体育管理学 [M]. 上海：华东师范大学出版社，2009.

[6] 冯欣欣，部英，荆俊吕，西方国家大型体育场馆民营化改革研究 [J]. 沈阳体育学院学报，2009，28（4）：35-38.

[7] 武国栋.奥运体育场馆赛后运模式分析与启示 [J]. 西安体育学院学报，2011，28（4）： 458-462.

[8] 张健，张建华，王琳.高校体育场馆经营管理现状及对策 [J].河北体育学院学报，2013，5.

[9] 周伟峰，胡依琴. 浅谈体育场馆的变化与发展 [J]. 四川体育科学，2006，2：132-134.

[10] 鲍明晓，林显鹏，刘欣葵. 奥运举办城市体育场馆的建设、运营与管理 [J]. 体育科研，2006，27（5）.

[11] [美] Gil Fried. 体育场馆管理 [M]. 武汉：华中师范大学出版社，2008.

[12] 夏贵霞，舒宗礼. 基于经营城市理念的体育场馆建设与规划研究——以南京十运会体育场馆建设与规划为实证 [J]. 湖南城市学院学报（自然科学版），2010，19（1）：75-78.

[13] 黄睿. 建设低碳型体育场馆的研究 [J]. 广州体育学院学报，2011，31（6）： 53-56.

[14] 张大春. 建设高科技低成本体育场馆之研究 [J]. 体育产业，2011，19：147-148.

［15］崔亚平. 全运会体育场馆建设与赛后利用研究［J］. 沈阳体育学院学报，2012，5.

［16］林显鹏. 现代奥运会体育场馆建设及赛后利用研究［J］. 北京体育大学学报，2005.

［17］杨冬茹. 基于 SWOT 分析的海阳亚沙会赛后场馆开发与利用［J］. 当代体育科技，2013.16.

二、研究内容、预期成果及效益分析（研究内容含主要观点；预期成果要明确完成时间、成果名称与形式，细化到是否发表；效益分析中理论成果应明确理论价值，应用成果应明确应用范围及效益）

研究内容：

对我区和广州市部分中小学体育场馆的教学使用和对外开放运营管理现状进行全面了解，分析中小学体育场馆运营管理中存在的问题，拟制定出一套学校大型体育场馆、中小型体育场馆联动实施的可持续发展策略，针对学校体育场馆使用、运营管理中的不足之处，吸取先进的成功经验，并通过各方面的关注、配合和大力支持，以期对中小学体育场馆提出一套行之有效的管理实施方案，以达到优化中小学体育场馆资源，促使学校体育场馆发展，利于体育教学，调动广大人民群众开展健身活动的积极性，促进公共体育服务事业的发展，进一步加快建设体育强国的步伐。

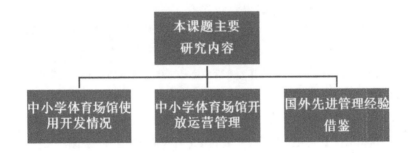

预期成果：

1. 理论性成果

在CN期刊上正式公开发表论文2篇：第一篇拟完成时间为2019年5月；第二篇拟完成时间为2019年12月。

2. 应用性成果

总结研究成果，先行在2—3所学校进行经验推广，再辐射带动区域性影响。

三、拟采用的研究方法和技术路线（包括基本思路、总体安排和进度、可行性分析）

具体研究方法：

主要采用实地调研和专家访谈法对我区和广州市部分中小学体育场馆的教学使用与对外开放运营管理现状的调研工作，同时综合运用文献资料法、问卷调查法、逻辑分析法、专家访谈法、案例分析法、数理统计法等多种方法。

文献资料法

为确保研究质量，主要通过中国知网网络资源获得了相关论文；通过区和市教育局等部门获得有关体育场馆教学使用及对外开放运营管理资料。

访谈法

根据访谈提纲，选取我区及广州市相关领导、专家和部分体育场馆管理者作为访谈对象，采取当面交谈、电话访问等方式获取信息，目的是了解区域中小学体育场馆校内教学使用及对外开放的情况、运营机制、管理模式等现状。

问卷调查法

在收集和分析文献的基础上，结合本研究的研究目的和内容，设计了体育场馆管理人员的调查问卷进行相关调查研究。

技术路线：

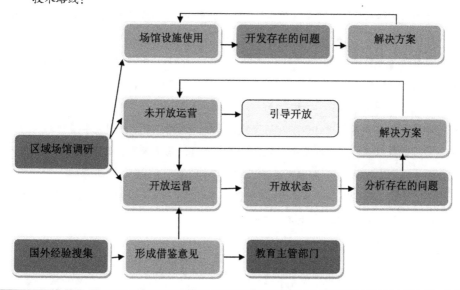

课题总体安排：

第一阶段（2018.2—2018.5） 课题启动阶段

本阶段主要应用文献资料法查阅相关资料，确定研究的对象和总体框架，探讨研究方法，制定研究方案，并分配小组内各成员的学习任务。

第二阶段（2018.9—20119.5） 课题实施阶段

本阶段主要调查研究、开展专家访谈，形成调研成果，初步分析存在问题及原因。

第三阶段（2019.5—2020.1） 总结梳理阶段

对前阶段研究的素材进行系统归纳和分析整理；实验教师收集整理实验材料和数据；课题负责人整理和提升实验成果，形成阶段性成果，并初步拟定研究报告。

第四阶段（2020.1—2020.9） 成果验收阶段

撰写出高质量的研究报告、论文等，形成最终研究成果，迎接课题的结题验收。

可行性分析：

本课题在酝酿立项期间，利用书籍、期刊、网络等广泛查找了大量的文献，具备了一定的理论依据。同时，在开展调研分析过程中，虚心向专家请教，认真听取专家的指导和建议。

四、实现本课题预期成果已具备的条件（含研究基础和时间保证，从其他渠道已得到或可申请到经费数）

1. 课题研究能力和时间保证

课题负责人是广州市"百千万人才工程"中学名教师培养对象、花都区体育学科带头人和特约教研员，主要从事一线教学实践和学科教研工作。

参加研究人员均为市、区特约教研员、学科中心组成员和有省、市、区级研究成果的一线教师，本课题是专业研究领域内的问题，有充分的研究时间保证课题如期完成。

2. 资料、设备、经费等科研条件

学校积极鼓励教师进行教学课题研究，并给予课题组资金的补充和资源的大力支持，学校能确保课题研究人员每周的集体研究时间，保障课题组成员集中精力开展研究，确保研究效率和质量，保证课题在计划时间内完成。

五、申请人和课题组主要成员业务简历（含主要学历和相关研究经历，近期发表、出版的科研成果及在研项目的层次与名称）

（一）主要研究简历（略）

（二）课题组主要成员简历和科研情况

1. 成员A，大学本科毕业，中学体育高级教师，从事学校体育工作25年，广州市中学体育特约教研员，花都区体育学科区中心组成员，花都区体育学科带头人，在市、区学校体育工作和教研工作中有较高知名度，与广州市各中小学有广泛的联系，利于课题的调研和走访工作。

2. 成员B，硕士研究生毕业，中学体育一级教师，花都区体育学科中心组成员，多次参与花都区、广州市、广东省课题，负责花都区课题1项，在国内发表论文数篇。

3. 成员C，大学本科毕业，中学体育一级教师，兼任学校后勤工作，对学校体育运动场馆的建设、维护、经营有丰富的经验，教科研工作经验丰富，有较高地开展、协调课题研究的能力。参与多项市、区级课题研究，2016年主持1项区级课题"校园足球训练实践探索"的研究。

4. 成员D，大学本科毕业，中学体育一级教师，兼任学校场室安全维护工作，对体育运动场馆的建设维护、安全保障有丰富的经验，教科研工作经验丰富，有较高地开展、协调课题研究的能力。获2009区公开课二等奖，2016年参与1项区级课题"校园足球训练实践探索"的研究。

5. 成员E，大学本科毕业，中学体育二级教师，花都区体育青年骨干教师，区优秀教师，广州市第十六、十七届体育教师技能大赛一等奖获得者，工作认真细致，擅长课题研究的信息技术处理和材料的收集整理等工作。

6. 成员F，大学本科毕业，中学体育一级教师，花都区体育青年骨干教师，广州市第十七届体育教师技能大赛一等奖获得者，参与区、市足球、田径俱乐部活动，对广州市各学校大型体育场馆的数量、质量和运营情况比较熟悉，工作认真、细致，擅长课题研究的信息技术处理和协调联系等工作。

六、合作单位意见（对合作研究内容、参加人员素质及保证研究工作条件等签署具体意见）

本课题研究对提高学校体育场馆设施开发使用和开放运营管理方面有着重要意义；我单位参加人员江沛润老师素质满足研究需求；单位支持和保证其研究条件；同意参加合作研究。

单位（公章）   年   月   日

七、课题依托单位学术委员会审查意见（对本项目的意义、研究方案、申请人和项目组主要成员的素质与水平等签署具体意见）（没有学术委员会的单位可由申请单位教育科研管理部门签署意见）

本课题针对学校体育场馆设施在开发使用和开放运营方面存在的诸多问题进行研究，开发可行性的运营管理策略，对盘活学校体育场馆设施资源、高效利用资源、形成资源共享、为服务学校和社会、推动学校体育健康事业、促进体育健康产业发展等方面都具有重要的意义；研究方案可行；申请人和项目组成员素质满足研究需求。

负责人（签章）　　　　　　　　　　　　　　年　　月　　日

八、课题依托单位审查意见（能否保证研究实施所需的基本条件、申请人的科研信誉及是否同意申报）

本单位承诺给予研究人员必要的时间和经费保障；申请人有良好的科研信誉；同意申报。

单位（公章）　　　　　　　　　　　　　　年　　月　　日

九、主管部门意见：

同意申报。

单位（公章）　　　　　　　　　　　　　　年　　月　　日

二、科研课题研究报告

广 州 市 教 育 科 学 规 划 课 题

研 究 报 告

课题名称：<u>中小学体育场馆设施使用开发与开放运营管理策略研究</u>

课题类别：<u>专项课题</u>

课题批准号：<u>＿＿＿＿＿＿</u>

承担单位：<u>广州市花都区秀全中学</u>

课题负责人：<u>＿＿＿＿＿＿</u>

中小学体育场馆设施使用开发与开放运营管理策略研究

1. 课题研究的背景

中小学体育场馆的教学使用与对外开放运营管理问题是一个普遍性难于协调的问题，也是当前中小学校体育场馆发展中的难题。广州市中小学校体育场馆在全国来讲总量不少，教学使用只是在特定的时间内，利用率不高，特别是社会性服务利用率更是有待开发，这是目前广州市学校体育场馆发展中凸显的问题。改善中小学体育场馆教学使用与运营管理中存在的问题，提升学校体育场馆的利用效率，从而促进学校体育和社会体育事业的发展是目前亟待解决的问题。本课题研究，首先，本着实事求是的态度对我区和广州市部分中小学体育场馆的教学使用与对外运营管理现状进行全面了解，分析中小学体育场馆使用和运营管理中存在的问题，拟制定出一套中小学大型体育场馆、中小型体育场馆联动实施的可持续发展策略；其次，通过国内外先进的中小学体育场馆管理和运营经验，借鉴学习其理念，为中小学体育场馆教学使用与对外运营管理现状及对策研究提供参考依据；再次，针对中小学体育场馆运营管理中的不足之处，吸取先进的成功经验，并通过各方面的关注、配合和大力支持，以期对我区甚至广州市中小学体育场馆提出一套行之有效的管理实施方案，以达到优化和高效利用中小学体育场馆资源，促使学校体育场馆的发展，调动学校体育的发展和群众开展健身活动的积极性，促进公共体育服务事业的发展，进一步加快建设体育强国的步伐。因此，本课题研究具有较强的理论意义和现实价值。

2. 国内外研究现状

2.1 国内对体育场馆的运营管理方面研究

陈鑫在《21世纪初我国体育场馆设施及其经营管理的探索》一文中，分析了我国体育场馆在运营管理中存在分布不均匀、投资结构单一、经营管理方式落后、场馆功能定位单一、收费较高等问题，并针对目前体育场馆存在的问题提出从实现体育场馆建设与经济管理良性循环、明确投资主体、建立健全多元化融资渠道、实现多元化经营、国家从产业政策上支持等方面提出了针对性建议。李伟民在《体育营销导论》中指出，在欧美许多国家中，多数体育场馆管理者认为体育是社会公益性事业，属于非营利性经营，因此，大多数体育场馆的经营主要是为了保障体育场馆的正常运营与发展，而并不是以盈利为目的，将场馆以出租的形式举办大型活动，利用经营健身俱乐部出售健身会员卡等各种方式吸引更多的群众到场馆进行体育运动。张仁寿、丁小伦在《国外大型体育场馆的运营管理模式与经验借鉴》一文中，从投融资、经营管理方面阐述了国外大型体育场馆的发展经验：在投融资方面，大型体育场馆是以政府财政拨款建设为主、大力引进风险投资；在经营项目方面，大力开发体育场馆的无形资产；在经营管理方面，促进资金多元化和BOT融资模式的建立。

徐文强、陈元欣、张洪武、王健在《我国公共体育场馆经营现状及管理体制改革研究》一文中，阐述了我国公共体育场馆的经营管理现状：多数的公共体育场馆属于传统的事业单位；经费来源途径多元化，以差额预算为主；经营自主权下放不完全；国有资产流失严重，监督缺位；政府干预较多，政事未能分开；冗员过多，支出严重；经营创收乏力，政府财政负担严重；激励机制不健全等。黄卓、周美芳在《西方国家体育场馆公共服务市场化研究》一文中，从西方国家体育场馆公共服务市场化的内涵、特征出发，在其建立市场化动因和成效评述的基础上，分析了西方国家体育场馆公共服务市场化的方案，以及对我国体育事业改革的借鉴意义。张宏在《我国体育场馆经营管理模式的现状及发展趋势》一文中，提出了我国体育场馆建设和运营模式发展的趋势——投资结构由政府投资转向多元化投资，管理方式由行政管理向现代企业管理转变。徐伟宏等在《我国大型体育场馆管理与经营现状及对策》一文中，指出了我国大型体育场馆存在的问题：场馆功能单一，使用率低；运营管理机制落后，对外开放率低；融资渠道单一，不能有效地调动社会资金。武国栋在《奥运体育场馆赛后运营模式分析与启示》一文中，分析了奥运场馆赛后运营大多采用的是政府和私人企业相结合、政府与职业体育赛事相融合、组织大型活动、赛后改造等管理方式进行运营。作者通过借鉴国外先进运营经验，得出我国大型体育场馆的运营应采取多功能化设计，通过投融资管理创新吸引私营资本参与，承办职业体育赛事，进行专业化经营管理措施，将场馆建在高校，提高场馆的综合效益。

肖淑红、付群在《我国大型体育场馆融资模式分析及发展趋势研究》一文中，对我国大型体育场馆融资模的式现状进行了梳理，分析了不同类型的融资模式的优劣，发现我国大型体育场馆的融资趋势：政府拨款为主，多元化融资；无形资产融资将得到高度重视；发展盈利项目与体育场馆捆绑运作模式；由政府主导向政府引导转变等，并对我国大型体育场馆融资模式的发展提出了针对性的建议：完善法律法规及风险防控保障体系；加强管理人才的队伍的建设与培养；营造良好的融资环境等。张健、张建华、王琳在《高校体育场馆经营管理现状及对策》一文中，对国内高校体育场馆的经营管理进行分析，认为当前我国高校体育场馆在经营管理过程中主要存在：场馆规划建设与市场开发脱节、场馆经营管理人员无法满足场馆市场化开发需求经营管理人员无法满足场馆市场化开发需要、场馆不能兼顾社会效益与经济效益等矛盾，并从场馆科学、合理的规划与管理、政策资金保障与运营模式创新、团队营销、拓宽综合服务渠道、提高人员素质、与国际接轨等方面提出了高校体育场馆经营的思路。

2.2　国外对体育场馆的运营管理方面研究

伯尼·帕克豪斯（Bonnie L.Parkhouse）在《体育管理学》一书中指出，体育赛事的成功举办要依赖于场馆运用专业化的经营管理团队，专业化的经营管理团队除可以为观众提供完善的服务之外，还带给顾客快乐，好的经营管理团队可以为大型体育场馆吸引和保留更多的顾客。冯欣欣、邹英、荆俊昌在《西方国家大型体育场馆民营化改革研究》一文中，从民营化及大型体育场馆民营化的基本内涵入手，在分析西方国家大型体育场馆民营化改革动因、条件和方式的基础上，探讨了西方国家大型体育场馆民营化改革对我国的启示。

日本体育场地设施主要有各级体育行政主管部门经营管理和委托经营管理两种方式。日本的公共体育场馆大多数属于复合型场馆，实用功能种类繁多，人们只需要缴纳少许的费用，就能够很方便地利用；部分场馆还专门设有健身指导员，能够为群众的健身活动提供指导服务，并进行各种相关咨询。民营体育场地设施都是私有的，经营管理方式主要是由场馆设施的所有者或管理者直接实施。

综上所述，国内学者主要从场馆经营管理现状及模式进行了研究，主要体现在强调我国体育场馆功能单一，尤其是中小学体育场馆只提供教学使用，使用率低；场馆无形资产开放不够，管理体制落后；投资方式主要是以政府财政拨款为主，投资机构单一；对外开放率低，开发项目不能够体现地域特色；缺乏专业的管理人才，激励机制不健全。国外较先进的研究体育场馆的管理注重以人为本的原则，注重体育场馆内相关功能的开发；投资模式多元化，注重开放体育场馆的无形资产；运用市场化管理方式对场馆进行管理，聘用专业人员对场馆进行管理。了解和掌握国内外体育场馆管理，尤其是中小学体育场馆使用和管理的研究现状，有助于借鉴和吸收国内外体育场馆经营管理的先进经验，从而更好地分析我们中小学体育场馆使用和运营管理中存在的问题，并探索出一条适合广州市学校体育场馆运营管理的道路。

3．立论根据

党的十九大报告中指出："扎实推进社会主义文化强国建设，广泛开展全民健身运动，促进群众体育和竞技体育全面发展。"这是把体育作为全面建成小康社会中的重要内容，说明体育在保障和改善民生中的作用更加凸显，在构建和谐社会中的作用更加独特，对促进人的全面发展和社会进步具有重大贡献。在新的历史起点上，全面、完整、准确地理解体育在全面建设小康社会的地位和作用，是充分发挥体育的价值和功能的重要前提。《全民健身条例》和《全民健身计划（2021—2025年）》的颁布实施极大地刺激了公众参与体育的热情，也为体育场馆资源的开发利用提出了一个新的主题。加大各级政府认真履行公共体育服务职能的推动力度，加强基层公共体育设施的建设和利用，大力发挥基层的组织作用，以积极开展基层全民健身活动为重点，将全民健身向广度和深度拓展，也让更多的人民群众享有公共体育服务。2012年7月，在国务院印发的《国家基本公共服务体系"十二五"规划》（国发〔2012〕29号）中明确指出，要加强基层公共体育设施建设，大力推动公共体育设施向社会开放，健全学校等企事业单位体育设施向公众开放的管理制度。公共体育设施是城乡居民参加体育锻炼的重要载体，在保护群众体育健身权益、满足群众体育健身需求方面起着越来越重要的作用。体育场馆作为公共体育文化设施的主要组成部分之一，服务于广大人民群众。体育场馆不仅是政府提供公共体育服务，构建公共体育服务体系的重要内容，也是发展体育事业和体育产业的重要物质基础和载体。体育场馆资源是体育事业发展的重要物质保障，是体育产业领域中的一个重要组成部分，其发展将直接影响到体育事业的发展前景。加强和完善公共体育设施服务，是各级政府履行公共服务职能的重要内容。

4．研究内容

对我区和广州市部分中小学体育场馆的教学使用和对外开放运营管理现状

进行全面了解，分析中小学体育场馆运营管理中存在的问题，拟制定出一套学校大型体育场馆、中小型体育场馆联动实施的可持续发展策略，针对学校体育场馆使用、运营管理中的不足之处，吸取先进的成功经验，并通过各方面的关注、配合和大力支持，以期对中小学体育场馆提出一套行之有效的管理实施方案，以达到优化中小学体育场馆资源，促使学校体育场馆发展，利于体育教学，调动广大人民群众开展健身活动的积极性，促进公共体育服务事业的发展，进一步加快建设体育强国的步伐。

5. 研究方法

主要采用实地调研和专家访谈法对我区和广州市部分中小学体育场馆的教学使用与对外开放运营管现状的调研工作，同时综合运用文献资料法、问卷调查法、逻辑分析法、专家访谈法、案例分析法、数理统计法等多种方法。

5.1 文献资料法

为确保研究质量，主要通过中国知网网络资源获得了相关论文；通过区和市教育局等部门获得有关体育场馆教学使用及对外开放运营管理资料。

5.2 访谈法

根据访谈提纲，选取我区及广州市相关领导、专家和部分体育场馆管理者作为访谈对象，采取当面交谈、电话访问等方式获取信息，目的是了解区域中小学体育场馆校内教学使用及对外开放的情况、运营机制、管理模式等现状。

5.3 问卷调查法

在收集和分析文献的基础上，结合本研究的研究目的和内容，设计了相关学校教师管理人员的调查问卷进行相关调查研究。一共发放221份问卷，有效回收221份。其中广州市范围内有37份，占比16.74％；广州市范围外广东省范围内73份，占比33.03％；其他省份111份，占比50.23％。

6. 研究结果

6.1 中小学体育场馆设施使用开发与开放运营管理现状分析

6.1.1 调研基本情况分析

从调研对象的基本情况表可以看出，被调研的对象中，学校体育教师有181

人，占比81.9%；学校行政人员有35人，占比15.83%；学校体育场馆管理员5人，占比2.26%。

调研对象的基本情况表

类　别	数　量	占　比
学校体育教师	181	81.90%
学校体教师兼任行政人员	30	13.57%
学校行政人员	5	2.26%
学校体育场馆管理人员	5	2.26%

从调研对象所在学校类别表可以看出，参与调研的教师所在学校类别中，小学有53人，占比23.98%；初中71人，占比32.13%；高中有54人，占比24.43%；完全中学有30人，占比13.57%；职业中学13人，占比5.88%。

调研对象所在学校类别

类　别	数　量	占　比
小　学	53	23.98%
初　中	71	32.13%
高　中	54	24.43%
完全中学	30	13.57%
职业中学	13	5.88%

6.1.2　中小学体育场馆设施基本情况及开发使用现状

基本的田径场、篮排足场地对一个学校来讲是必要的，如果能将这些场地整合开发利用，那么对促进学生健康发展具有重要的作用。从现有场地类别情况表的调研数据可以看出，多数学校都有田径场，仅有个别学校没有田径场，有不到半数学校有标准的400米田径场，其余均为不标准田径场。从室外篮球、足球、排球场地情况表可以看出，有44.34%的调研对象认为室外篮球、足球、排球场地齐全，且数量能够满足全校师生上课和体育活动开展需要；有25.79％的调研对象认为室外篮球、足球、排球场地齐全，但数量不能够满足全校师生上课和体育活动开展需要；有27.60％的调研对象认为室外篮球、足球、排球场地不全，数量不能够满足全校师生上课和体育活动开展需要；有2.26％的调研对象认为没有室外篮球、足球、排球场地，无法开展这些项目教学和体育活动。从室内大型体育场馆情况表可以看出，有综合性多功能室内体育馆，功能区独立且划分明确，能够满足师生包括篮球、排球、乒乓球、羽毛球在内的多项目体育教学和体育活动需要仅占15.84％，52.04％的调研对象反映无室内体育馆，无法开展室内体育教学和体育活动。值得注意的是，田径场数量仍然不够充足，依然有6.33％的调研对象反映没有专用田径场或无田径场，很可能无法满足在校学生的体育课程安排。

现有场地类别情况表

类　别	数　量	占　比
有400米田径场	91	41.18%
有300米或350米田径场	38	17.19%
有200米田径场	78	35.29%
没有专用田径场或无田径场	14	6.33%

室外篮球、足球、排球场地情况表

类　别	数　量	占　比
室外篮球、足球、排球场地齐全，且数量能够满足全校师生上课和体育活动开展需要	98	44.34%
室外篮球、足球、排球场地齐全，但数量不能够满足全校师生上课和体育活动开展需要	57	25.79%
室外篮球、足球、排球场地不全，数量不能够满足全校师生上课和体育活动开展需要	61	27.60%
没有室外篮球、足球、排球场地，无法开展这些项目教学和体育活动	5	2.26%

室内大型体育场馆情况表

类　别	数　量	占　比
有综合性多功能室内体育馆，功能区独立且划分明确，能够满足师生包括篮球、排球、乒乓球、羽毛球在内的多项目体育教学和体育活动需要	35	15.84%
有室内体育馆，功能区不独立，混合使用，基本能够满足师生包括篮球、排球、乒乓球、羽毛球在内的多项目体育教学和体育活动需要	71	32.13%
无室内体育馆，无法开展室内体育教学和体育活动	115	52.04%

　　游泳的健身价值体现在游泳场馆方面。从游泳球场馆情况表中可以看出，有8.60%的调研对象认为有室内游泳馆，是恒温池，能全年开设游泳课和进行游泳训练；有3.17%的调研对象认为有室内游泳馆，无恒温池，能在夏季开设游泳课和进行游泳训练；仅有4.07%的调研对象认为只有室外游泳池，只能在夏季开设游泳课和进行游泳训练；绝大多数调研对象认为无室内外游泳场馆，无法开设游泳课和进行游泳训练；有少数调研对象认为无室内外游泳场馆，但租、借用其他单位游泳场馆开设游泳课和进行游泳训练。

游泳场馆情况表

类　别	数　量	占　比
有室内游泳馆，是恒温池，能全年开设游泳课和进行游泳训练	19	8.60%
有室内游泳馆，无恒温池，能在夏季开设游泳课和进行游泳训练	7	3.17%
只有室外游泳池，只能在夏季开设游泳课和进行游泳训练	9	4.07%
无室内外游泳场馆，无法开设游泳课和进行游泳训练	163	73.76%
无室内外游泳场馆，但租、借用其他单位游泳场馆开设游泳课和进行游泳训练	23	10.41%

从体育场馆的开发情况表中可以看出，具体的场地开发方面，有35.29％的调研对象认为学校场地设施充足，没有自主开发场地设施，其他参与调研对象认为根据教学和比赛项目开发少部分场地设施用于补充使用，也有部分人认为学校场地设施严重充足，需要自主开发场地设施的占比很大。

体育场馆的开发情况表

类　别	数　量	占　比
学校场地设施充足，没有自主开发场地设施	78	35.29％
根据教学和比赛项目开发少部分场地设施用于补充使用	88	39.82％
学校场地设施严重充足，需要自主开发场地设施的占比很大	55	24.89％

从体育场馆建设资金来源情况表可以看出，在体育场馆建设方面，有66.97％人反映全部来自政府投建，也有个别是政府投建为主，部分来自社会捐赠，仅有5.43％的人反映是民办学校自行投入。从学校体育场馆建设自主开发情况表可以看出，学校体育场馆设施建设自主开发部分所占比例约为50％以上的占比18.55％，有38.01％的学校体育场馆设施建设没有自主开发部分。学校体育场馆设施基本满足校内的计划使用，仅有少数认为稍有不足，少量需自行开发解决，或严重不足，急需解决。

体育场馆建设资金来源情况表

类　别	数　量	占　比
全部来自政府投建	148	66.97％
政府投建为主，部分来自社会捐赠	14	6.33％
政府投建为主，部分由学校投入和自行开发	47	21.27％
民办学校自行投入	12	5.43％

学校体育场馆设施建设自主开发情况表

类　别	数　量	占　比
50%以上	41	18.55%
30%左右	26	11.76%
20%左右	27	12.22%
10%以下	43	19.46%
无	84	38.01%

6.1.3　中小学体育场馆设施开放与运营情况分析

中小学体育场馆对外开放从场馆利用效率来讲是有利于资源的利用效率的，从对体育场馆开放所持态度表可以看出，有73.30%的受访者称从主观上是赞同开放。而实际开放情况，从当前体育场馆开放现状表可以看出，有近三分之一的调查对象反映体育场馆设施全部开放或选择部分开放，大多数体育场馆设施够开放条件，但目前还没有实行开放，或者称体育场馆设施现状不够开放条件。有21.72%的受访对象称选择部分开放。有6.79%的受访对象称体育场馆设施够开放条件，但目前还没有实行开放，仅有8.14%的受访对象称完全对外开放；从开放服务对象来讲，从体育场馆服务对象情况表可以看出，38.01%的受访对象称只对本校学生和教职工开放，还有35.29%的受访对象称没有开放。

对体育场馆开放所持态度表

类　别	数　量	占　比
开放	162	73.30%
不开放	59	26.70%

当前体育场馆开放现状表

类　别	数　量	占　比
全部开放	21	9.50%
选择部分开放	48	21.72%
体育场馆设施够开放条件，但目前还没有实行开放	46	20.81%
体育场馆设施现状不够开放条件	106	47.96%

体育场馆服务对象情况表

类　别	数　量	占　比
只对本校学生和教职工开放	84	38.01%
对负责培训学生的体育机构、俱乐部开放	15	6.79%
对有相关联系单位和社会团体开放	26	11.76%
完全对外开放	18	8.14%
没有开放	78	35.29%

　　从影响体育场馆开放的因素表可以看出，调查对象反映影响对外开发运营的主要影响因素是维护、安全责任等问题，占比41.63%；也有部分认为缺少政策支持，占比21.72%；影响本校学生和教职工使用的占比19.46%。另外，也有个别认为会增加学校管理成本、学校所处位置差、收费的管理和使用缺少明确的政策和规定等。

影响体育场馆开放的因素表

类　别	数　量	占　比
缺少政策支持	48	21.72%
影响本校学生和教职工使用	43	19.46%
增加学校管理成本	13	5.88%
维护、安全责任等问题	92	41.63%
地理位置差	9	4.07%
收费的管理和使用缺少明确的政策和规定	16	7.24%

　　从体育场馆对外开放的时间表可以看出，主要开放时间集中在周末和寒暑假，由于周末和寒暑假是师生休息日，没有教学任务安排，教师也没有工作任务，对外开放的压力较小，管理对象相对单一，因此，学校体育场馆对外开放的时间全部集中在周末和寒暑假。在周中时间段，面临着学生上下学和教师的教学任务，在对外开放时面临较大的安全风险、责任风险和管理压力，因此，学校在星期一至星期五的教学时间段对外开放上持保守和否定的态度，仅有11.76%的调研对象称在此区间段对外开放。另外，认为每天都可以开放的占比为17.19%。

体育场馆对外开放的时间表

类　别	数　量	占　比
星期一至星期五早5：00-7：00	9	4.07%
星期一至星期五17：00-21：00	17	7.69%
星期六、日和寒暑假全天	157	71.04%
以上都可以开放	38	17.19%

　　对于体育场馆的使用方面，从体育场馆对外开放的价值表可以看出，参与调研者近半数认为主要是方便本校师生和周边群众锻炼所需；有23.53%的调研对象认为有利于宣传学校，使社会各界更好地了解学校；有14.93%的调研对象认为可以提高场馆的利用率；有14.03%的参与调研者认为有一定的经济效益，补充场馆维护等经费问题。

体育场馆对外开放的价值表

类　别	数　量	占　比
可以提高场馆的利用率	33	14.93%
有一定的经济效益，补充场馆维护等经费问题	31	14.03%
有利于宣传学校，使社会各界更好地了解学校	52	23.53%
方便本校师生和周边群众锻炼所需	105	47.51%

在中小学将自身体育场馆资源对外开放后，相关管理方面能不能跟得上是关键，开放前体育场馆的对象是在校师生，主要功能是学生体育教学，在对外开放后，服务对象变得多元，场馆功能也变得多样，管理人员的重要性开始显现。在场馆清洁维护方面，从体育场馆日常的清洁维护情况表可以看出，有52.04％的参与调研者回答主要是学校安排专门的保洁人员清洁维护，有22.17％的参与调研者回答安排年级或班级学生值日清洁维护，有10.41％的参与调研者回答承包商负责清洁维护，也有15.38％的参与调研者回答谁使用谁清洁维护。

体育场馆日常的清洁维护情况表

类　别	数　量	占　比
安排年级或班级学生值日清洁维护	49	22.17％
学校安排专门的保洁人员清洁维护	115	52.04％
承包商负责清洁维护	23	10.41％
谁使用谁清洁维护	34	15.38％

6.2　中小学体育场馆设施使用开发存在的问题与对策

近年来，随着基础教育改革的不断深入，中小学标准化校园建设也加快了速度，其中，中小学校体育场馆设施建设在中小学标准化校园建设中占有很大的比例，每所中小学按学生配比多大面积的体育活动场地，多少个篮球、排球、足球场地，田径场地的规格和建设标准，体育器械投入的数量，有无室内体育场馆等都是中小学标准化校园建设的硬性指标。近几年，各级政府和教育主管部门在中小学体育场馆设施建设上给予了高度重视，投入了大量资金，尽可能地新建一批和完善已有的中小学体育场馆设施，以满足学校体育教学和师生体育活动的需要。但是在中小学体育场馆设施的使用管理是否科学、高效，维护保养是否及时、到位等涉及体育场馆设施使用过程中的问题往往容易被忽视。我们对中小学体育场馆的使用与开发的现状进行了走访调查，结合我们的实践探索，分析中小学体育场馆使用和开发过程中存在的问题，提出相应的可行性建议，以期在达到优化和高效利用中小学体育场馆资源、促进学校体育场馆的发展、调动师生参与体育健身活动的积极性、尽可能地发挥中小学体育场馆的育人健体服务功能等方面提供一定的参考和借鉴。

6.2.1　中小学体育场馆设施不足的问题与建议

问题：目前虽然各级政府和教育主管部门在中小学校体育场馆设施建设方面加大了投入，但是还有部分学校存在体育场馆设施不足的问题，问题主要出现在一些农村偏远中小学、经济欠发达地区的中小学、新成立或建立新校区处于搬迁过程中的中小学，还有一部分是城区中已建成多年，因原有占地面积小，如今又难以扩建的中小学。这些学校的体育场馆，有的是因为资金投入问题不可能马上建成，有的是无场地可扩建，有的是体育场馆正在建设中，在一段时间内还无法投入使用。总之，这些学校的体育场馆设施不足，影响了体育教学和师生体育活动的开展，是急需解决的重要问题。

对策：

（1）因地制宜，自主开发。

将学校实验楼下的架空层装设上单双杠和健身器材，在学生宿舍楼下摆放乒乓球台，在教学楼旁画设羽毛球场地，将篮球架装在学校的围墙上。在田径场地没有建好的情况下，将已经投入使用的近2千米的柏油校道标记上千米数，用于学生跑操锻炼，将学校附近山地、水库自然环境开发成定向越野运动场地，以此来解决体育场馆不足的问题。

（2）精选项目，创新活动。

学校体育场馆不足，除开发学校现有的可利用的场地资源之外，还可以在体育运动项目的开设上下功夫，如选择跳绳、健美操、乒乓球、武术这些占地面积小、对场馆条件要求不高、利用简单设备和器材就能开展体育教学和课外活动的运动项目，同样可以达到学习体育技能，增强体能，有效锻炼、增进健康的体育育人效果。

（3）租借场地，保障教学。

在学校体育场馆不足的情况下，可以向邻近的兄弟学校、业余体校，以及社会体育场馆充足的体育训练机构租借场地使用。比如，我校利用相邻兄弟学校间体育场馆的各自优势不同互换场地，相互合作使用；借用一路之隔的体校足球场和篮球馆用于教学和训练，同时，我们为其培养输送优秀后备人才的方式进行合作互利使用；业余体校和校外体育俱乐部拥有优良的专业羽毛球、乒乓球、击剑场馆和高水平的专业教练员等资源，我们长期委托其在放学后和节假日培养擅长这些运动项目的学生，这样可为学有专长的学生提供优质的训练场馆器材及训练指导。

6.2.2 中小学体育场馆设施闲置的问题与建议

问题：中小学场馆设施闲置的问题也是存在的，主要有学校体育场馆设施按照标准化场馆进行建设或超前投入后，学校的学生人数却不多；学校体育场馆只在特定的体育课和训练时间段使用，其他时间处于闲置状态，利用率不高等。

对策：提升学校体育场馆设施的利用效率，促进学校体育和社会体育事业的发展是目前很多中小学亟待解决的问题。

开发学校体育场馆设施利用效率的做法：

（1）校内科学统筹调配使用。

学校体育场馆设施除体育学教学和体育活动之外，还可用于音乐、舞蹈教学，学校开展的文艺演出活动，各种宣传展览，大型的学生集会、讲座、家长会等活动使用。目前已有一些学校的体育场馆设计成可伸缩的舞台和看台，安装电子屏幕和音响设备，建成多功能体育场馆，方便各种大型活动的使用。就是已建成的单一功能体育场馆也可根据体育教学需要开发多种使用功能，如篮球馆只需在地板上用不同颜色画上不同运动的标志线和采用可移动的网架设备就可以进行羽毛球和排球等教学和比赛使用。

（2）社会性服务使用率有待开发。

没有为社会开放服务是目前多数中小学体育场馆运行中凸显的问题。一方面，目前多数学校的体育场馆设施在学生放学后和节假日都是处于关闭状态，造成资源的严重浪费。另一方面，很多社会群众热爱体育锻炼，却苦于一馆难求。如果能建立良好、规范的学校体育场馆运营管理机制，那么对外开放不但可以将运营收入用于场馆保养和维护，还可以为社会群众提供优质、方便的体育锻炼场所。探索实践对外运营开放是提高中小学体育场馆使用率的有效办法。

6.2.3 中小学体育场馆设施使用时间分配的问题与建议

问题：中小学体育场馆设施用于体育教学和体育活动的使用时间一般都比较集中，造成不用时，体育场馆空无一人；集中使用时，又人满为患，难以协调的局面。

对策：建议采取按运动项目划分场地使用；将室内外体育场地合理搭配使用；各年级体育教学和体育活动错峰轮换使用场地；各年级或男女生开设不同项目分散使用场地等办法来提高学校体育场馆设施的使用率，化解学校体育场馆设施集中使用的矛盾和问题。

6.2.4 中小学体育场馆设施保养维护的问题与建议

问题：中小学体育场馆设施的保养维护往往成为使用过程中被忽视的问题。体育场馆设施经过一段时间的使用，如果保养维护不及时，就必然会出现老化、损坏的现象，不但存在安全隐患和影响正常的教学活动使用，而且等到老化、损坏严重时才进行维修，大大增加了维护成本。

对策：

（1）专人管理维护。

中小学应提高对体育场馆设施保养维护的重视力度，将体育场馆设施的保养维护作为一项长期持续的日常工作来做，除加强体育教师对体育场馆设施的保养维护要求和培训之外，还要有学校领导专门负责，总务处要有负责体育场馆设施保养维护的责任人，安排管理员具体做好体育场馆设施的使用管理、卫生清洁、安全检查等日常工作，建立学校体育场馆设施的使用管理制度、卫生清洁记录、安全检查登记报修制度、体育设施和器材等固定资产明细台账，做到学校体育场馆设施按规章制度管理使用，体育场馆设施的保养维护人人有责任和义务，层层落实，责任和分工明确。

（2）建立学生保养制度。

在校的学生是学校体育场馆设施的主要使用者，也是最大的受益者。因此，学生不仅有权力使用学校体育场馆设施，也应有义务做好学校体育场馆设施的保养维护工作。加强学生爱护体育场馆设施的思想教育，树立珍惜良好运动环境的意识；建立学生保养维护责任制，既可每班分配清洁保养任务区，也可建立谁使用谁保养维护的制度，制度落实在平时，甚至落实在每一节课上。比如，我们采取课前学生进入球馆要换鞋，物品摆放要统一整齐，课后5分钟全体劳动清洁恢复原样等多项细节规定，让学生每节课亲自动手做好体育场馆设施的保养工作，切身体会到整洁、干净、安全、放心的良好体育锻炼环境来之不易，珍惜和自觉维护保养体育场馆设施。

（3）外包社会机构管理。

对于游泳馆馆等一些保养维护复杂、专业性强、难度大、成本高的学校体育场馆，既可以探索建立通过政府购买服务和委托第三方专业组织对学校体育场馆设施实施管理的模式，也可以将学校体育场馆的对外开放运营、对外开放培训、对校内学生的教学与训练、保养维护等项目全部采取对外招标管理的运营模式，打包交给有丰富管理经验和较高资质的校外体育俱乐部或专业体育机构管理和运营。学校与社会机构合作管理体育场馆设施，可以减轻学校的压力，使管理和服务更加专业化，但校方一定要注意抓好监督检查和指导工作。

近年来，中小学体育场馆设施建设日新月异，发展迅速，学校在开发和使用过程中难免会遇到一些困难和问题，只要我们多学习借鉴、立足服务、拓宽思路、多方整合和利用资源、细化管理，就能在不断的实践和探索中完善和创新中小学体育场馆设施开发和使用的新机制和新模式，为推动校内外体育健康事业、提高全民身体素质和健康水平做出积极贡献。

6.3　中小学体育场地器材开发应用的探索与实践

高效利用和创新开发体育场地器材是中小学开展好体育教学和体育活动的重要保障。如果中小学能结合学校体育工作的实际对体育场地器材进行科学合理的开发应用，那么不仅能够解决学生体育锻炼的需要，还能节省大量的经费，对提升学生体育核心素养、促进学生全面发展将起到事半功倍的作用。中小学体育场地器材的开发应用对学校体育工作的有效开展有着重要的现实意义。

6.3.1 中小学体育场地器材应用与开发亟待解决的问题

（1）标准化场地器材并不完全适用于中小学生。

当前，在中小学校园里几乎是清一色的标准化场地器材。标准化场地器材的规范建设，可谓是有喜有忧。

喜的是，学校体育教育越来越得到重视，高质量、高标准的标准化体育场地建设和器材投入，对学校体育教育的发展、学生体质健康的提高都有着积极的作用。

忧的是，一方面，学校配套的标准化场地器材基本都是统一规格或以成年人使用的标准进行设置的。比如，标准化的篮球、排球、铅球等场地器材对小学生来讲，用起来并不合适，成人使用的场地器材也不适合正处于生长发育期的儿童和青少年使用。另一方面，一些标准化的场地器材并不适应"以生为本"的新课程改革的要求，有时还造成资源的浪费。

（2）有限的空间限制了体育场地建设和器材开发。

随着社会经济的不断发展，土地成为非常稀缺的资源，一些城区原有的中小学校，多数建在人口稠密的居民区，随着生源数量的不断增长，学校的发展不可避免挤占体育场地的空间。笔者在一些学校发现，为了在统计数据上达到规范办学要求，一块篮球场上不仅有排球场，还有羽毛球场，这样在数量上是达标了，但在实际应用中根本不够学生使用。

（3）经费不足限制了体育场地器材的开发使用。

学校体育场地设施的维护、管理和消耗是一笔不小的开支，有些学校虽然建有体育馆，但因管理经费不足，不能坚持长期开放使用。还有一些学校虽然配置了先进的体育设施和器材，但是由于人员经费不足，体育场地、设施和器材疏于管理，利用率较低。

6.3.2 中小学体育场地器材开发应用的探索与实践

（1）根据学生的实际情况灵活开发应用体育场地器材。

主要是根据中小学生的年龄特点，可将部分场地器材按照比例进行缩小或降低难度设计，进行合理化、区别化开发。比如，篮球架和排球网的高度可以根据中小学生的身高情况适当降低，这样对于身高较低的中小学生，特别是小学生参与体育活动有利；在低年级的足球教学和比赛中，可将标准的足球换成小足球，足球场地也可使用小场地，这样更有利于组织开展低年级小同学的足球教学和比赛。投掷项目的学练中，有些学生力量不足，可将实心球的内芯换成海绵，减轻实心球质量，对初学者和力量弱的学生提高出手速度、规范技术动作的练习效果也十分明显；初、高中学校也可适当投建一部分非标准的场地器材供女生体育锻炼和活动使用。通过改造和降低部分场地器材的规格，能使不同年龄段、不同运动水平、不同性别的学生更好地参与体育学习和锻炼，最大限度地提高体育教学和体育活动的质量。

（2）根据学校条件因地制宜地开发应用场地器材。

一是根据中小学现有的场地器材进行开发。例如，可以采用现有的不同高度的跳箱用于不同弹跳能力的学生进行跳深练习；根据羽毛球和乒乓球活动空间要求不大且都是隔网运动，对抗性、风险性较低的特点，在校园内平整避风的区域划分出羽毛球或乒乓球活动场地用于学生锻炼健身活动；在中小学课外训练中，可以将学校的斜坡道路开发为跑、跳、投的特殊训练场地，也可将台阶、楼梯用于跑、跳练习场地。这些因地制宜、富有创造性的做法都可以有效缓解学校体育场地不足的问题。

二是根据体育教学活动开展的需要进行开发。根据实心球的投掷特点，利用学校斜坡加一个阻挡板的设计，练习者由下向上坡投掷，这样的训练场地相对封闭，安全性高，还可以利用斜坡让投掷出去的实心球自动滚回，节省了捡球的时间；进行定向越野训练，可利用学校的楼房、绿化带，校道等有不同特点的地方作为打卡处来训练专项能力，发挥学校现有的资源为体育教学服务，可大大提高体育教学和活动效果。

三是结合本土资源开发相关体育场地器材。例如，南方地区有醒狮、赛龙舟的习俗，学校可以与民间团体合作，借助民间的场地器材，将民间传统项目与学校体育活动相互融合开展；北方学校可以利用自然山地、湖泊加以开发改造，用于冬季滑冰、滑雪等项目的运动场地。根根区域特点，创新使用和开发体育场地器材，能够更好地开展民族、民间传统体育项目和具有地域特点的体育活动。

6.3.3　根据学校开展的体育教学项目创新开发应用场地器材

中小学普遍开设的运动项目多数为"三大球"、田径等常见项目，可以根据这些运动项目的学练特点进行开发适用的场地器材。比如，排球教学中，既可以找一块平整的墙壁，设计一个排球墙进行传垫球练习，也可以根据发球和扣球的特点将封闭的房屋中间用网隔开，开发改造成专门练习扣发球的场地，还可以用弹力网将排球吊在一定的高度，用于初学者扣球的强化练习效果也很好。进行篮球投篮练习，可在篮球场的周围多装一些篮筐作为投篮练习用，保证学生在体育课上的练习密度和效果；进行平衡能力的练习，可将学校的路沿、长凳作为练习的场地器材；进行力量练习，可将废旧的轮胎和防洪沙包采用拖、扛的方式进行各种力量练习。改造创新学校常规体育项目的场地器材，可以更好地普及这些运动项目，使教学和活动提质增效。

6.3.4　中小学体育场地器材开发应用应遵循的原则

（1）安全性原则。

师生安全高于一切，中小学体育场地器材的开发应用必须遵循安全第一的原则。结合中小学生的年龄、性别、运动能力等各种情况，灵活采用不同规格的场地器材；开发改造的场地器材必须保证质量；开发的场地器材要经过反复论证和实验，确保安全才能投入使用。

（2）科学性原则。

学校场地器材的改进和开发，要符合运动项目要求，要结合力学原理、人体运动规律、人体生理结构的特点进行科学设计，方便使用。

（3）有效性原则。

学校体育场地器材的开发应用，要以提高体育教学和体育活动质量、促进学生身体健康为目标，体育器材的改进发明要以突出实用价值为出发点，不能为了开发场地而开发体育场地器材。

6.3.5 中小学体育场地器材开发应用展望

中小学体育场地器材开发应用空间大、效益高，前景广阔。一方面，传统体育项目的场地器材亟须改造创新，提高应用效益；另一方面，新时代下特色体育项目、新兴体育项目蓬勃发展，急需配套场地器材的开发升级。因此，中小学体育场地器材的开发应用需要得到各级领导的重视，需要师生的积极创新实践。广大体育教师和学生是体育场地器材使用和开发的主体，要通过制定合理的激励措施，有效激发师生进行场地器材开发应用的内在动力，要通过专业的技术指导和理论学习，提高体育教师在体育场地器材开发应用方面的能力。中小学体育场地器材的有效开发应用，能使更多的体育项目得以更好地在中小学校园开展，更加全面地促进中小学生的发展。

6.4 以秀全中学为例的中小学体育场馆设施使用开发与开放运营管理实践探索

近两年，秀全中学搬迁到新校区，由于体育场地、场馆仍处于施工和未完善状态，体育器材设施没有及时到位，给体育社团活动开展带来了困难，学校领导、社联负责人和体育老师多次讨论研究和反复论证，决定因地制宜、克服不利因素，创造条件开展好体育社团活动，如利用新校区处在郊区山林湖泊间的地理优势，开辟定向越野训练场地，组建定向越野社团，利用自然环境和地理条件开展定向越野活动，吸引了大批热爱定向运动的同学加入，在短时间内打造成省内一流的定向越野赛场和高水平的定向越野社团，成功承办了"2018年广东省中、小学生定向运动联赛（总决赛）"，比赛中我校定向越野社团队员与来自杀入总决赛的全省22支精英代表队、300多名优秀参赛运动员同场竞技，获得2项团体冠军；跳绳运动不受场地器材的局限，有很高的健身价值，社联与体育教研组联合组织成立了跳绳社团，将学校广场、宿舍活动区等可利用的场地提供给跳绳社团开展活动，多点多场地、利用课余时间开展的跳绳运动很快风靡全校，在跳绳社团的带动下，学校形成了人人爱跳绳、月月有班赛、学期有级赛和校赛等一系列跳绳活动；社联还利用图书馆的大厅开展健美操社团活动；开发实验楼的架空层开展街舞社团活动；将乒乓球台摆放在宿舍架空层，将宿舍空地划成羽毛球运动区，这些都方便学生在宿舍区内就近参加体育社团活动；将学校广场和田径场等较大的空地开发成航模社团的飞行器试验场地等。将现有可利用的场地设施合理加以改造开发，克服场地设施不足、不齐的困难，为学生参与体育社团活动创造条件，方便学生随时随地就可参与自己喜爱的体育社团活动，经济实效，节约了时间、人力、物力成本，使高中生的体育锻炼从课内延伸到课外，形成了高中生体育运动锻炼不拘于形式，就在学生身边，随处可见，吸引大批学生零距离、无门槛地加入体育社团活动的局面，为培养学生兴趣爱好、养成终身体育锻炼习惯提供了条件和保障。

7. 中小学体育场馆设施开放运营管理研究

学校体育是学校教育的重要组成部分，中小学体育场馆设施是提高学校体育教学质量、促进学生身心健康发展的有力物质保障。近几年来，随着社会经济的发展和教育事业的进步，中小学校的体育教育发展水平日益受到关注，国家在学校体育场馆建设、器材设施、师资队伍建设等方面都投入了大量的人力、物力和财力，使学校体育教育的各种条件得到了极大的改善与提高。然而，通过调研发现，一方面，由于学校封闭式管理模式的限制，以及基础教育课程设置、学制安排的特殊性，中小学校的体育设施等资源在周末及寒暑假期间基本处于闲置状态，这种闲置性的浪费现象表明学校体育资源并没有实现效用的最大化。另一方面，学校体育也是我国体育事业的重要组成部分，同样肩负着提高民族素质、实现全民健身战略的重要任务。政府通过"全民健身计划"（"Fitness plan"）的实施，以改善群众体育健身条件为目的的同时加大了对社区全民健身设施的投建，对提高劳动者的全面素质，建立科学、文明、健康的生活方式，促进竞技体育与群众体育的协调发展产生了积极影响，也为学校体育提供了发展的契机。但是，无论从总量还是人均设施占有率来看，社区全民健身资源仍然未能满足群众健身的多元化需求。这种社区群众健身设施"不足"而学校体育资源"闲置"浪费的结构性矛盾日益凸显，在资源有限的条件下，应该对中小学体育场馆设施资源进行重新整合，以全面提升当前中小学校体育设施的利用效率。有效地推动中小学打开封闭的大门，通过对学校体育场馆设施和资源的合理开发和科学化的管理实现在校园和社区之间架起资源桥梁，发挥资源共享的作用，全面统筹、挖掘学校和社区各自的优势，从而实现二者的资源互补。

7.1 需要坚实的理论基础为其提供政策思路和应用启示

从所有权来说，学校体育设施具有公共产品的属性，社会大众拥有享受公共产品的权力，因此，公共产品理论是学校体育设施对外开放的理论基础之一；从目标来说，全民健身运动以实现人的生命价值最大化为其价值趋向，社区健身资源是实现此目标的物质保障，因此，生命价值理论是全民健身决策的理论基础之一；从效率来说，学校体育设施向社会开放能够实现双方效率的最大化，因此，帕累托最优理论是分析提升效率空间的理论依据；这些理论共同为分析学校体育设施与全民健身资源优势互补提供了理论支撑。基于这些理论的现实探索在一些发达国家已经初见成效，发达国家配备齐全的全民体育设施，以及学校开放、有序的管理体制也引发了我们更深远的思考。

7.2 从实践操作中分析总结选择适合的开放模式

国外的经验毕竟只能从一定程度上给我们提供借鉴，对我国的现状来说，理论分析只能为实践提供一个理想状态的假设，基于我国国情而操作的现实案例才能够为学校与社会形成良性互动提供强有力的可行性依据。

我们在课题研究中通过亲身实地调研，发现目前在学校体育场馆设施开放模式主要有以下三种：

7.2.1 学校管理模式

对外开放的管理全部由学校运行和管理，优点是学校可以全面掌握对外开放过程中的每个运行环节，及时处理开放中出现的问题和灵活开展开放的形式等；困难是需要学校有充足的人力和经济实力支持开放的管理和运行。

7.2.2 合作管理模式

开放的管理由学校和社区、体育主管部门、社会团体、专业机构合作管理。优点是减轻学校管理成本、人力、物力等方面的压力，各司其职，专业人做专业事，提高开放和管理的效率。困难是分工与相互间的协调需要制度化和依法制定合同和管理协议等，双方或多方权利和义务的履行需要找到平衡点，并得到有效落实。重庆市北碚职教中心项目采用"建设—经营—转让"（build-operate-transfer， BOT）的合作模式通过契约授予私营企业一定期限的特许专营权，学校通过转变体育设施管理模式，引入第三方参与管理体育资源，为学校和社会搭建桥梁，从而实现学校与社会体育资源相互补充。这种校企合作的方式实现了"学校—企业—社会"的"三赢"，第三方，即企业租用学校场地修建体育场馆，提供体育设施和设备，并充分运用周边资源，吸引在校学生及附近社区居民参与锻炼身体，既保证了企业现金流，又有助于全民健身事业的发展，同时降低了学校自主开放和管理体育设施的风险成本。许可其融资建设和经营特定的公用基础设施，并准许其通过向用户收取费用或出售产品以清偿贷款，回收投资并赚取利润；特许权期限届满时，该基础设施无偿移交给学校。

7.2.3 外包管理模式

对外开放的管理全部由社区、体育主管部门、社会团体、专业机构管理，校方只负责相关的监督和指导工作。优点是管理和开放相对更加专业化，场馆的运行使用更加高效，节约了学校的人力、物力等管理成本。困难是在弱化学校主体管理的情况下，开放运行容易出现失控状态，如出现过度利益化的违背开放初衷现象。

7.3 开放对象

7.3.1 节假日对本校学生开放

在放学后和节假日对本校学生开放，这种开放形式较为局限，但易于管理。

7.3.2 对校内外青少年学生开放

对特定年龄段学生开放，开放范围稍大，运动项目和开放场地集中便于管理，但没有达到体育场馆设施使用效率最大化。

7.3.3 对相关友好单位开放

对周边友好机关、企事业单位体育活动开放，开放对象、开放场地、开放

时间相对固定，相互了解，一般是集体预定，便于管理。

7.3.4　对社会全面开放

情况较为复杂，目前学校对社会全面开放不积极，主要是难于管理，缺少政策和具体操作成面的支持。开放的权利和义务缺少具体实施制度，在实行对社会全面开放的管理制度和操作进程上都需要加大推进和实施力度。

7.4　亟待解决的矛盾和问题

要真正实现中小学校体育场馆设施与全民健身资源优势互补在现实中还存在一些矛盾和问题，在问卷调查的结果中可以看到，全面开放的中小学不足10%，部分开放的中小学在20%左右。

影响中小学校体育场馆设施开放的因素如下：

（1）缺乏统一有效的管理制度，政策执行力度有待加强；

（2）缺乏专业人员管理。

（3）学校体育设施与全民健身设施的使用功能存在差异。

（4）设施投入主体的差异导致资源使用存在矛盾。

（5）学校正常教学秩序与安全保障存在隐患。

（6）开放经营的支出与收费如何规范，缺少政策和具体操作的落实。

7.5　对中小学体育设施对外开放的现状及现阶段所存在的问题提出的建议

（1）重视体育场地管理和体育运动知识复合型人才的培养，提高整个学校体育场地的管理水平和服务水平。

（2）加强有关学校体育场地开放工作的宣传力度，促进更多人来参与锻炼。

（3）根据学校的实际情况，深入了解入校锻炼人群的锻炼习惯，选择开放形式、开放项目、开放时间及收费标准。

（4）规范开放支出和收费标准，在相关部门的监管下按规定正确、透明支出、收取和使用经费。

（5）重视安全工作。一方面，鼓励学校与各相关教育和体育部门以及各社区配合制定一套科学的安全保卫工作机制，聘请第三方负责开放和安全管理工作。另一方面，鼓励锻炼人群购买运动保险，政府部门也要为相关学校购买专门的责任保险。

（6）充分发挥当地政府的主导作用，统筹兼顾将相关学校以及社区管理委员会包括周围居民一起共同研究制定学校体育场馆开放工作规划或实施方案，并抓紧落实。

解决这些问题不仅需要学校、社会双方的协调与配合，更需要为公共产品承担主要职责的政府通过完善相关法律法规、切实加强宣传力度、提高认识以转变观念、积极拓宽融资渠道、推动规范化管理为其提供政策支持。此外，进一步构建涵盖目标机制、执行机制、调控机制、保障机制和协调机制等具体运行模式机制建设来推动中小学体育场馆设施的开放进程。

8. 研究结论及建议

8.1 研究结论

（1）虽然各级政府和教育主管部门在中小学校体育场馆设施建设方面加大了投入，但还是有部分学校存在体育场馆设施不足的问题，问题主要出现在一些农村偏远中小学、经济欠发达地区的中小学、新成立或建立新校区处于搬迁过程中的中小学，还有一部分是城区中已建成多年、原有占地面积小、难以扩建的中小学。

（2）中小学场馆设施闲置的问题也是存在的，主要有学校体育场馆设施按照标准化场馆进行建设或超前投入后，学校的学生人数却不多；学校体育场馆只在特定的体育课和训练时间段使用，其他时间处于闲置状态，利用率不高等情况。中小学体育场馆设施用于体育教学和体育活动的使用时间一般都比较集中，造成不用时，体育场馆空无一人；集中使用时，又人满为患，难以协调的局面。

（3）中小学体育场馆设施的保养维护往往成为使用过程中被忽视的问题，体育场馆设施经过一段时间的使用，如果保养维护不及时，就必然会出现老化、损坏的现象，不但存在安全隐患和影响正常的教学活动使用，而且等到老化、损坏严重时才进行维修，大大增加了维护成本。

（4）中小学体育场地器材应用与开发存在标准化场地器材并不完全适用于

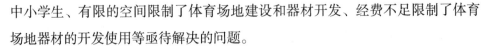

中小学生、有限的空间限制了体育场地建设和器材开发、经费不足限制了体育场地器材的开发使用等亟待解决的问题。

8.2 研究建议

（1）针对部分学校存在体育场馆设施不足的问题，一是因地制宜，自主开发；二是精选项目，创新活动；三是租借场地，保障教学。

（2）提升学校体育场馆设施的利用效率，开发学校体育场馆设施利用效率。一方面，可以校内科学统筹调配使用各类场馆；另一方面，增加社会性服务使用率，建立良好，规范的学校体育场馆运营管理机制，对外开放，提高中小学体育场馆使用率。

（3）中小学体育场馆设施的保养维护要多学习借鉴、立足服务、拓宽思路、多方整合和利用资源、细化管理，创新中小学体育场馆设施开发和使用的新机制，设置专人管理维护，配套建立学生保养制度，探索外包社会机构管理。

（4）中小学体育场地器材的开发应用需要得到各级领导的重视，需要师生的积极创新实践。广大体育教师和学生是体育场地器材使用和开发的主体，要通过制定合理的激励措施，有效激发师生进行场地器材开发应用的内在动力，要通过专业的技术指导和理论学习，提高体育教师在体育场地器材开发应用方面的能力。中小学体育场地器材的有效开发应用能使更多的体育项目得以更好地在校园开展，更加全面地促进中小学生的发展。

9. 深化研究设想

9.1 存在的主要问题

（1）该研究虽然对国内上百所学校进行了专项调研，也发现了一些明显问题，但是相对于全国数以万计的中小学来讲，样本量还偏少，数量研究还存在局限性。

（2）体育场馆的开发方面有较多的尝试，也取得了一定的成果，但是该领域的探索还不够深入，也是今后再深化研究的方向。

（3）在体育场馆开放管理方面还存在较少的探索，该领域的相关研究还需进一步加强。

9.2　今后深化研究设想

（1）从管理学角度继续深入开展体育场馆开放管理方面的理论与实践研究，进一步完善和丰满相关该领域的研究。

（2）切实利用好体育场馆开发的成果经验，并尝试在区域内推广，扩大研究影响力。

参考文献：

［1］陈鑫. 21 世纪初我国体育场馆设施及其经营管理的探索［J］. 西安体育学院学报，2002.

［2］李伟民. 体育营销导论［M］. 北京：龙门书局，1995.

［3］张仁寿，丁小伦. 国外大型体育场馆的运营模式与经验借鉴［J］. 广州经济，2006，11：21 –23.

［4］黄卓，周突芳. 西方国家体育场馆公共服务市场化研究［J］. 西安体育学院学报，2008，25（4）：31–35.

［5］张健，张建华，王琳. 高校体育场馆经营管理现状及对策［J］. 河北体育学院学报，2013，5.

［6］周伟峰，胡依琴. 浅谈体育场馆的变化与发展［J］. 四川体育科学，2006，2：132–134.

［7］黄睿. 建设低碳型体育场馆的研究［J］. 广州体育学院学报，2011，31（6）：53–56.

［8］张大春. 建设高科技低成本体育场馆之研究［J］. 体育产业，2011，19：147–148.

［9］崔亚平. 全运会体育场馆建设与赛后利用研究［J］. 沈阳体育学院学报，2012，5.

［10］屠力. 中小学体育设施对外开放的现状分析与对策思考——以杭州市为例［J］. 教学月刊小学版（综合），2016（04）：48–50.

［11］孙培初. 我区中小学体育场馆节假日向社区开放的现状与对策［J］. 上海体育学院学报，1999（S1）.

［12］苏连勇，大桥美胜．日本社会体育场地设施概述［J］．天津体育学院学报，1994（02）．

［13］骆映．论学校体育资源的社会共享［J］．北京体育大学学报，2007．

［14］于卓．我国中小学体育场馆开放中存在的问题及对策研究［J］．哈尔滨体育学院学报．2008（26）

三、科研课题验收申请书

立项编号	
收件日期	年 月 日

广州市教育局资助科研项目

验 收 申 请 书

课题类别：专项课题

课题名称：中小学体育场馆设施使用开发与开放运营管理策略研究

承担人及职称：黄显良　中学高级教师

申请验收单位：广州市花都区秀全中学

通信地址：广州市花都区花城街东边村溶华街1号秀全中学新校区

联系电话：

E-mail地址：

申请结题日期：　年　月

广州市教育局科研处

二〇一四年九月修订

声　明

本申请验收的研究成果不存在知识产权争议；广州市教育局享有宣传介绍、推广应用本成果的权力，但保留作者的署名权。特此声明。

项目负责人（签章）
年　月　日

填 表 说 明

一、本表适用于市教育局资助课题验收申请。

二、按照有关规定认真如实地填写表内栏目。无内容填写的栏目可空白；所填栏目不够用时可加附页；凡选择性栏目请在选项上画"√"。

三、"主题词"栏需填写反映成果内容的4个以内关键词；"最终成果简介"的写法和要求见申请书内该栏目的"主要内容与要求提示"。

四、《验收申请书》一律要求用A4纸打印填报，于左侧装订（一式1份），由所在单位和主管部门签署意后报市教育局科研处。

广州市教育局资助课题验收简表

批准号		验收成果名称	中小学体育场馆设施使用开发与开放运营管理策略研究		
主题词	中小学	体育场馆设施	使用开发		开放运营
预期成果形式	论文2篇		最终成果形式		论文3篇
所在单位	广州市花都区秀全中学		主要协作单位		
计划完成时间	2020年12月	实际完成时间	2020年11月	申请鉴定时间	2020年11月

研究经费	资助总额		研究期限	计划完成年月	2020年12月
	实际支出金额			实际完成年月	2020年11月

完成论著（篇、册）	期刊发表	其中SSCI或CSSCI收录期刊	其中北大中文核心期刊	转摘、引用情况	专著出版	编著出版
	3					
研究成果（项）	发明专利			已推广		
学术奖励（项）	国家级		省部级	厅局级		
结项种类	A.正常 B.提前 C.延期 D.免于验收 E.申请中止或撤销					

项目负责人及课题组主要成员简况

项目负责人	姓名	黄显良	性别	男	民族	汉	出生年月	1973年6月
	所在单位	广州市花都区秀全中学	行政职务		无		技术职称	中学高级教师
	研究专长	中小学体育教学	学历		本科	学位		学士
	通信地址	广州市花都区花城街东边村溶华街1号秀全中学新校区			邮政编码			510800
	联系电话		手机		E-mail			

研究工作总结

一、项目预期研究计划的执行情况

课题按照计划开展研究工作，近2年来各项研究工作分阶段开展情况分别如下：

第一阶段（2018.4—2018.12）　课题启动阶段

本阶段主要应用文献法查阅相关资料，确定研究对象和总体框架，探讨研究方法，制定研究方案，并分配小组内各成员的学习和研究任务。

第二阶段（2019.2—2020.3）　课题实施阶段

本阶段主要进行调查研究，开展专家访谈，形成调研成果，初步分析存在问题及原因，实践应用和改进，撰写论文发表。

第三阶段（2020.4—2020.9）　总结梳理阶段

对前阶段研究的素材进行系统归纳和分析整理；收集整理材料和数据；课题组整理和提升课题成果，形成研究成果，并初步撰写研究报告。

第四阶段（2020.10—2020.11）　成果验收阶段

撰写出高质量的研究报告等，形成最终研究成果，完善结题材料，迎接课题结题验收。

第五阶段（2020.12—　）　推广成果应用阶段

课题组成员在实验学校不断实践改进成果，并向区、市兄弟学校积极推广应用课题成果。

二、成果内容及方法的创新程度，突出特色和主要建树，并列出具体的内容和必要的数据

1. 成果内容及方法的创新程度

2012 年 7 月，国务院印发《国家基本公共服务体系"十二五"规划》（国发〔2012〕29 号）重点提到了利用一切可利用的资源为全民健身服务；"2030健康中国"的长远规划目标的提出、《全民健身条例》《全民健身计划（2021—2035年）》的颁布实施，都极大地刺激和推动了公众参与体育的热情，也为中小学体育场馆资源的开发利用提出了一个新的主题。加大各级政府履行公共体育服务职能的推动力度，加强基层公共体育设施的建设和利用，大力发挥基层的组织作用，以积极开展基层全民健身活动为重点，将全民健身向广度和深度拓展，让更多的人民群众享有公共体育服务，要加强基层公共体育设施建设，大力推动公共体育设施向社会开放，健全中小学等企事业单位体育设施向公众开放的管理制度。公共体育设施是城乡居民参加体育锻炼的重要载体，在保护群众体育健身权益、满足群众体育健身需求方面起着越来越重要的作用。体育场馆作为公共体育文化设施的主要组成部分之一，服务于广大人民群众。体育场馆不仅是政府提供公共体育服务、构建公共体育服务体系的重要内容，也是发展体育事业和体育产业的重要物质基础和载体。体育场

馆资源是体育事业发展的重要物质保障，是体育产业领域中的重要组成部分，发展好坏将直接影响到体育事业的发展前景。加强和完善公共体育设施服务，是各级政府履行公共服务职能的重要内容。

本课题就是在"2030健康中国"大背景下，对我区和广州市部分中小学体育场馆的教学使用和对外开放运营管理现状进行全面了解，分析中小学体育场馆运营管理中存在的问题，拟制定出一套学校大型体育场馆、中小型体育场馆联动实施的可持续发展策略，针对学校体育场馆使用、运营管理中的不足之处吸取先进的成功经验，并通过各方面的关注、配合和大力支持，以期对中小学学体育场馆提出一套行之有效的管理实施方案，以达到优化中小学体育场馆资源，促使学校体育场馆的发展，利于体育教学，调动广大人民群众开展健身活动的积极性，促进公共体育服务事业的发展，进一步加快建设体育强国的步伐的目标。

2. 突出特色和主要建树，并列出具体的内容和必要的数据

（1）突出特色和主要研究成果

①为中小学现有的体育场馆设施的利用率提高问题提供可行性策略。

②为中小学体育场馆设施不足的问题创造条件开发体育活动场地设施。

③为中小学体育场馆设施的维护保养提供多种可行性渠道和方法。

④为中小学体育场馆设施的对外开放和管理提供可行性策略和建议。

（2）具体的内容和必要的数据

在研究过程中，课题组走访了广州、深圳等20多所中小学，对走访的中小学的体育场馆设施进行了全面的调查了解，又对全国20个省、直辖市和自治区的220所中小学开展了调查问卷调查，均反映出中小学体育场馆设施在使用效能上有待进一步的开发，开放运营尚在起步阶段，有待引导开放运营。

通过研究国内外的体育场馆经营现状，结合广州市中小学体育场馆使用和对外开放经营现状和调查走访的情况，以一些经营比较有特色的学校体育场馆为案例，课题组开展了实践探索，在使用开发和开放运营方面进行了实践和总结，为我区乃至广州市中小学校体育场馆设施的开发和开放提供借鉴和参考。

本课题针对学校体育场馆设施在开发使用和开放运营方面存在的诸多问题进行研究，开发可行性的运营管理策略，在盘活学校体育场馆设施资源，高效利用资源，形成资源共享、服务学校和社会，推动学校体育健康事业，促进体育健康产业发展等方面都具有重要的意义；在国家级学校体育期刊发表研究成果论文3篇，为全国中小学和教育主管部门的提供了借鉴和参考。

项目负责人（签章）

年　月　日

课题实际研究人员名单（按贡献大小排列）							
序号	姓名	年龄	职务、职称	从事专业	工 作 单 位	承 担 任 务	签字
1	主持人		教师、高级	体育教学	广州市花都区☆☆☆中学	负责人，主持课题的全面研究、提炼成果、论文撰写	
2	成员A		教师、高级	体育教学	广州市花都区☆☆☆中学	组织研究开展和计划制定	
3	成员B		教师、中级	体育教学	广州市花都区☆☆☆中学	协调联系走访调研和实验实施	
4	成员C		教师、中级	体育教学	广州市花都区☆☆☆中学	资料的收集整理、论文撰写	
5	成员D		教师、中级	体育教学	广州市花都区☆☆☆中学	实验教师、数理统计	
6	成员E		教师、中级	体育教学	广州市花都区☆☆☆中学	材料、经费管理、走访调研	
7	成员F		教师、中级	体育教学	广州市花都区☆☆☆中学	经费管理、走访调研、实验实施	
8	成员G		教师、中级	体育教学	广州市花都区☆☆☆中学	走访调研、实验实施	
9	成员H		教师、初级	体育教学	广州市花都区☆☆☆中学	调查方案设计、数据统计	

		课题成果目录		
序号	主要作者	成果名称	成果形式	论文：刊物名称，时间，卷（期），起止页码，公开刊号，是否为SSCI或CSSCI收录期刊、北大中文核心期刊；著作、工具书：时间，出版社，社址，书号和中国版本图书馆CIP数据核字等；报告及其他形式成果：使用单位，使用时间，使用情况介绍
1	主持人	《深挖潜助力社团成长，广共建促进活动开展——广州市花都区秀全中学体育社团活动的资源开发与利用》	1	《深挖潜助力社团成长，广共建促进活动开展——广州市花都区秀全中学体育社团活动的资源开发与利用》发表在教育部主管《中国学校体育》2019年第7期87页—88页，刊号ISSN1004-7662，CN11-2999/G8
2	主持人、成员C	《中小学体育场馆设施使用开发存在的问题与建议》	1	《中小学体育场馆设施使用开发存在的问题与建议》发表在北京市教育委员会主管《体育教学》2020年第1期80页—81页，刊号ISSN1005-2410，CN11-3145/G8
3	成员C、主持人	《中小学体育场地器材开发应用的探索与实践》	1	《中小学体育场地器材开发应用的探索与实践》发表在国家体育总局主管《田径》2020年第1期50页—52页，刊号ISSN1000-3509，CN11-1287/G8
4	主持人、成员C、成员B	《中小学体育场馆设施使用开发与开放运营管理策略研究》	8	使用单位：广州市花都区☆☆☆中学、广州市花都区☆☆☆学校、广州市花都区☆☆☆中学。使用时间2020年10月，使用情况，改进田径场设施，提高适用性；开发定向越野、乒乓球等场地提供教学和方便体育锻炼使用

成果形式填写代码：1. 专著　2. 编著　3. 工具书　4. 古籍整理著作　5. 译著　6. 论文　7. 调查报告或咨询报告　8. 研究报告　9. 其他形式成果

项目最终成果简介

1. 研究的目的和意义

中小学体育场馆设施的教学使用与对外开放运营管理问题是一个普遍性难于协调的问题，也是当前中小学校体育场馆发展中的难题。广州市中小学校体育场馆在全国来讲总量不少，教学使用只是在特定的时间内，利用率不高，特别是社会性服务利用率更是有待开发，这是目前广州市学校体育场馆发展中凸显的问题。改善中小学体育场馆教学使用与运营管理中存在的问题，提升学校体育场馆的利用效率，从而促进学校体育和社会体育事业的发展是目前亟待解决的问题。本课题研究，首先，对我区和广州市部分中小学体育场馆的教学使用与对外运营管理现状进行了全面了解，分析中小学体育场馆使用和运营管理中存在的问题，拟制定出一套中小学大型体育场馆、中小型体育场馆联动实施的可持续发展策略；其次，通过学习国内外先进的中小学体育场馆管理和运营经验，借鉴学习其理念和做法，为我们中小学体育场馆教学使用与对外运营管理现状及对策研究提供参考依据。再次，针对中小学体育场馆使用和管理中的不足之处，吸取先进的成功经验，在实验尝试开发中寻求解策略，并通过各方面的关注、配合和大力支持，以期对我区甚至广州市中小学体育场馆提出可行的开发和管理策略，以达到优化和高效利用中小学体育场馆资源，促使学校体育场馆的发展，调动学校体育的发展和群众开展健身活动的积极性，促进学校体育与公共体育服务事业的协调发展，进一步加快建设体育强国的步伐。因此，本课题研究具有较强的理论意义和现实价值。

2. 研究成果的主要内容和重要观点或对策建议

（1）研究成果的主要内容和重要观点

党的十九大报告中指出："扎实推进社会主义文化强国建设，广泛开展全民健身运动，促进群众体育和竞技体育全面发展。"这是把体育作为全面建成小康社会中的重要内容，这说明体育在保障和改善民生中的作用更加凸显，在构建和谐社会中的作用更加独特，对促进人的全面发展和社会进步具有重大贡献。在新的历史起点上，全面、完整、准确地理解体育在全面建设小康社会的地位和作用，是充分发挥体育的价值和功能的重要前提。《全民健身条例》和《全民健身计划（2021—2025年）》的颁布实施极大地刺激了公众参与体育的热情，也为体育场馆资源的开发利用提出了一个新的主题。加大各级政府认真履行公共体育服务职能的推动力度，加强基层公共体育设施的建设和利用，大力发挥基层的组织作用，以积极开展基层全民健身活动为重点，将全民健身向广度和深度拓展，也让更多的人民群众享有公共体育服务。2012年7月，在国务院印发的《国家基本公共服务体系"十二五"规划》（国发〔2012〕29号）中明确指出，要加强基层公共体育设施建设，大力推动公共体育设施向社会开放，健全学校等企事业单位体育设施向公众开放的管理制度。公共体育设施是城乡居民参加体育锻炼的重要载体，在保护群众体育健身权益、满足群众体育健身需求方面起着越来越重要的作用。体育场馆作为公共体育文化设施的主要组成部分之一，服务于广大人民群众。体育场馆不仅是政府提供公共体育服务，构建公共体育服务体系的重要内容，也是发展体育事业和体育产业的重要物质基础和载体。体育场馆资源是体育事业发展的重要物质保障，是体育产业领域中的一个重要组成部分，发展好坏将直接影响到体育事业的发展前景。加强和完善公共体育设施服务是各级政府履行公共服务职能的重要内容。

（2）形成对策和建议

①为中小学现有的体育场馆设施的利用率提高问题提供可行性策略。

②为中小学体育场馆设施不足的问题创造条件开发体育活动场地设施。

③为中小学体育场馆设施的维护保养提供多种可行性渠道和方法。

④为中小学体育场馆设施的对外开放和管理提供可行性策略和建议。

通过研究国内外的体育场馆经营现状，结合广州市中小学体育场馆使用和对外开放经营现状，以一些经营比较有特色的学校体育场馆为案例，给我区乃至广州市学校体育场馆的经营提供借鉴和参考。

3. 成果的学术价值、应用价值及社会影响和效益

（1）学术价值

在查阅相关文献资料和调查走访中小学体育场馆的使用开发和开放运营管理现状的基础上分析中小学体育场馆运营管理中存在的问题，制定出一套学校大型体育场馆、中小型体育场馆联动实施的可持续发展策略，针对学校体育场馆使用、运营管理中的不足之处，吸取先进的成功经验，并通过各方面的关注、配合和大力支持，以期对中小学学体育场馆提出一套行之有效的管理实施方案，以达到优化中小学体育场馆资源、促使学校体育场馆的发展、利于体育教学、调动广大人民群众开展健身活动的积极性、促进公共体育服务事业的发展、进一步加快建设体育强国的步伐的目标。

（2）应用价值

本课题研究针对学校体育场馆设施开发使用和开放运营方面存在的问题进行研究可行性的运营管理策略，在盘活学校体育场馆设施资源、高效利用资源、形成资源共享、服务学校和社会、推动学校体育健康事业、促进体育健康产业发展等方面都具有重要的意义；研究方案可行，成果可提供中小学和教育主管部门的借鉴和推广。

（3）社会影响和效益

在查找相关文献资料，对社会大型体育场馆设施的使用开发和开放运营方面的资料较多，但涉及中小学体育场馆设施的使用开发和开放运营方面的研究较少，中小学体育场馆设施的不足和使用效率较低等普遍问题存在，但又长期被忽视而没有得到很好解决的情况下，本课题研究对提高中小学体育场地的使用开发效能效益明显。中小学体育场馆设施的对外开放是一直难于解决的问题，本课题研究提出的方案策略对社会群众体育的开展和校园体育场地的利用和开放管理探索了方向，提供了可行性的实施思路，可提供各方借鉴和参考。

项目负责人（签章）

年　　月　　日

申请免于验收的理由

凡符合市教育局资助科研课题检查、验收办法（试行）第十八条规定者，可申请免于验收。

项目负责人（签章）

年　　月　　日

建议回避鉴定的专家名单

课题组可根据成果研究内容，提出可能影响评价公正性的专家回避验收本成果，但要说明理由；建议回避鉴定的专家不得超过3人。

姓　名	单　位	职　称	建议回避鉴定的理由

项目经费总决算（单位：万元）					
市教育局投入		自 筹		总计支出	
支出及结余明细					
费 用 名 称		支 出	费 用 名 称		支 出

项目负责人（签章）：

年 月 日

单位财务部门意见：

公章　　　负责人（签章）

年 月 日

所在单位审核意见

该课题组参与研究人员政治素质过硬、业务能力强，具备较强的教育科研能力，在学校的大力支持下顺利完成了课题所预设的研究问题，课题组发表相关研究论文3篇，撰写研究报告1篇，成果质量符合科研课题合同书的要求，课题组的研究工作和自我管理符合市教育局资助科研课题管理的有关规定，经费决算同意财务部门意见。

通过单位认真审查，该课题组提交的成果鉴定材料翔实、完整，同意申请结题鉴定。

公章　　　　　负责人（签章）

年　　月　　日

区教育科研管理部门审批意见：

公章　　　　　负责人（签章）

年　　月　　日

市教育研究院审查意见：

公章　　　年　　月　　日

市教育局审批意见：

公章　　　年　　月　　日

四、广州教育科研成果简报

《广州教育科研成果推介简报》

课题名称及编号：中小学体育场馆设施使用开发与开放运营管理策略研究（☆☆☆☆☆☆）

课题类别：广州市教育科学规划☆☆☆年度课题　专项课题

课题主持人：☆☆☆

成果完成单位：广州市花都区秀全中学

研究成果简介：

中小学体育场馆的使用率不高和难于对外开放是当前制约中小学校体育场馆发展中的难题。广州市中小学校体育场馆总量不少，教学使用只是在特定的时间内，利用率有待提高，社会性服务利用率更是有待开发。该课题研究针对改善中小学体育场馆教学使用与开放运营管理中存在的问题，提升学校体育场馆的利用效率，促进学校体育和社会体育协同发展方面进行研究。该课题研究的特色和主要建树：（1）为中小学现有的体育场馆设施的利用率提高提供可行性策略，即统筹调配非体育活动使用、增加对社会开放的服务使用等策略。（2）为中小学体育场馆设施不足创造条件开发体育活动场地设施。针对部分学校因为处于偏远的农村；处于人口密集的城区而无法扩建、在改造改建过程中体育场馆设施的正常使用受到影响等多种体育场馆设施不足情况，提出了以现有场地因地制宜，自主开发；选择对场地设施要求不高的运动项目创新活动；租借场地，保障教学等策略。（3）为中小学体育场馆设施的保养维护提供多种可行性渠道和方法。中小学体育场馆设施的保养维护，直接影响着体育场馆设施的使用率，保养维护不及时就会加速体育场馆设施的损耗，造成了财产损失和浪费。课题研究中经过调查分析给出了专人管理维护、建立学生保养制度、外包专业机构维护等几种可行性的保养维护方案以供参考。（4）为中小学体育场馆设施的对外开放和管理提供可行性策略和建议。中小学体育场馆设施的对外开放和管理是老大难的问题。一方面，广大青少年学生和群众需要体育健身场所进行体育活动和锻炼；另一方面，学校的大量体育场馆设施在节假日闲置。在将两者的需求和利益统一协调起来，形成互惠互利、合作共赢方面，课题研究在三个方面给出了可行性的策略：一是在管理模式上可选择自主管理模式、合作管理模式、外包管理模式。二是在解决开放难的问题方面建议采取学校主动开放、政府政策和资金支持、社区介入配合管理、专业机构融资合作运作、社会团体公益支持、出台开放收费与支出标准和政策等。三是针对不同开放群体的具体操作上可采用节假日对学生免费或优惠开放、对群众办卡开放、对群众网上预约开放、机关、企事业单位和民间团体长期租用开放、专业机构、体育俱乐部培训或专业服务性租用开放等。

主要研究成果：

（1）论文：作者1，《深挖潜助力社团成长，广共建促进活动开展——广州市花都区秀全中学体育社团活动的资源开发与利用》，（中国学校体育，2019年第7期）

（2）论文：作者1、作者2，《中小学体育场馆设施使用开发存在的问题与建议》，（体育教学，2020年第1期）

（3）论文：作者1、作者2，《中小学体育场地器材开发应用的探索与实践》，（田径，2020年第1期）

7. 课题成果佐证材料

目　录

序号	主要作者	成果名称	成果形式	论文：刊物名称，时间，卷（期），起止页码，公开刊号，是否为SSCI或CSSCI收录期刊、北大中文核心期刊；著作、工具书：时间，出版社，社址，书号和中国版本图书馆CIP数据核字等；报告及其他形式成果：使用单位，使用时间，使用情况介绍
1	作者1	《深挖潜助力社团成长，广共建促进活动开展——广州市花都区秀全中学体育社团活动的资源开发与利用》	论文	发表在教育部主管《中国学校体育》2019年第7期87页—88页，刊号ISSN1004-7662，CN11-2999/G8
2	作者1、作者2	《中小学体育场馆设施使用开发存在的问题与建议》	论文	发表在北京市教育委员会主管《体育教学》2020年第1期80页—81页，刊号ISSN1005-2410，CN11-3145/G8
3	作者1、作者2	《中小学体育场地器材开发应用的探索与实践》	论文	发表在国家体育总局主管《田径》2020年第1期50页—52页，刊号ISSN1000-3509，CN11-1287/G8
4	作者1、作者2、作者3	《中小学体育场馆设施使用开发与开放运营管理策略研究》	研究报告	使用单位：广州市花都区☆☆中学、广州市花都区☆☆☆学校、广州市花都区☆☆中学。使用时间2020年10月，使用情况，改进田径场设施，提高适用性；开发定向越野、乒乓球等场地提供给学生训练和方便锻炼使用。

成果扫描件（略）

第三节　中小学艺术科研课题研究

中小学艺术科研课题研究以花都区教育科学规划课题的申报和研究各个过程为例，花都区教育科学规划课题完整的研究记录有10项，分别如下：

1．结项材料封面和目录。

2．立项通知复印件。

3．课题申请书复印件。

4．课题变更申请表。

5．开题报告。

6．研究报告。

7．研究成果复印件。

8．教育科研项目结项申请书。

9．教育科研项目结项评审表。

10．课题鉴定委托书。

因为区级教育科学规则课题还没有实现网络系统上传相关材料，所以纸质材料中有"结项材料封面和目录"，下面从此项开始介绍。

一、结项材料封面和目录

档案编号	

区立项课题结项材料

课题名称："互联网+"环境下高中音乐学科"专题式"集体备课模式构建与实施研究

课题类别：一般课题

承担单位：广州市花都区秀全中学

课题负责人：_____

联系电话：_____

立项日期：_____ 通过专家鉴定日期：_____

领取结项证书签名：_____ 领证日期：_____

2019年12月31日

目 录

说明：结项材料使用A4纸张双面印制，按顺序装订成册，用软皮封面封底胶装。封面上"档案编号""领取结项证书签名""领证日期"留空；目录应列出各项材料的名称、页码（目录以后各项材料连续编页码，起始页码为1，页码可以手写）；"研究成果复印件"下面的分类可根据实际情况增减；所有复印件需加盖"与原件相符"及单位公章；"结项评审表"由学术评议专家和科研管理部门填写。

著作类成果还需另外提供著作原件；技术开发类课题还应提供相关产品（如装载软件的光盘、装载微课视频的光盘）及产品说明书。

二、立项通知复印件

广州市花都区教育局

立 项 通 知

广州市花都区秀全中学:

经广州市花都区教育局批准,你单位申报的科研项目""互联网+"环境下高中音乐学科"专题式"集体备课模式构建与实施研究"被立为广州市花都区教育科学规划 2017 年度一般课题。编号:HDJYKY2017C038; 负责人: 付裕。

希你单位在 2018 年 5 月 31 日前组织开题活动; 按《花教〔2018〕22 号》文件要求完成研究任务; 在 2019 年 12 月 31 日前按《花都区教育局立项课题结项工作指导意见(学评〔2017〕17 号)》办妥结项手续。相关文件和表格可从花都教育科研网下载。

若对以上规定有异议,可以不接受立项,并来函说明情况、退还立项通知。

广州市花都区教育局

2018 年 3 月 28 日

三、课题申请书复印件

附件1：_____年度　编号：_____

区规划课题申报书

课题类别：<u>教育科研———一般项目</u>

学科：<u>音乐</u>

课题名称：<u>"互联网+"环境下高中音乐学科"专题式"集体备课模式构建</u>

<u>与实施研究</u>

课题负责人：<u>付　裕</u>

课题依托单位：<u>广州市花都区秀全中学</u>

课题负责人手机：_____

E-mail：_____

申请日期：<u>　　年　　月　　日</u>

广州市花都区教育局教研室

二〇一六年制

填 表 说 明

凡有区级规划在研课题和已获市级以上（含市级）教育行政部门立项课题的负责人不得重复申报区规划课题。

一、申报书的各项内容，要实事求是，逐条认真填写，表达要明确、严谨。

二、申报书一律要求用A4纸打印填报，于左侧装订成册。一式2份（一份原件），由所在单位和主管部门审查和签署意见后，报送花都区教育局教研室。

三、在"所在单位意见"一栏中，应明确所在单位在人员、时间、条件、政策等方面的保证措施和对配套经费的意见。

四、申报书中课题论证部分不得出现申请人和课题组成员姓名、单位名称等个人资料。

五、所有材料的电子文档发到区教育科研邮箱jykyhd@163.com。

简 表

<table>
<tr><td rowspan="4">研究项目</td><td>名 称</td><td colspan="6">"互联网+"环境下高中音乐学科"专题式"集体备课模式构建与实施研究</td></tr>
<tr><td>项目类别</td><td colspan="3">教育科研——一般项目</td><td>学科或专业</td><td colspan="2">高中音乐</td></tr>
<tr><td>起止年月</td><td colspan="6">自 年 月至 年 月</td></tr>
<tr><td>申请金额</td><td colspan="6">元</td></tr>
<tr><td rowspan="3">申请人</td><td>姓 名</td><td></td><td>性 别</td><td></td><td>出生年月</td><td colspan="2"></td></tr>
<tr><td>行政职务</td><td>无</td><td>民 族</td><td>汉</td><td>专 业</td><td colspan="2">音乐教育</td></tr>
<tr><td>专业技术职务</td><td>中学音乐高级教师</td><td>最后学历</td><td>大学本科</td><td>最终学位</td><td colspan="2"></td></tr>
<tr><td rowspan="4">工作单位</td><td>名 称</td><td colspan="6">广州市花都区秀全中学</td></tr>
<tr><td>详细地址</td><td colspan="6">广州市花都区秀全中学新校区</td></tr>
<tr><td>性 质</td><td colspan="6">1.科研单位 2.中职 3.中学√ 4.小学 5.幼儿园 6.其他</td></tr>
<tr><td>邮政编码</td><td>510800</td><td>单位电话</td><td colspan="4"></td></tr>
<tr><td rowspan="3">以往研究</td><td colspan="7">申请人承担区级以上（含区级）科研项目以及完成情况</td></tr>
<tr><td colspan="2">课题名称</td><td colspan="2">承担单位</td><td>批准时间</td><td colspan="2">完成情况（结题或获奖）</td></tr>
<tr><td colspan="2"></td><td colspan="2"></td><td></td><td colspan="2"></td></tr>
</table>

233

研究项目主要内容和意义摘要	传统教研模式受条件、环境、地域、人员等诸多因素限限制，使教师的备课、学习、研讨受到了制约，"互联网＋"环境下的网络教研模式突破了只能面对面传统教研模式的单一形式，开阔了教研活动的新途径，可跨越时空和地域，参与人员不受时间和场地等条件限制，节约了路途、全员集中等有形和无形的成本，随时可以进行备课研讨，有效做到了资源共享，使参与教研的教师及时获得新的方法、经验、理念等，从而形成高效的教研团队。 　但是，"互联网＋"环境下的网络教研刚刚兴起，在教研活动的科学性、系统性、完整性、有效性等诸多方面还需要进一步探索、实践，不断总结、完善。高中音乐学科的教科研在教研质量上也需要与时俱进、快速提高。本课题研究基于高中音乐学科的教学和备课特点，抓住"集体备课"这一常规、重要的教研环节，以"专题式"为抓手，尝试利用现代科技手段，搭建"互联网＋"教学研讨平台，探索以现有科技为高中音乐学科教研活动服务的更具有深度和广度、快速、便捷、灵活、高效的教研新机制。希望通过课题组的共同努力，取得丰硕的成果，并加以推广。

申请资助总金额/万元	研究经费支出计划				
	年	年	年	年	年

其他经费来源及金额/万元	

预算支出科目	金　额 （万元）	开支内容及占申请经费比例
1.直接费用		
数据采集费		购买各种参考资料及书籍费用、印刷费
差旅费		教师外出调研经费

会议费		会议费
仪器设备费		
专家咨询费		
劳务费（支付给项目组中没有工资性收入的相关研发人员和临时聘用人员）		
出版/文献/信息传播/知识产权事务费		论文出版、信息传播、知识产权事务费
协作费		
其　他		
2.间接费用		
经费管理单位名称、通信地址、邮政编码开户银行、账号	单位： 地址： 　邮编： 开户银行： 账号：	

研究项目组成员情况（含申请者）

姓 名	性 别	年 龄	专业技术务（职称）	专 业	工作单位	在本项目中的分工	每年用于项目工作的月数	签 名
主持人	女		中学高级教师	音乐	广州市花都区秀全中学	课题负责人	12	
成员A	女		中学一级教师	音乐	广州市花都区秀全中学	课题组成员	12	
成员B	男		中学一级教师	音乐	广州市花都区秀全中学	课题组成员	12	
成员C	女		中学一级教师	音乐	广州市花都区秀全中学	课题组成员	12	
成员D	女		中学一级教师	音乐	广州市花都区秀全中学	课题组成员	12	
成员E	女		中学一级教师	计算机	广州市花都区秀全中学	辅助人员	12	

一、本研究项目的科学依据（含选题意义、国内外研究现状、学术思想、立论根据、特色与创新之处、主要参考文献）

（一）选题意义、学术思想、立论根据

1. 研究背景

随着网络的普及，"互联网+"对我们的生活、工作、学习方方面面都起着重要的作用，以互联网为核心的信息技术对我们的工作和生活正产生着巨大的影响，也为教师的教育教学工作注入了新的教育资源，基于网络的教师学习、教研越来越多，从广义上讲，"互联网+"教研是指在教研过程中运用了网络技术的教研活动。利用"互联网+"平台可以使教师更加方便、快捷地实现跨校、跨区域参与教研活动，教师利用网络教育资源下载学习内容，丰富课堂实践，扩大了师生学习的信息量，使师生更多地享受到优质资源，有利于提高教育教学水平。网络技术发展快，涉及面广，必然会影响到教学过程的各个环节，尤其对教师的备课起到了很大的促进作用。备课在整个教学工作中是十分重要的一环。教师能否备好课，是能否教好课的前提和能否迅速提高教学水平的重要环节。"互联网+"环境下的集体备课能为教师提供丰富的备课资料，给广大教师提供无限广阔的空间，从中可以发挥集体智慧，吸取多方面的知识，使得广大教师在现代化教研形势下得以快速成长。

2. 应用价值

近些年来，基础教育发展迅速，但各地区之间发展速度不同，城乡之间教育发展也存在差距。尽管各级教育部门和学校做了很多工作，但依然存在教研活动协同性差、教研工作高耗低效、教研职能独立性差、教研服务普惠性差等问题。为此，我们依托"互联网+"探索高中音乐学科集体备课新路径，从而使信息技术在以"集体备课"这一常规、主要的教研活动促进高中音乐教师专业化发展中发挥重要作用。本课题研究能弥补目前传统教研的不足，利于高中音乐教师的高效集体备课，促进教师在专业化道路上快速成长。

3. 学术价值

在"互联网+"推进教研转型的思想指导下，我们拟确立高中音乐学科集体备课的发展新思路，依托现代信息技术，努力建构教研基础理论和现代网络专业技术保障系统，建立通过"互联网+"集体备课来提高高中音乐教师专业素质提升的机制，确立以"专题式"集体备课的网络教研工作基本方式，以"教学诊断"为教研工作的核心技术，以"教学指导"和"教师专业发展指导"为重点，通过构建新型备课教研模式，通过开展、实施、积累、总结，从实践到形成理论总结，希望能为高中音乐学科教研提供普惠性的专业化教研指导服务，同时，也是对"互联网+"教研活动的丰富和拓展。本课题研究发挥"互联网+"优势，在高中音乐学科教研活动中发挥作用，探寻构建新型集体备课模式的有效途径和可行性实施策略，在探索中学高效音乐教研和音乐教师共同成长的动机与机制等方面具有重要的意义和价值。

（二）国内外研究现状和主要参考文献

通过知网关键词搜索发现，与"集体备课"有关的文献资料有6 827条，进一步添加"互联网"作为限制性检索，发现有19篇相关文献。笔者对这19篇文献进行分析，仅有7篇与之相关的文献。

从现有的文献来看，目前有关利用互联网开展集体备课的研究主要集中在基于网络或在线备课系统的各种形式，代表性的有QQ群在教学中的应用初探、教师研修如何实现互联网、维基——一种集体备课的新途径、现代教育技术用于教师网上集体备课案例等。此外，也有一些硕士论文从具体的某种新科技手段的利用来对集体备课进行探索研究，具有代表性的有基于Blog的中学校本教研平台的构建与应用研究、基于Web的英语集体备课系统开发与应用、中小学教师在线集体备课实践研究等。

在各级教育主管部门主导的关于课程和专业能力方面的学习教研比较多，各中小学校内部开展的关于课堂教学方面的教学研究活动也形成了常态化。这些中小学教研活动已积累了丰富的实践经验，也总结出丰硕的理论成果，对课程的实施开发、提高课堂教育教学质量、教师专业上的发展都起到了主要的积极推动作用。近些年来，素质教育、新课程改革、教育信息化成为推动我国中小学教育改革发展的三大潮流，对我国中小学教育的所有环节带来了强大冲击，同时也带来了各种发展的新机遇。这种机遇的一个突出表现就是由具有较高信息素养和创新精神的中小学教师利用现代科学技术在互联网上开始的网络教研新探索。这不仅成为一种全新的教学研究组织形式，而且成为信息时代教师培训的新平台、师生共同参与教学改革的新天地。

在国务院关于积极推进"互联网+"行动的指导意见中，明确指出"互联网+"是把互联网的创新成果与经济社会各领域深度融合，推动技术进步、效率提升和组织变革，提升实体经济创新力和生产力，形成更广泛的以互联网为基础设施和创新要素的经济社会发展新形态。"互联网+"教研是教研的新形态，为教师搭建了开放、平等、交互的学习研讨平台。网络为教研打开了一个敞开、明亮的世界，但由于出现时间较短，在"互联网+"教研的整体构建和完整成熟运用、参与教师群体的广泛性等多方面还存在不足，还欠深入。对广大中小学教师来说，参加"互联网+"教研还处于摸着石头过河的状态。本课题研究试图把握高中音乐教研的专业特点，抓住"集体备课"这一常规、重要的音乐教研活动，突出高中音乐教研"利用网络""集体备课""专题式"三个重点来探索实践"互联网+"下的适用、高效备课教研之路，开拓网络教研下培养教师专业成长、提高教学质量的新途径。

（三）主要创新之处

1. 通过"互联网+"教研平台的建设，促进高中音乐教师集体备课的高效化、灵活化和思路的拓展。

2. "互联网+"集体备课打破校际和区域界限，突破传统教研面对面备课的思维，分享教师、学科组、学校间的优质教育资源，交流先进的教育经验和教育理念。

3. 注重教师个人的专业成长，将教师个人的专业成长融入团队建设中，教师的专业成长与团队整体发展紧密结合。

4. 通过"互联网+"集体备课教研平台的建设和高中音乐备课网研组织的建立，达到教师间、校际备课质量的均衡、协调、共同发展，起到辐射带动作用，形成艺体备课组织结构，备课内容优化，备课质量全面提升。

二、研究内容和预期成果（说明项目的具体研究内容和重点解决的问题，预期成果分阶段性成果和最终研究成果，要说明完成时间、成果名称、成果形式）

（一）具体研究内容和重点解决的问题

1. 研究内容总体框架

（1）课题管理系统。

实施对所有参与课题研究人员和课题进展情况的动态监控管理，如开题情况、评估情况、成果情况等。同时，对课题研究过程中的各类文档进行汇集和管理。

（2）区域管理系统。

形成学校教研室、教研组的垂直管理体系，实现校教研室各级教研机构管理工作的网络化。利用教研网络系统开展动态教研信息发布、成果提炼、推广等研究活动。

（3）优秀成果展示系统。

汇集包括研究报告、论文、课案、活动案例、博客等不同类型的优秀成果，由课题组和课题管理系统层层提炼，逐级推荐。

（4）教研活动系统。

通过参与课题研究的学校教研平台，实现同伴互助的研修形式，主要有以下几个功能：

①教学实施功能：确立每次备课的主题、网络平台集体备课、课堂教学、校本课程等，逐渐深入网络化的新型教学模式。

②教学设计展示功能：基于教学实践教学设计反思、基于预设的教学设计展示、基于录像的教学设计透视等开展同课异构备课教研活动。

③个性化互联交流管理功能：基于反思的专业化成长轨迹记录、个人知识管理、与同伴交流合作等。

④ 综合性的备课研究实施功能：学习交流、调查研究、案例分析、听课评课、网研沙龙、专家指导、网络论坛等。

通过各级区域化网络教研平台拓宽研究领域，可以组织跨校、跨区的各类网络教研活动。

（5）"互联网+"集体备课管理系统。

包括"QQ群"、"网络教研"、微信等交互性和即时性强的软件工具，建立研讨群、语聊室、视频会客室、教师博客、教研员博客、专家博客等满足教师之间文字、语音、视频交流的不同需要，实现同伴互助及专家引领的研修活动。

（6）教研资源集成系统。

包括各类教研资源（教学设计、课堂实录、教学效果的测评信息、反思评价等）和各类教学资源（各种多媒体素材、课件等）。

2. 主要研究内容

（1）学校层面的研究。

①现代学校音乐教研组建设的研究。

②普通高中音乐教与学的模式、教研活动模式的研究。

③高中音乐教师教学、研究、专业发展一体化的实践模式的研究。

④教师专业自助、进修、成长模式的研究。

⑤高中音乐校本课程教师培训方法的研究。

⑥音乐教师工作方式（备课、上课、学生管理等）的研究。

⑦高中音乐教师确立"专题"备课研究。

⑧音乐教师专业化成长的网络化能力和水平的研究。

（2）区域层面的研究。

①音乐教研室工作职能、工作方式、工作环境建设的研究（区域管理平台）。

②音乐教研骨干专业引领方式、方法及作用的研究。

③区域音乐教研活动模式、教师培训方式、通过"互联网+"提升教研效果的研究。

④"互联网+"集体备课工作中的反思研究、教学智慧（个体经验、教学中的应对性策略等）的显性化研究。

⑤区域"'互联网+'专题式集体备课"教研机制的研究。

（3）传统备课教研与"互联网+"备课教研的优势互补研究

①传统教研网络化研究。

②网络教研日常化研究。

（4）音乐备课教研工作机制的案例研究。

①学校"互联网+"集体备课教研的案例研究。

②区域"互联网+"集体备课教研的案例研究。

③"互联网+"专题式集体备课教学设计与实施的案例研究。

④"互联网+"音乐教师个人知识管理案例研究。

⑤"互联网+"校际合作的网络化备课教研。

⑥"互联网+"区域间合作的网络化备课教研。

⑦"互联网+"专题式集体备课教研文化特色：多主体、跨时空、低成本、高效率。

⑧"互联网+"各类专家参与专题试集体备课教研活动的方式方法的研究。

（二）拟达成的目标（预期成果分阶段性成果和最终研究成果，要说明完成时间、成果名称、成果形式）

1. 建立以学校网为基础、以教研组平台为核心、以音乐教师为活动主体的金字塔型"互联网+"专题式集体备课教研体系。

采用金字塔型"互联网+"专题式集体备课结构，构建有效的自上而下与自下而上相贯通的"互联网+"专题式集体备课教研网络体系，在学校安装教、学、研一体化平台，联网建立各级教研网，创造"传统音乐备课教研网络化、网络教研日常化"的优良环境，实现各级"互联网+"网络管理与教研机构管理系统的一体化，争取实现以下变化：

（1）高中音乐教师集体备课教研活动的主体发生变化；

（2）集体备课教研活动的环境发生变化；

（3）集体备课教研活动的内容与目标发生变化；

（4）集体备课组织方式的变化。

实现"互联网+"集体备课教研活动的功能：

（1）实现跨时空、跨人群的交流互动；

（2）促进信息时代教师专业发展；

（3）提供丰富、多样化的动态教学资源库；

（4）实现课题管理网络化，提高课题研究动态检测、文档管理、推广应用的工作效率

（三）成果呈现

1. 阶段性成果（2018.9—2019.8）

（1）互联网+""专题式"集体备课模式线上线下交流；

（2）进行阶段性小结。

2. 后期成果（2019.9—2019.11）

（1）收集课题研究论文，编辑整理，论文发表；

（2）收集整理课题研究资料，建立研究成果资源库；

（3）写出课题研究报告和课题工作报告，整理有关材料；

（4）申报课题研究成果，申请结题，做好结题工作；

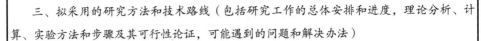

三、拟采用的研究方法和技术路线（包括研究工作的总体安排和进度，理论分析、计算、实验方法和步骤及其可行性论证，可能遇到的问题和解决办法）

（一）可能遇到的问题和解决办法

1. 构建"互联网＋"多渠道的教研平台与集体备课相结合，确保两者流畅、高效运作。

2. 建设服务集体教研网的"互联网＋"服务平台；教师达到人手一台电脑，人手一部功能强大的智能手机，有覆盖完善的区域无线网络，实现快速、便捷登录网络，实现交往互动。

3. 激发参研成员的研究意识，积极投入研究过程，各尽所能，分工明确，群策群力，充分发挥团队作用。

4. 协调校际甚至扩展到区域间参研人员的合作，争取教育主管部门和区教研室、校科研室对课题研究工作的支持。

5. 以"互联网＋"为依托重点在音乐教师"集体备课"和有效"专题"上着力。

6. "互联网＋"在线"主题备课"。确立主持人和提前确定研讨主题，通过互联网络平台下发研讨的时间及主题，并进行相应的网络宣传，组织人员按时参与网上研讨。网上研讨要突出研讨过程中的交流与互动，增强备课教师的参与意识，发挥群体智慧，使集体备课效果得到不断巩固和强化，提升备课质量。

（二）本项目的研究方法和研究手段、研究计划

1. 课题研究的主要方法

（1）文献法。

对国内外有关信息技术与有效教学的理论研究、实践经验进行总结、分析和提炼，以形成"互联网＋"技术环境下有效集体备课的策略和方法。

（2）调查法。

①调查目前我校和我区高中艺体教师在学科教学与"互联网＋"整合方面的现状；

②调查研究过程中教师运用"互联网＋"技术的水平与教学效果。

（3）个案研究法。

选取不同类型的研究对象，进行"互联网＋"学科教学整合的课堂实例个案研究。

（4）行动研究法。

以解决实际问题为目的的研究，就是要创造性地运用理论解决实际问题，在自然条件下进行实践，并对实践进行不断反思，通过计划、实践、观察、反思四个步骤进行。

2. 课题研究的技术路线

研究中以"互联网+"平台研发应用与备课教研质量提升并重。一是"互联网+"技术应用中，以合理开发与应用"互联网+"平台为主，合理运用好校园信息平台、交流平台以及资源库平台。二是在备课和教育教学活动中，"互联网+"技术的应用价值在以教师备课教研中加以体现和实施，以提升"专题"式集体备课的教研效果和质量为目的来开展研究。

3. 研究计划

课题主要研究步骤：

（1）准备阶段（2017.10—2018.3）

①前期准备：

a. 确定课题，完善课题研究计划。

b. 开展"'互联网+'环境下高中音乐学科'专题式'集体备课模式构建与实施的研究"前期研讨，进一步确定研究计划和开展研究的方法。

②业务学习：

a. 学习现代教育教学理论，更新观念，统一思想，统一认识。

b. 学习"互联网+"各种教学教研平台的建立和应用。

③调查分析：目前我校、我区高中音乐教师在应用"互联网+"实施备课教学方面存在问题的调查与研究。

（2）研究阶段（2018.3—2019.9）

①初始阶段：

a. 建立"互联网+"备课网研平台，课题组在网上收集各种资料，进一步完善"'互联网+'环境下高中音乐学科'专题式'集体备课模式构建与实施的研究"课题研究资料。

b. 进行"互联网+"集体备课网研平台环境下备课方式的探索和研究。

c. "互联网+"备课网研平台环境下集体备课方式的探索和研究。

d. 阶段性小结。

②深化阶段：

a. 开展"互联网+"环境下的课堂教学各个环节呈现的基本特点研讨。

b. "互联网+"环境下优化课堂教学环节提高课堂效率的主要方法研讨。

c. 开展学校和区"'互联网+'环境下高中音乐学科'专题式'集体备课模式构建与实施的研究"研讨会。

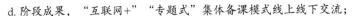

d. 阶段成果，"互联网+""专题式"集体备课模式线上线下交流；

e. 进行阶段性小结。

（3）总结阶段（2019.9—2019.11）

①收集课题研究论文，编辑专题论文集。

②收集整理课题研究资料，建立研究成果资源库。

③写出课题研究报告和课题工作报告，整理有关材料。

④申报课题研究成果，申请结题，做好结题工作。

四、申请者和项目主要成员业务简历（按人填写主要学历和研究工作简历，近期发表的与本项目有关的主要论著目录和科研成果名称，成果的国内外评价、引用及应用情况，并注明出处及获奖情况）

（一）负责人工作经历和取得成果情况

主持人，中学音乐高级教师，艺术教研组组长，广州市中小学音乐教研理事会理事，花都区音乐学科区中心组成员等。

（二）课题主要参加者评价和前期相关成果情况

1. 成员A，中学音乐一级教师，指导一大批舞蹈专业高考生考入大学本科院校，具备较高的科研和组织能力，曾参与省、市级科研课题研究，是课题研究的主要成员，在市级以上音乐教育类期刊发表论文2篇，在市、区学校舞蹈教学和教研工作中有较高知名度。

2. 成员B，中学音乐一级教师，广州市花都区青年骨干教师，是区音乐学科青年教师重点培养对象，教学成绩突出，多次担任花都区教育局教师合唱团的指挥，参与区级课题研究，教科研工作经验丰富，有较高地开展、协调课题研究项目的能力。

3. 成员C，中学音乐一级教师，花都区音乐学科区中心组成员，近30年工作经历，是区级科研课题主要成员，在省级以上音乐教育类期刊发表论文2篇，获区、市、省级教学竞赛和辅导教师奖30余次，是花都区音乐学科教研骨干力量。

4. 成员D，中学音乐一级教师，花都区知名舞蹈教师，组织排练的舞蹈和朗诵节目多次获得区、市、省级比赛一等奖，排练的舞蹈节目曾参加中央电视台的大型活动演出，在舞蹈教学中有其独到的设计和编排理念，擅长音乐学科教学设计和科研课题研究工作。

5. 成员F，计算机教师，辅助硬件和网络平台建设、电子设备的维护等工作。

五、申请者所在单位审查意见（是否同意申报，经费预算是否合理，有无其他经费来源，能否保证研究计划实施所需的人力、物力、工作时间等基本条件的具体意见）

该课题研究对教师的专业培养和教育教学质量的提高有应用价值和理论价值，经费预算合理，学校在人力、物力、工作时间等条件上给予支持，同意申报。

单位科研主管（签章）

单位（公章）

年　　月　　日

六、推荐意见［不具备中级专业技术职务或职称的，应由2名具备高级以上专业技术职称的同学科（或相近学科）教师推荐；申请著作出版项目，须由2名具有相关专业高职称的研究人员或教师对申报项目提出预评价意见］

推荐人：（签名）　　职务　　专业　　　单位

推荐人：（签名）　职务　专业　　单位

七、花都区教育局教育科研主管部门意见：

单位（公章）　　　　　　　　　　　　　年　　月　　日

四、科研项目变更申请表

项目名称			项目批准号	
项目负责人		项目承担单位		
批准立项时间	年　月	原约定完成时间	年　　月	
项目经费/元		已下达经费/元		

变更事项——只填需要变更的栏目	变更负责人	新负责人姓名、性别、出生年月、职称、专业、学历、联系方式、近5年科研成果： 新负责人签名：
	变更成员	原项目组全部成员： 变更后项目组全部成员：
	变更单位	新单位名称： 新单位公章：
	变更项目名称	项目名称变更为：
	调整研究内容	调整后研究内容：
	延期结项	申请延迟到：　　年　　月　　日结项
	其他事项	申请撤项（√或×）：　　　其他：

变更原因（简况）：   项目负责人签名：　　　项目承担单位公章：　　　　年　月　日

区教育局科研管理部门意见	负责人（签章）：　　　　单位（公章）：　　　年　月　日

（1）以上表格只含一页，不允许跨页。打印到A4纸张，签章，扫描成图片（必须是清晰、规则的长方形图片）。将图片插入到此word文档末尾。

（2）将已插入图片的word文件改名为"姓名–课题变更申请表.doc"，发送到jykygl@qq.com邮箱。待教育局审批回复。

（3）收到教育局回复邮件后，下载附件。将图片打印到A4纸张正面，纸张背面打印"变更原因（详情）"部分。不允许与其他材料打印在同一张纸上。持打印稿一式三份到教育局盖公章。

变更原因（详情）：

"变更原因（详情）"部分只含一页，不允许跨页。打印到《变更申请表》背面。

五、开题报告

《"互联网+"环境下高中音乐学科"专题式"

集体备课模式构建与实施研究》开题报告

广州市花都区秀全中学　付　裕

（一）研究方案

1. 课题研究的目的与意义。

传统教研模式受条件、环境、地域、人员等诸多因素限限制，使教师的备课、学习、研讨受到了制约，"互联网+"环境下的网络教研模式，突破了只能面对面传统教研模式的单一形式，开阔了教研活动的新途径，可跨越时空和地域，参与人员不受时间和场地等条件限制，节约了路途、全员集中等有形和无形的成本，随时可以进行备课研讨，有效做到了资源共享，使参与教研的教师及时获得新的方法、经验、理念等，从而形成高效的教研团队。

但是，"互联网+"环境下的网络教研刚刚兴起，在教研活动的科学性、系统性、完整性、有效性等诸多方面还需要进一步探索、实践，不断总结、完善。高中音乐学科的教科研在教研质量上也需要与时俱进、快速提高。本课题研究基于高中音乐学科的教学和备课特点，抓住"集体备课"这一常规、重要的教研环节，以"专题式"为抓手，尝试利用现代科技手段，搭建"互联网+"教学研讨平台，探索以现有科技为高中音乐学科教研活动服务的更具有深度和广度、快速、便捷、灵活、高效的教研新机制。希望通过课题组的共同努力，取得丰硕的成果，并加以推广。

2. 选题意义、学术思想、立论根据。

（1）研究背景。

随着网络的普及，"互联网+"对我们的生活、工作、学习方方面面都起着重要的作用，以互联网为核心的信息技术对我们的工作和生活正产生着巨大的影响，也为教师的教育教学工作注入了新的教育资源，基于网络的教师学习、教研越来越多，从广义上讲，"互联网+"教研是指在教研过程中运用了网络技术的教研活动。利用"互联网+"平台可以使教师更加方便、快捷地实现跨校、跨区域参与教研活动，教师利用网络教育资源下载学习内容，丰富课堂实践，扩大了师生学习的信息量，使师生更多地享受到优质资源，有利于提高教育教学水平。网络技术发展快，涉及面广，必然会影响到教学过程的各个环节，尤其对教师的备课起到了很大的促进作用。备课在整个教学工作中是十分重要的一环。教师能否备好课，是能否教好课的前提和能否迅速提高教学水平的重要环节。"互联网+"环境下的集体备课能为教师提供丰富的备课资料，给广大教师提供无限广阔的空间，从中可以发挥集体智慧，吸取多方面的知识，使得广大教师在现代化教研形势下得以快速成长。

（2）应用价值。

近些年来，基础教育发展迅速，但各地区之间发展速度不同，城乡之间教育发展也存在差距，尽管各级教育部门和学校做了很多工作，但依然存在教研活动协同性差、教研工作高耗低效、教研职能独立性差、教研服务普惠性差等问题。为此，我们依托"互联网+"，探索高中音乐学科集体备课新路径，从而使信息技术在以集体备课这一常规、主要的教研活动促进高中音乐教师专业化发展中发挥重要作用。本课题研究能弥补目前传统教研的不足，利于高中音乐教师的高效集体备课，促进教师在专业化道路上快速成长。

（3）学术价值。

在"互联网+"推进教研转型的思想指导下，我们拟确立高中音乐学科集体备课的发展新思路，依托现代信息技术，努力建构教研基础理论和现代网络专业技术保障系统，建立通过"互联网+"集体备课来提高高中音乐教师专业素质提升的机制，确立以"专题式"集体备课的网络教研工作基本方式，以"教学诊断"为教研工作的核心技术，以"教学指导"和"教师专业发展指导"为重点，通过构建新型备课教研模式，通过开展、实施、积累、总结，从实践到形成理论总结，希望能为高中音乐学科教研提供普惠性的专业化教研指导服务，同时，也是对"互联网+"教研活动的丰富和拓展。本课题研究对发挥"互联网+"优势，在高中音乐学科教研活动中发挥作用，探寻构建新型集体备课模式的有效途径和可行性实施策略，在探索中学高效音乐教研和音乐教师共同成长的动机与机制等方面具有重要的意义和价值。

3. 国内外研究现状和主要参考文献

通过知网关键词搜索发现，与"集体备课"有关的文献资料有6 827条，进一步添加"互联网"作为限制性检索，发现有19篇相关文献。笔者对这19篇文献进行分析，仅有7篇与之相关的文献。

从现有的文献来看，目前有关利用互联网开展集体备课的研究主要集中在基于网络或在线备课系统的各种形式，代表性的有QQ群在教学中的应用初探、教师研修如何实现互联网、维基———一种集体备课的新途径、现代教育技术用于教师网上集体备课案例等。此外，也有一些硕士论文主要从具体的某种新科技手段的利用来对集体备课进行探索研究，具有代表性的有基于Blog的中学校本教研平台的构建与应用研究、基于Web的英语集体备课系统开发与应用、中小学教师在线集体备课实践研究等。

在各级教育主管部门主导的关于课程和专业能力方面的学习教研比较多，各中小学校内部开展的关于课堂教学方面的教学研究活动也形成了常态化。这些中小学教研活动已积累了丰富的实践经验，也总结出丰硕的理论成果，对课程的实施开发、提高课堂教育教学质量、教师专业上的发展都起到了主要的积极推动作用。近些年来，素质教育、新课程改革、教育信息化成为推动我国中小学教育改革发展的三大潮流，对我国中小学教育的所有环节都带来了强大冲击，同时也带来了各种发展的新机遇。这种机遇的一个突出表现就是由具有较高信息素养和创新精神的中小学教师利用现代科学技术在互联网上开始的网络教研的新探索。这不仅成为一种全新的教学研究组织形式，而且成为信息时代教师培训的新平台、师生共同参与教学改革的新天地。

在国务院关于积极推进"互联网+"行动的指导意见中，明确指出"互联网+"是把互联网的创新成果与经济社会各领域深度融合，推动技术进步、效率提升和组织变革，提升实体经济创新力和生产力，形成更广泛的以互联网为基础设施和创新要素的经济社会发展新形态。"互联网+"教研是教研的新形态，为教师搭建了开放、平等、交互的学习研讨平台。网络为教研打开了一个敞开、明亮的世界，但由于出现时间较短，在"互联网+"教研的整体构建和完整成熟运用、参与教师群体的广泛性等多方面还存在不足，还欠深入，对广大中小学教师来说，参加"互联网+"教研还处于摸着石头过河的状态。本课题研究试图把握高中音乐教研的专业特点，抓住"集体备课"这一常规、重要的音乐教研活动，突出高中音乐教研"利用网络""集体备课""专题式"三个重点来探索实践"互联网+"下的适用、高效备课教研之路，开拓网络教研下培养教师专业成长、提高教学质量的新途径。

4. 主要创新之处。

（1）通过"互联网+"教研平台的建设，促进高中音乐教师集体备课的高效化、灵活化和思路的拓展。

（2）"互联网+"集体备课打破校际和区域界限，突破传统教研面对面备课的思维，分享教师、学科组、学校间的优质教育资源，交流先进的教育经验和教育理念。

（3）注重教师个人的专业成长，将教师个人的专业成长融入团队建设中，教师的专业成长与团队整体发展紧密结合。

（4）通过"互联网+"集体备课教研平台的建设和高中音乐备课网研组织的建立，达到教师间、校际备课质量的均衡、协调、共同发展，起到辐射带动作用，形成艺体备课组织结构，备课内容优化，备课质量的全面提升。

（二）研究内容和预期成果

1. 具体研究内容和重点解决的问题。

（1）研究内容总体框架。

①课题管理系统。

实施对所有参与课题研究人员和课题进展情况的动态监控管理，如开题情况、评估情况、成果情况等。同时，对课题研究过程中的各类文档进行汇集和管理。

②区域管理系统。

形成学校教研室、教研组的垂直管理体系，实现校教研室各级教研机构管理工作的网络化。利用教研网络系统开展动态教研信息发布、成果提炼、推广等研究活动。

③优秀成果展示系统。

汇集包括研究报告、论文、课案、活动案例、博客等不同类型的优秀成果，由课题组和课题管理系统层层提炼，逐级推荐。

④教研活动系统。

通过参与课题研究教研平台，实现同伴互助的研修形式，主要有以下几个功能：

a. 教学实施功能：确立每次备课的主题、网络平台集体备课、课堂教学、校本课程等，逐渐深入网络化的新型教学模式。

b. 教学设计展示功能：基于教学实践教学设计反思、基于预设的教学设计展示、基于录像的教学设计透视等开展同课异构备课教研活动。

c. 个性化互联交流管理功能：基于反思的专业化成长轨迹记录、个人知识管理、与同伴交流合作等。

d. 综合性的备课研究实施功能：学习交流、调查研究、案例分析、听课评课、网研沙龙、专家指导、网络论坛等。

⑤"互联网+" 集体备课管理系统。

包括"QQ群"、"YY语音群"、"CCTalk互联网"、"网络教研"、微信等交互性和即时性强的软件工具，建立研讨群、语聊室、视频会客室，教师博客、教研员博客、专家博客等满足教师之间文字、语音、视频交流的不同需要，实现同伴互助及专家引领的研修活动。

⑥教研资源集成系统。

包括各类教研资源（教学设计、课堂实录、教学效果的测评信息、反思评价等）和各类教学资源（各种多媒体素材、课件等）。

（2）主要研究内容。

①学校层面的研究。

a. 现代学校音乐教研组建设的研究。

b. 普通高中音乐教与学的模式、教研活动模式的研究。

c. 高中音乐教师教学、研究、专业发展一体化实践模式的研究。

d. 教师专业自助、进修、成长模式的研究。

e. 高中音乐校本课程教师培训方法的研究。

f. 音乐教师工作方式（备课、上课、学生管理等）的研究。

g. 高中音乐教师确立"专题"备课研究。

h. 音乐教师课堂教学网络运用能力和水平的研究。

②区域层面的研究。

a. 音乐教研室工作职能、工作方式、工作环境建设的研究（区域管理平台）。

b. 音乐教研骨干专业引领方式、方法及作用的研究。

c. 区域音乐教研活动模式、教师培训方式、通过"互联网+"提升教研效果的研究。

d. "互联网+"集体备课工作中的反思研究、教学智慧（个体经验、教学中的应对性策略等）的显性化研究。

e. 区域"'互联网+'专题式集体备课"教研机制的研究。

③传统备课教研与"互联网+"备课教研的优势互补研究

a. 传统教研网络化研究。

b. 网络教研日常化研究。

④音乐备课教研工作机制的案例研究。

a. 学校"互联网+"集体备课教研的案例研究。

b. 区域"互联网+"集体备课教研的案例研究。

c. "互联网+"专题式集体备课教学设计与实施的案例研究。

d. "互联网+"音乐教师个人知识管理案例研究。

e. "互联网+"校际合作的网络化备课教研。

f. "互联网+"区域间合作的网络化备课教研。

g. "互联网+" 专题式集体备课教研文化特色：多主体、跨时空、低成本、高效率。

h. "互联网+"各类专家参与专题试集体备课教研活动的方式方法的研究。

2. 拟达成的目标。

（1） 建立以学校网为基础、以教研组平台为核心、以音乐教师为活动主体的金字塔型 "互联网+"专题式集体备课教研体系。

采用金字塔型 "互联网+" 专题式集体备课结构，构建有效的自上而下与自下而上相贯通的 "互联网+" 专题式集体备课教研网络体系，在学校建设教、学、研一体化教研平台，创造 "音乐备课教研网络化、网络教研日常化" 的优良环境，实现各级 "互联网+"网络管理与教研机构管理系统的一体化，争取实现以下变化：

①高中音乐教师集体备课教研活动的主体发生变化；

②集体备课教研活动的环境发生变化；

③集体备课教研活动的内容与目标发生变化；

④集体备课组织方式的变化。

实现 "互联网+"集体备课教研活动的功能：

①实现跨时空、跨人群的交流互动；

②促进信息时代教师专业发展；

③提供丰富、多样化的动态教学资源库；

④实现课题管理网络化，提高课题研究动态检测、文档管理、推广应用的工作效率

3. 成果呈现。

（1）阶段性成果（2018.9—2019.12）。

① "互联网+" "专题式" 集体备课模式建立平台线上线下交流；

② "互联网+" "专题式" 集体备课在教师教研活动中运用和课堂教学中初

见成效；

③论文发表，进行阶段性小结。

（2）后期成果（2019.12—2020.4）。

①收集整理课题研究资料，建立研究成果资源库；

②写出课题研究报告和课题工作报告，整理有关材料；

③申报课题研究成果，申请结题，做好结题工作。

（三）拟采用的研究方法和技术路线

1. 可能遇到的问题和解决办法。

（1）构建"互联网+"多渠道的教研平台与集体备课相结合，确保两者流畅、高效运作。

（2）建设服务集体教研网的"互联网+"服务平台；教师达到人手一台电脑，人手一部功能强大的智能手机，有覆盖完善的区域无线网络，实现快速、便捷登录网络，实现交往互动。

（3）激发参研成员的研究意识，积极投入研究过程，各尽所能，分工明确，群策群力，充分发挥团队作用。

（4）协调校际甚至扩展到区域间参研人员的合作，争取教育主管部门和区教研室、校科研室对课题研究工作的支持。

（5）"互联网+"在线"主题备课"。确立主持人和提前确定研讨主题，通过互联网络平台下发研讨的时间及主题，并进行相应的网络宣传，组织人员按时参与网上研讨。网上研讨要突出研讨过程中的交流与互动，增强备课教师的参与意识，发挥群体智慧，使集体备课效果得到不断巩固和强化，提升备课质量。

2. 研究方法和研究手段、研究计划。

（1）课题研究的主要方法。

①文献法。

对国内外有关信息技术与有效教学的理论研究、实践经验进行总结、分析和提炼，以形成"互联网+"技术环境下有效集体备课的策略和方法。

②调查法。

a. 调查目前我校和我区高中艺体教师在学科教学与"互联网+"整合方面的现状；

b. 调查研究过程中教师运用"互联网+"技术的水平与教学效果。

③个案研究法。

选取不同类型的研究对象，进行"互联网+"学科教学整合的课堂实例个案研究。

④行动研究法。

以解决实际问题为目的研究，就是要创造性地运用理论解决实际问题，在自然条件下进行实践，并对实践进行不断反思，通过计划、实践、观察、反思四个步骤进行。

（2）课题研究的技术路线。

研究中以"互联网+"平台研发应用与备课教研质量提升并重。一是"互联网+"技术应用中，以合理开发与应用"互联网+"平台为主，合理运用好校园信息平台、交流平台以及资源库平台。二是在备课和教育教学活动中，"互联网+"技术的应用价值在以教师备课教研中加以体现和实施，以提升"专题式"集体备课的教研效果和质量为目的来开展研究。

（3）研究计划。

课题主要研究步骤：

①准备阶段（2017.10—2018.6）。

a. 前期准备：

i. 确定课题，完善课题研究计划，申报开题。

ii. 开展"'互联网+'环境下高中音乐学科'专题式'集体备课模式构建与实施的研究"前期研讨，进一步确定研究计划和开展研究的方法。

b. 业务学习：

i. 学习现代教育教学理论，更新观念，统一思想，统一认识。

ii. 学习"互联网+"各种教学教研平台的建立和应用。

c．调查分析：目前我校、我区高中音乐教师在应用"互联网+"实施备课教学方面存在问题的调查与研究。

②研究阶段（2018.6—2019.10）。

a．初始阶段：

i．建立"互联网+"备课网研平台，课题组网上收集资料，进一步完善"'互联网+'环境下高中音乐学科'专题式'集体备课模式构建与实施的研究"课题研究资料。

ii．进行"互联网+"集体备课网研平台环境下备课方式的探索和研究。

iii．"互联网+"备课网研平台环境下集体备课方式的探索和研究。

iv．阶段性小结。

b．深化阶段：

i．开展"互联网+"环境下的课堂教学各个环节呈现的基本特点研讨。

ii．"互联网+"环境下优化课堂教学环节提高课堂效率的主要方法研讨。

iii．开展课题研讨会。

iv．阶段成果，"互联网+""专题式"集体备课模式线上线下交流；

v．进行阶段性小结。

③总结阶段（2019.11—2019.12）。

a．收集课题研究论文，编辑专题论文集。

b．收集整理课题研究资料，建立研究成果资源库。

c．写出课题研究报告和课题工作报告，整理有关材料。

d．申报课题研究成果，申请结题，做好结题工作。

（四）研究人员组成及分工

姓名	性别	年龄	专业技术务（职称）	专业	工作单位	在本项目中的分工	每年用于项目工作的月数
主持人	女		中学高级教师	音乐	秀全中学	课题负责人（负责课题全面研究协调工作）	12
成员A	女		中学一级教师	音乐	秀全中学	课题组成员（网络平台和资料收集整理）	12
成员B	男		中学一级教师	音乐	秀全中学	课题组成员（网络平台和资料收集整理）	12
成员C	女		中学一级教师	音乐	秀全中学	课题组成员（阶段主题、分析总结）	12
成员D	女		中学一级教师	音乐	秀全中学	课题组成员（档案材料，分类整理）	12
成员E	女		中学一级教师	计算机	秀全中学	网络技术	12

（五）经费分配

申请资助总金额/万元	0.2	
其他经费来源及金额/万元		
预算支出科目	金额/万元	开支内容、计算根据及所占比例
1. 直接费用		
数据采集费		购买各种参考资料及书籍费用，印刷费
差旅费		教师外出调研经费
会议费		会议费
出版/文献/信息传播/知识产权事务费		论文出版、信息传播、知识产权事务费
2. 间接费用		

参考文献

［1］杨宏颖. 混合式教育在线教育与传统教育的融合与创新［J］. 时代教育，2016（13）：160-161.

［2］杨嘉奕. 网络时代小学音乐的教学［J］. 神州，2013（23）.

［3］王晨，刘男. 互联网+教育——移动互联网时代的教育大变革［M］. 北京：中国经济出版社，2015.

［4］曲大为，赵福政". 互联网+"对高等院校教育改革刍议［J］. 高教研究与实践，2015（9）.

［5］钟晓流，宋述强，焦丽珍. 信息化环境中基于翻转课堂理念的教学设计研究［J］. 开放教育研究，2013（2）.

［6］申仁洪，黄甫全. 基于Web的英语集体备课系统开发与应用［J］. 教育研究，2004（10）.

［7］柴少明，赵建华. 李克东. 基于活动理论的CSCL协作意义建构研究［J］. 电化教育研究，2010（7）.

［8］张杰夫. 互联网+给教育带来五大革命性影响［J］. 人民教育，2015（7）.

［9］王姝睿. 移动互联网模式下的新型学习方式［J］. 吉林省教育学院学报，2014（04）

六、教育科研项目结项申请书

项目类别和批次：广州市花都区教育科学规划2017年度一般课题

项目名称：　"互联网+"环境下高中音乐学科"专题式"集体备课模式构建

　　　　　　与实施研究

承担单位：广州市花都区秀全中学

项目负责人姓名：　　　　　电子邮箱：

项目负责人手机号：　　　　手机集群号：

本项目组已完成研究任务，取得预期成果，且研究成果不存在知识产权争议。现申请结项。

许可广州市花都区教育局宣传介绍、推广应用本项目研究成果的权利，但保留作者的署名权。

项目负责人（签章）

年　月　日

（一）项目基本信息（红色字体部分为填表范例，应删除其内容，改为自己的项目信息。严格按要求和范例填写）

项目名称（必须与项目申请书或项目变更申请表一致）	项目编号（与立项通知一致）	项目类别和批次（与立项通知一致，省略"广州市花都区"）	承担单位（与单位公章一致，省略"广州市花都区"）	项目负责人	项目组成员（不填负责人；成员名单必须与项目申请书或项目变更申请表一致；姓名之间留2个空格，不要键入回车和其他分隔符，任其自动换行）

本项目发表论文（篇）	本项目出版著作（部）	本项目其他成果（说明成果形式和数量）	立项日期（与立项通知一致）	鉴定日期（与结项评审表一致）	发证日期（留空）	教育局资助经费（元）	自筹经费（元）	负责人手机号	负责人手机集群号	负责人电子邮箱

（二）研究工作总结

《"互联网+"环境下高中音乐学科"专题式"集体备课模式构建与实施研究》是花都区教育科学规划2017年度一般项目课题，是我校提升教师专业能力和创新教师备课模式的一项重要研究。自2018年3月立项后，我们按照既定的研究计划认真开展课题研究，现将该课题研究的情况总结如下：

1.项目预期研究计划的执行情况。

（1）准备阶段（2017.10—2018.6）。

①前期准备：

a.确定课题，完善课题研究计划，申报开题。

b.开展"'互联网+'环境下高中音乐学科'专题式'集体备课模式构建与实施的研究"前期研讨，进一步确定研究计划和开展研究的方法。

②业务学习：

a.学习现代教育教学理论，更新观念，统一思想，统一认识。

b.学习"互联网+"各种教学教研平台的建立和应用。

③调查分析：目前我校、我区高中音乐教师在应用"互联网+"实施备课教学方面存在问题的调查与研究。

（2）研究阶段（2018.6—2019.10）。

①初始阶段：

a.建立"互联网+"备课网研平台，课题组网上收集资料，进一步完善"'互联网+'环境下高中音乐学科'专题式'集体备课模式构建与实施的研究"课题研究资料。

b.进行"互联网+"集体备课网研平台环境下备课方式的探索和研究。

c."互联网+"备课网研平台环境下集体备课方式的探索和研究。

d.阶段性小结。

②深化阶段：

a.开展"互联网+"环境下的课堂教学各个环节呈现的基本特点研讨。

b."互联网+"环境下优化课堂教学环节提高课堂效率的主要方法研讨。

c.开展课题研讨会。

d.阶段成果，"互联网+""专题式"集体备课模式线上线下交流；

e.进行阶段性小结。

（3）总结阶段（2019.10—2019.11）。

①完成课题研究论文，公开发表。

②收集整理课题研究资料，建立研究成果资源库。

③写出课题研究报告，整理有关材料。

④申报课题研究成果，申请结题，做好结题工作。

2. 成果内容及方法的创新程度。

（1）通过"互联网＋"教研平台的建设，促进高中音乐教师集体备课的高效化、灵活化和思路的拓展。

（2）"互联网＋"集体备课打破校际和区域界限，突破传统教研面对面备课的思维，分享教师、学科组、学校间的优质教育资源，交流先进的教育经验和教育理念。

（3）注重教师个人的专业成长，将教师个人的专业成长融入团队建设中，教师的专业成长与团队整体发展紧密结合。

（4）通过"互联网＋"集体备课教研平台的建设和高中音乐备课网研组织的建立，达到教师间、校际备课质量的均衡、协调、共同发展，起到辐射带动作用，形成艺体备课组织结构，备课内容优化，备课质量全面提升。

3. 成果的学术价值和应用前景，社会影响和效益。

（1）建立以学校网为基础、以教研组平台为核心、以音乐教师为活动主体的金字塔型"互联网＋"专题式集体备课教研体系。

采用金字塔型"互联网＋"专题式集体备课结构，构建了有效的自上而下与自下而上相贯通的"互联网＋"专题式集体备课教研网络体系，在学校建设教、学、研一体化教研平台，创造"音乐备课教研网络化、网络教研日常化"的优良环境，初步实现各级"互联网＋"网络管理与教研机构管理系统一体化。

①通过近两年的课题研究初步实现几个变化：

a. 音乐教师集体备课教研活动的主体发生变化；

b. 集体备课教研活动的环境发生变化；

c. 集体备课教研活动的内容与目标发生变化；

e. 集体备课组织方式的变化。

②研究突显了"互联网＋"集体备课教研活动的功能：

a. 实现跨时空、跨人群的交流互动；

b. 促进信息时代教师专业发展；

c. 提供丰富的多样化的动态的教学资源库；

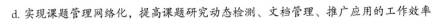

　　d. 实现课题管理网络化，提高课题研究动态检测、文档管理、推广应用的工作效率

　　e. 向兄弟学校传播推广课题研究成果，相互学习，取长补短，继续丰富研究成果，不断促进音乐教师专业化成长和提高教育教学质量。

　　4. 成果存在的不足或欠缺，尚需深入研究的问题。

　　经过近两年的深入研究，我们基本完成了预定的研究任务，已取得一定的研究成果和转化为教学成果，但"互联网+"环境下的教研对我们来说才刚刚起步，还存在要继续提高备课效率，优化备课程序，加强备课管理等需要改进提高的问题，后期课题组将继续完善"互联网+"环境下"专题式"集体备课模式，为以研促学，以研促教，为培养教师科研水平和专业能力，为利用现代化手段提高教育教学质量做贡献。

（三）研究成果清单

序　号	作　者	成果名称	成果形式	发表时间	刊物、出版社、证书颁发机构等的名称
1	作者1	《"互联网+"环境下音乐教师集体备课的积极作用》	论文	2019年10月	
2	作者1	《"互联网+"环境下中学音乐教师集体备课的机制建设》	论文	2019年11月	
3	作者1	《"互联网+"环境下中学音乐教师集体备课的可行性分析与机制建设》	论文	2019年5月	

（四）项目经费决算（单位：元）

区教育局资助		自　　筹		经费总额		支出总额	
支出及结余明细							
日　　期		费用名称		支出金额		余　　额	
项目负责人（签章）： 　　　　　　　　　　　　年　　月　　日							
单位财务部门意见： 　　　公章　　　　　　　　负责人（签章） 　　　　　　　　　　　　年　　月　　日							

（五）单位审核意见

主要内容提示：研究成果数量、质量是否达到结项要求；是否存在知识产权争议；研究过程是否违反相关法律、政策、道德规范、学术规范、科研管理制度；是否同意财务部门的经费决算意见。   　　　公章　　　　　　　　负责人（签章） 　　　　　　　　　　　　年　　月　　日

八、教育科研项目结项评审表

项目名称			
主持人		主持人所在单位	
鉴定专家			

专家鉴定意见：

鉴定结果：优秀（　） 良好（　） 合格（　　） 不合格（　　）

专家组组长签名：

专家组成员签名：

年　　月　　日

区教育局科研管理部门审批意见：

负责人（签章）　　　　公章

年　　月　　日

此表只含1个A4页面，单面打印。如果专家意见字数较多，请调整字号大小和行距，不要分页。

此项由评审专家和区教育局科研管理部门填写

第二章　艺体教师反思与成果提炼

中小学艺体教师的反思与成果提炼能力是艺体教师专业培养的重要组成部分，是教师专业成长需要重点加强的方面。大部分中小学艺体教师重视专业技能和教学能力的培养，往往忽视教育反思和成果提炼，尤其是在科研课题研究和论文和教育教学案例等成果提炼方面。本章就来谈谈中小学艺体教师在教育教学反思和成果提炼上需要强化哪些方面的培养。

第一节　艺体教师论文写作

撰写论文既是中小学艺体教师最为常用的反思和成果提炼方式，也是提高中小学艺体教师理论水平和实践能力的有效方法。下面以中小学艺体教师最常写的实践总结性论文为例介绍一下论文写作。

一、论文的结构与写作步骤

1. 论文的结构。

中小学艺体教师撰写的论文大多为经验论文或教研论文，论文一般由标题、作者、摘要、关键词、正文、参考文献六部分组成，其中正文包括前言、主体阐述部分和结论或结束语。

2. 论文的写作步骤。

论文写作一般是先选题，确定选题后查阅相关的文献资料进行分析与借鉴，再拟好正文的框架结构，然后撰写初稿，初稿形成后经反复修改和请专家指导后形成定稿。

二、中小学体育教师论文举例

取消中长跑考试后体育高考生耐力素质"练"与"不练"的抉择

黄显良

摘要：近几年来，因部分省、市的高考体育专业考试取消了中长跑考试项目，致使这些省、市的体育高考训练队指导教师对体育高考生耐力素质"练"与"不练"难于抉择，还继续进行耐力素质训练，似乎有些浪费时间和精力，但是完全放弃耐力素质训练，会不会影响到体育高考生运动成绩的提高？在面对这一问题时，我们经过全面的分析总结、反复探讨论证后认为，耐力素质训练在体育高考生的备考训练和体育考试中都起着不可替代、积极的作用。在中长跑不再是一些省、市高考体育专业考试必考项目的情况下，还是应该根据高考体育专业考试的具体要求，根据体育高考生的实际情况，有选择性、科学、合理地安排耐力素质训练。

关键词：体育高考生；中长跑；耐力素质；积极作用

在20世纪八九十年代的高考体育专业考试中，800米跑基本上是各省、市每年必考的项目。近几年，随着高考体育专业考试改革的不断深化，各省、市高考体育专业考试必考项目有了较大的变化，目前，山西、湖北、贵州、安徽等省、市仍然把中长跑（800米跑或1 500米跑）作为必考项目，而北京、广东、辽宁、河南、黑龙江等省、市近年来在必考项目中取消了中长跑考试项目，这些省、市有的只把中长跑作为专项考试中的一个自选项目，有的无论是在必考项目还是在专项自选项目中都没有设置中长跑考试。取消中长跑考试项目省、市的训练队指导教师对体育高考生耐力素质"练"还是"不练"产生了分歧。一种观点认为，现行的必考项目都是以考查速度、力量、灵敏为主，为了在有限的时间内集中精力训练考试项目，就没有必要再进行耐力素质的训练了；另一种观点认为，耐力素质是体育高考生五大基础运动素质（力量、速度、耐力、灵敏、柔韧）之一，不管高考体育专业考试考与不考，在训练中都应继续坚持耐力素质训练。经过我们认真思考、分析总结、反复论证，决定在广东省体育高考专业考试不考中长跑的情况下，选择后者，就是根据体育高考的实际要求，在适时调整训练重心的情况下，仍然坚持带领体育高考生进行耐力素质训练。依据与具体做法如下：

（一）取消中长跑考试项目省、市的体育高考生，仍然坚持进行耐力素质训练对全面提高运动成绩有着积极作用

1. 坚持耐力素质训练可以促进体育高考生身体素质的全面提高。

在取消中长跑考试项目的省、市，高考体育专业考试多以考查速度、力量、灵敏素质为主，如100米跑、原地推铅球或掷实心球、立定三级跳远等项目，看起来这些考试项目似乎与耐力素质无关，但我们认为耐力素质是体育高考生必备的基本运动素质，即使高考体育考试不考耐力项目，也应该将耐力素质作为一般身体素质训练的一部分，有侧重地安排在体育高考生的训练中，目的是通过耐力素质训练来增进体育高考生的身体健康，改善身体形态，提高各器官系统的机能水平，促进运动素质的均衡、全面发展，为专项训练打下良好的身体基础。

2. 坚持进行耐力素质训练可以提高体育高考生跑的能力。

100米跑是各省、市高考体育专业考试的必考项目，要想在100米跑考试中取得好成绩，不但要求体育高考生力量强、速度快，而且还要后劲足。要想达到这些要求，只单纯进行短跑训练可能欲速则不达。适当加入耐力跑训练，对提高短跑成绩有着以下积极促进作用：(1)耐力跑的跑量较大，跑速不快，便于学生在跑的过程中感受和体会跑的技术动作，体验和掌握跑的周期性、规律性和良好的跑动节奏感，使跑的技术动作向着协调、规范、自然、放松的方向发展，为提高短跑成绩打下坚实的技术基础。(2)体育高考生由于后劲不足，导致100米跑后程降速是体育高考中出现的普遍现象。训练中加入耐力跑练习，可使体育高考生在短跑的后程跑中体力充沛，保持技术动作不变形，保障后程跑的速度不下降，为提高短跑成绩奠定良好的体能基础。

3. 坚持进行耐力素质训练可以提高体育高考生的抗疲劳能力，促进体能的快速恢复。

在体育高考备考训练中，科学、合理地安排一定量的耐力素质练习，对增强学生体能、提高抗疲劳能力有着显著的效果。体能的增强可以帮助体育高考生完成较大运动负荷的训练任务，并在训练后体能得以快速恢复，这样就能保障体育高考生完成高质量的系统不间断训练。充足的体能储备还可使体育高考生在最后的高考体育专业的每项考试后得以快速恢复体能，保障连续两到三天的各项考试项项都能考出理想的成绩。

4. 坚持耐力素质训练有助于培养体育高考生良好的意志品质。

耐力素质训练对体育高考生的意志品质培养起着不可替代的作用。耐力素质训练可以培养体育高考生训练中不怕苦、不怕累的顽强精神，培养体育高考生在体育比赛和体育考试中敢打敢拼的意志品质。

（二）取消中长跑考试项目省、市的体育高考生，耐力素质训练的合理安排

取消中长跑考试项目后，在体育高考生耐力素质训练的安排上，我们也相应地采取了一些应变策略，将耐力素质训练由原来的专项素质训练转变为一般身体素质训练，尽可能不占用训练课主要用于专项训练的时间。提高耐力素质的训练内容主要以简便适用的耐力跑和各种循环练习为主。具体做法如下：

1. 在训练课准备部分的热身跑中加强耐力素质训练。

每天训练课的准备部分，体育高考生都要进行热身跑。为了在热身跑中也能让体育高考生的耐力素质得到提高，我们采取适当加大跑量（由原来1 200米的热身跑增加到2 000米的热身跑），并且在热身跑的过程中采取集体跑的方式来以强带弱。在热身跑中有意加强耐力跑训练，不但对热身和增强耐力素质有明显效果，而且还能提高学生训练的兴奋性。

2. 利用变速跑和各种循环练习来加强耐力素质训练。

利用变速跑练习增强耐力素质，我们通常采用简便、易行的直道加速跑接弯道放松跑的形式。每次跑的距离在1 200米至1 600米的范围内。循环练习的内容主要以跑、跳、投的专项练习和辅助练习为主，每组循环练习安排5—6项内

容，时间控制在10分钟左右。备考训练中，科学、合理地安排一定运动量的变速跑和循环练习，不但可以提高体育高考生的耐力素质，还可以为专项成绩提高奠定基础，达到身体素质与专项能力共同进步的目的。

3. 在训练课结束部分的放松跑中强化耐力素质训练。

按照人体的运动规律，训练课的基本部分一般先安排发展速度或提高协调性为主的练习，然后再安排提高速度耐力和力量的练习。我们把具有一定运动量的耐力跑与放松跑结合在一起，放在训练课的结束部分，既可以起到放松的作用，又不影响基本部分的专项训练，还可以强化耐力素质训练，这样的训练效果较为理想。但是要注意放松跑的跑速不宜过快，跑距要适中。

4. 在周末训练中，安排越野跑或公路跑来增强耐力素质。

越野跑或公路跑的训练改变了常规训练的环境和训练方式，往往会激发学生训练的积极性和兴奋性，对紧张而繁重的常规训练有着极好的调整作用。这种训练用时较长，运动量相对较大，不宜经常进行，可适当在周末选择公园、绿道等空气好又安全的路段进行，跑的距离以5—6千米为宜。

"磨刀不误砍柴工。"在广东省高考体育专业考试取消中长跑考试项目的情况下，我们仍然选择带领体育高考生进行耐力素质训练的实践证明，耐力素质的提高对学生体能的增强、考试项目运动技术的掌握、持续进行系统不间断的运动训练、训练后疲劳的恢复、专项运动成绩的提高，以及体育高考生在高考体育专业考试中取得优异的成绩都起着积极、不可替代的作用。

参考文献：

［1］全国体育院校教材委员会. 运动训练学［M］. 北京：人民体育出版社，2005.

［2］刘清黎. 体育教育学［M］. 北京：高等教育出版社［M］. 1994.

三、中小学艺术教师论文举例

用好互联网资源，提升高中音乐鉴赏课教学质量

[摘要] 音乐鉴赏模块是高中音乐教学必修课程，以往该课程存在教学内容更新慢、教学模式单一、学生学习内驱力不足、传统备课难于达到理想的教学效果等问题。在教育信息化时代，借助信息技术手段和互联网的优势改变以往高中音乐鉴赏课教学存在的问题，提高音乐教师的课堂教学能力和教学效果是必然趋势，也是时代的要求，是教育信息化时代每名音乐教师应具备的能力。

[关键词] 互联网+；高中；音乐鉴赏；教育信息化；对策

（一）引言

音乐鉴赏是高中音乐课程中的必修模块，在高中音乐教学中有着举足轻重的地位，涵盖了中西方传统音乐、民间音乐、中国戏曲等方面，课程内容海纳百川，丰富多彩。但多年来本模块存在教学方法单一，教学形式固化等问题，加之一些音乐作品与现代学生学习生活有一定的距离，导致学生的学习热情不高、课堂教学效果不佳。在全面培养学生核心素养的现代教育环境下，如何利用信息技术手段和互联网丰富资源突破音乐鉴赏模块教学的瓶颈，引导学生了解、学习优秀的中外音乐艺术文化，培养学生音乐学习的内驱力？针对这一问题，笔者对该模块的教学进行了一些尝试并提出一些见解及对策。

（二）利用互联网丰富的资源解决高中音乐鉴赏课常见的问题

1. 网络资源的有效利用让课堂导入环节更精彩。

课堂导入环节是课堂教学的第一步，对上好高中音乐鉴赏课十分关键。导入环节做得好，可以快速引导学生进入主题，将学生带入新知识的学习。课堂导入的方式有许多种，如问题导入、视频导入、情境导入等。以往一些教师没有对这个环节加以重视，在课堂导入环节大多只是简单地对知识点进行一些陈述。如今，已进入教育信息化时代，教师应当利用好互联网等丰富的资源和现

代信息技术手段，把课堂导入环节进行巧妙设计，让学生在课堂导入环节就非常直观地被吸引进来。比如，通过下载与本课相关的表演视频快速地让学生进入和理解本课的主题；选取一些剧情的情境导入，使学生立即清晰理解音乐在特定的环境下所起的作用；等等。这些在不借助互联网资源的课堂里，单凭教师的讲解是很难一时半会儿说清楚的。网络资源在高中音乐鉴赏课导入环节的巧妙运用，不但能让学生快速理解和进入主题，而且可吸引学生的注意力，大大提高学生学习的积极性，为接下来的教学环节做好铺垫。

2. 网络资源的利用可使教学重、难点变得易于理解。

高中音乐鉴赏模块的教学内容广泛，如果教师的备课资源局限于课本和教学参考书，就很难对所教内容进行深入的学习研究，不容易将重、难点讲解清楚，有时音乐的表达不一定能用语言描述出来。比如，生活中的音乐都体现在哪些方面？教师用语言来讲解，学生是很难想象出来的，如果收集一些生活中的各种美妙声音图像进行播放，学生就会受到启发，能够举一反三，大大降低了教学的难度，甚至可以引导学生进行自主开发和拓展活动等提高层次的学习，使课堂教学内容掌握得更加牢固，重、难点一看就懂，一学就会，学生的学习兴趣提升得就快，自然也就达到音乐课堂的教学目标了。

3. 网络资源的利用使课堂教学形式不再单一，专业技能得到有效培养。

音乐是一门对专业技能要求很高的学科，但高中音乐课堂上普遍以欣赏为主，缺少对学生音乐专业技能的培养。高中阶段的音乐鉴赏课程内容多、结构复杂，对学习者能力的要求相对较高，如果学生本身学科专业技能薄弱，就很难对曲目进行深入的分析和理解，只能停留在肤浅的表面上。如果教师注重互联网资源的利用，学生在教师的引导下利用网络自学，利用软件编辑和创作作品，学习的形式就会变得丰富多样，专业技能也就在学、练、展示的参与体验过程中提升上来了。

（三）"互联网+"环境下的高中音乐教师需提升的几种能力

1. 利用"互联网+"环境下新的教学形式提升音乐教师的信息技术应用能力。

在"互联网+"环境下，音乐教师学习并熟练操作教学类软件是教育信息化时代音乐教师上好音乐课的基础。不但要熟练运用视频剪辑软件、音乐剪辑软件等，还要会制作与教学内容相关的微课、微视频，会编辑、剪辑音乐，能通过网络平台发给学生，采用翻转课堂把教学模式由常规教学变为"课前预习+课堂交流+课后学习"。"互联网+"环境下教学模式的转变不仅可以提高课堂教学质量、活跃课堂气氛，而且还可课后随时回顾学习。"互联网+"环境方便了音乐教师学习和借鉴全国优秀课例教学资源，做到"学人所长，为我所用""互联网+"资源的使用过程提升了音乐教师的信息技术应用能力，有效优化了课堂教学环境。

2. 利用"互联网+"环境下的深度备课提升音乐教师把握课堂教学重、难点的能力。

现代教育要求音乐教师不能只依靠课本和教学参考书来备课、上课，还需要利用互联网的优势，进行音乐作品的深度挖掘。通过各类学习网站和网络学习平台查找和筛选教学内容，寻找出具有吸引力及适合培养学生学科能力的知识，进行课堂教学实践活动。合理运用现代互联网下的优质资源进行资源整合，为课堂教学所用，是教育信息化时代教师所必备的能力。

例如，《广东音乐》一课中，教师通过对大量广东音乐研究文献查寻阅读，找到广东音乐在旋法创作上的主要特点，即"冒头""叠尾""加花"。其中前面两个都比较好理解，第三个比较难以理解，主要是在"加花"这一技巧中的有"冒头花"，也有一些常用的"固定花"，如"53235"。在音型与节奏上采用原始重复，在旋法上运用重复再现的手法，就达到了深入备课、理清重难点的目的。只有音乐教师清晰了广东音乐的这些特点后，才能指导学生理解广东音乐，创作出具有浓厚广东音乐风格的音乐作品。师生通过互联网既学习了知识，也能感受到学以致用的快乐。

3. 利用"互联网+"环境下的丰富资源提升音乐教师的终身学习能力和综合素养。

基础教育改革日新月异、蓬勃发展，音乐学科也不例外，音乐教师只有扩宽学习渠道，广泛、深入地学习现代教育理念，掌握现代教育技术，才能与时俱进，不被时代所淘汰。例如，2020年10月15日，中共中央办公厅、国务院办公厅印发了《关于全面坚强和改进新时代学校美育工作的意见》是近年来连续出台的国家级层面的又一重磅文件，使广东省中小学教师信息技术能力提升工程由1.0时代进入到2.0时代。这些都是新时代教育对音乐教师提出的新任务、新要求，广大音乐教师应该紧跟国家教育改革方向，努力学习，勤于实践，使自己成为新时代勇立潮头、不负使命的优秀人民教师！

参考文献：

［1］李复斌．"广东音乐"旋法特征探究［J］．武汉音乐学院学报，2007（03）：59–63.

［2］郭声健．艺术教育论［M］．广州：暨南大学出版社，2012.

［3］刘宝新．翻转课堂模式下的高中音乐鉴赏课堂教学——以"鼓舞弦动"教学为例［J］．中国教育技术装备，2019（03）：074–076.

四、论文的参评

中小学艺体教师的论文参评，要仔细研读分析各级评审部门发出的论文评审通知和要求在"选题指南"范围内进行选题，按通知要求撰写和报送参评论文。下面以"广东省第十一届大学生运动会科学论文报告会"的论文评审通知要求为例进行说明。

附件1

广东省第十一届大学生运动会

科学论文报告会选题指南

根据当前高等学校体育改革与发展的重点、热点和难点问题，编制本届省大学生运动会科学论文报告会选题指南，供选题和拟定论文标题时参考，可不作为论文的具体标题，从不同层面、不同视角确定标题进行研究。

（一）学校体育发展战略和理论

1．学校体育与社会主义核心价值观教育关系研究；

2．新时代学校体育的理论创新与发展研究；

3．学校体育与立德树人的研究；

4．体育课程思政研究；

5．学校体育现代化理论与实践研究；

6．全球学校体育发展前沿研究；

7．国内外学校体育发展比较研究；

8．加强新时代体育学校工作的实践研究；

9．学校体育均衡发展研究；

10．学校体育与其他体育融合发展研究；

11．学校体育文化传承与发展研究；

12．农村及少数民族地区学校体育改革与发展研究；

13．学校体育评价理论与实践研究。

（二）学校体育课程与教学改革

1．学校体育课程改革创新的研究；

2．学校体育三级课程体系研究；

3．学校体育课程标准实施研究；

4．体育教学模式、组织形式、教学方法创新研究；

5．发展"校园三大球"研究；

6．体育课程理论建构研究；

7．大、中、小学校体育教学衔接研究；

8．学校体育教学环境的构建与创新研究；

9．体育学习理论建构与实践研究；

10．体育教学"慕课""微课"的研究；

11．体育教学评价体系实践与创新研究；

12. 双减政策下体育教学研究；

13. 体育与健康课线上教学研究；

14. 体育与健康课外作业研究。

（三）体育学科与体育专业建设

1. 体育学科建设体制的研究；

2. 高校体育科学研究的现状与对策研究；

3. 体育学科"产、学、研"模式的研究；

4. 高等学校体育专业协同创新育人的研究；

5. 高校体育专业人才培养模式优化的研究；

6. 体育专业人才培养研究；

7. 体育专业学生创业就业的研究；

8. 体育高等职业院校办学特色的研究；

9. 体育高等职业院校人才培养模式的研究；

10. 体育专业研究生培养规模、质量、效益的研究；

11. 体育专业研究生培养模式的研究。

（四）学校体育与健康促进

1. 《国家学生体质健康标准》实施与效果研究；

2. 大学生体质健康研究；

3. 大学生健康行为与能力研究；

4. 学生体质健康综合监测管理体系研究；

5. 科学运动与健身理论研究；

6. 学生心理健康问题与对策研究；

7. 学校特殊体质群体的体育健康需求研究；

8. 运动训练的生理生化监控研究；

9. 学校体育运动伤害防护研究；

10. 特殊体质学生体质健康状况研究。

（五）校园体育文化建设

1. 校园体育活动现状研究；

2. 校园文化与体育文化研究；

3. 学生体育社团运行机制研究；

4. 学生体育锻炼行为和习惯研究；

5. "阳光体育运动"长效机制研究；

6. 学生体育生活方式研究；

7. 校园足球文化的创新与发展研究；

8. 体育特色学校的研究；

9. 大学体育俱乐部建设研究。

（六）课余体育活动与训练竞赛

1. 学校运动训练体制构建的研究；

2. 大、中、小学"一条龙"体育人才培养模式研究；

3. 学校竞技体育现状及发展对策研究；

4. 学校体育竞赛制度创新研究；

5. "体教融合"管理体制与运作机制研究；

6. "体教融合"实践研究；

7. 双减政策下课余体育活动研究。

（七）学校卫生与健康教育

1. 学校卫生与健康教育课程体系研究；

2. 学校卫生工作保障机制研究；

3. 学校卫生人员队伍建设及发展研究；

4. 学生健康知识与行为研究；

5. 健康教育教学与实践研究。

（八）学校体育管理与保障机制

1. 学校体育政策法规和制度建设研究；

2. 学校体育组织管理与运行机制研究；

3. 学校体育师资队伍建设研究；

4. 学校体育教师职业素质与能力研究；

5. 学校体育运动伤害相关法律和制度保障研究；

6. 学校体育场馆设施管理与运行模式研究；

7. 信息技术在体育教学、训练、科研和管理中的应用研究；

8. 政府购买基本公共体育服务政策、制度研究；

9. 双减政策下体育教育管理创新与改进研究。

（九）校园足球研究

1. 校园足球发展理念研究；

2. 校园足球"八大体系"建设研究；

3. 校园足球可持续发展研究；

4. 校园足球课程、教材建设；

5. 校园足球特色学校管理与评价；

6. 校园足球示范区（县）整体推进模式；

7. 学生足球技能标准实施效果分析；

8. 校园足球课余训练体系建设；

9. 校园足球发展与青训体系衔接机制；

10. 校园足球的保障机制与社会监督。

附件2

编号：☐☐☐☐☐

广东省第十一届大学生运动会科学论文报告会

论 文 申 报 书

论文标题：＿＿＿＿＿＿＿＿＿＿＿＿

所属领域：＿＿＿＿＿＿＿＿＿＿＿＿

作者姓名：＿＿＿＿＿＿＿＿＿＿＿＿

工作单位：＿＿＿＿＿＿＿＿＿＿＿＿

年　月　日

（一）参评承诺与论文使用授权

1. 本人自愿参与广东省第十一届大学生运动会科学论文报告会，认可所填写的论文申报书为有约束力的协议，并承诺对所填写各项内容的真实性负责，所提交参评的论文没有知识产权之争。同意本届科学论文报告会有权使用申报书所有数据和资料，并对以下约定信守承诺：

（1）遵守相关法律法规。遵守《中华人民共和国著作权法》和《中华人民共和国专利法》等相关法律、法规；遵守我国政府签署加入的相关国际知识产权规定。

（2）恪守学术道德。参评论文不存在以任何方式抄袭、剽窃或侵吞他人学术成果，伪注、伪造、篡改文献和数据等学术不端行为。论文真实，没有在任何正式期刊发表。

（3）尊重他人的知识贡献。凡引用他人的观点、方案、资料、数据等，无论曾否发表，无论是纸质或电子版，均加以注释。凡转引文献资料，均如实说明。

（4）维护学术尊严。保持学者尊严，增强公共服务意识，维护社会公共利益。维护本届学生运动会科报会声誉，不以论文获奖名义牟取不当利益。

2. 本人完全了解本届科报会的有关规定，完全意识到本声明的法律后果由本人承担。特授权本届科报会组委会有权保留并向国家有关部门或机构报送论文的原件、复印件、摘要和电子版；有权公布论文的全部或部分内容，同意以影印、缩印、扫描、出版等形式复制、保存、汇编论文；允许论文被公众查阅；有权推广科研成果，允许将论文通过内部报告、学术会议、专业报刊、大众媒体、专门网站、评奖等形式进行宣传。

申报者（签章）： _____

（二）作者基本情况

论文标题					所属领域	
第一作者姓名		性 别		民 族	出生年月	
职 务		职 称			研究专长	
最后学历			最后学位			
工作单位			电子邮箱			
通信地址				邮政编码		
联系电话	手机：			办公电话		
其他作者姓名和单位						

注：所属类别请严格按照"科报会选题指南"规定的9个专题领域填写。摘要和正文请严格按照以下格式制作。

（三）论文摘要（约800字）

（标题）××××××××××

摘要：包括研究目的、研究内容与方法、结论与建议等。

×××××××××××××××××××××××××××××××
××××××××××××××××××××

×××××××××××××××××××××××××××××××××
×××××××××××××××××××××××××××××××××
×××××××××……

（注：论文摘要不出现作者姓名、单位名称。摘要单独装订）

（四）论文正文（6 000—8 000字）

（论文标题）××××××××××

（作者姓名）×××××

（作者单位）×××××××××

1. 研究目的

×××××××××××××××××××××××××××××××
×××××××××××××××××××××××××××××××××
××××……

2. 研究方法

2.1 ×××××

×××××××××××××××××××××××××××××××
××××××××××××××××××××××××××××…

2.2 ×××××

×××××××××××××××××××××××××××××××
×××××××××××××××××××××××××××××××…

3. 结果与分析

3.1 ××××××

×××××××××××××××××××××××××××××××
×××××××××××××××××××××××××××××××…

3.2 ××××××

×××××××××××××××××××××××××××××××
×××××××××××××××××××××××××××××××…

4. 结论与建议

×××××××××××××××××××××××××××××××

5. 参考文献

注：

1. 论文摘要中不得出现编号和地区代码，以及与作者有关的相关信息，如姓名、工作单位、所在省份等。报送时夹在论文申报书中。

2. 页面设置左右边距1英寸（2.54 cm）。

3. 论文标题中文用三号黑体，居中。副标题，小三号楷体，居中。一、二节标题用四号黑体，正文用小四号宋体，1.5 倍行距。A4纸激光打印。

4. 提交的电子文档用WORD2003–2007版本编辑。

5. 参考文献格式执行《体育学刊》格式标准。

论文评选通知：

广 东 省 教 育 厅

广东省教育厅关于举办广东省第十一届
大学生运动会科学论文报告会的通知

各地级以上市教育局，各普通高校：

广东省第十一届大学生运动会科学论文报告会（以下简称"科报会"）将于2022年5月在华南理工大学举行（具体时间及地点另行通知）。现将有关事宜通知如下：

一、指导思想

以习近平新时代中国特色社会主义思想为指导，深入贯彻《深化新时代教育评价改革总体方案》《关于全面加强和改进新时代学校体育工作的意见》《关于深化体教融合促进青少年健康发展的意见》等文件精神，树立健康第一的教育理念，全面落实立德树人根本任务，推动我省学校体育科学研究高质量发展，营造浓厚的学术研究氛围，提高我省学校体育工作科学性，全面提升体育教育教学质量。

二、科报会主题

响应新时代学校体育新要求，促进青少年健康发展。

三、征文对象

高等学校体育教师和教科研人员，中小学体育教师和卫生保健人员，教育管理人员。

四、征文要求

（一）论文内容以《深化新时代教育评价改革总体方案》《关于全面加强和改进新时代学校体育工作的意见》《关于深化体教融合 促进青少年健康发展的意见》为导向，研究青少年学生在体育锻炼中"享受乐趣、增强体质、健全人格、锤炼意志"相关内容（详见附件1《广东省第十一届大学生运动会科学论文报告会选题指南》）。

（二）论文观点鲜明，思路清晰、论证充分、结构严谨，论文格式规范。

（三）每篇论文6000-8000字，并提供约800字的论文摘要，每篇论文署名作者不超过5人。

（四）必须是未公开发表的论文，并且重复率（查重）不得超过20%。

五、报送要求

（一）论文报送截止时间：2022年2月28日，逾期不受理。

（二）填写《广东省第十一届大学生运动会科学论文报告会论文申报书》（以下简称《申报书》，见附件2）。

（三）每篇论文原件报送《申报书》、论文正文、论文摘要各一式6份。

（四）为避免稿件邮寄丢失，请各地市、各高校按照要求填写《广东省第十一届大学生运动会科学论文报告会汇总表》（以下简称《汇总表》，见附件3），于2022年2月28日前（邮戳为准）以地市、高校为单位（不接受个人申报）将《申报书》、论文正文、论文摘要、《汇总表》原件，务必通过中国邮政EMS寄送至华南理工大学体育学院。上述邮寄材料的电子服务必以高校、地市为单位同步发至lih@gdedu.gov.cn（邮件主题命名为**高校/地市第十一届省大运会科报会论文）。

邮寄信息：广州市天河区五山路381号华南理工大学西区体育馆302室，邮编：510641；联系人：姚松均，18107887937；蔺海旗，020-87113775。

六、论文评审和录用

（一）本着公平、公正的原则评选出分会报告论文（一等奖）、墙报交流论文（二等奖）和书面交流论文（三等奖）。

（二）本届大运会科报会设置高校团体总分奖，计分方法（以第一作者为准）：每报送一篇论文计1分，一等奖论文每篇计9分，二等奖论文每篇计6分，三等奖论文每篇计4分。根据得分排列科报会团体总分名次。积分相等，大会报告论文多者列前；如还相等，分会报告论文多者列前，依次类推。第一作者为非高校人员，仅进行单篇论文评奖，不设团体总分奖。

（三）论文录用及参会办法、要求等另行通知。

— 3 —

附件: 1.广东省第十一届大学生运动会科学论文报告会选题
       指南
    2.广东省第十一届大学生运动会科学论文报告会论文
       申报书
    3.广东省第十一届大学生运动会科学论文报告会汇总表

广东省教育厅

2021 年 11 月 12 日

（联系人：李华，联系电话：020-37626353）

— 4 —

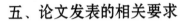

五、论文发表的相关要求

中小学艺体教师撰写的论文，发表时先要熟知想要投稿的杂志对稿件的要求。目前中小学教师投稿的杂志有教育类、人文社科类等，教育部或省级教育厅主管的教育类期刊是被广泛认可的中小学教师论文发表期刊。各级各类教育类杂志期刊对投稿的论文要求各有不同，下面以笔者较为多投稿的河北省教育厅主管的《教育实践与研究》为例来说明投稿的具体要求。

编辑部关于作者投稿及稿件处理的重要启事

1. 作者投稿本刊一定要寄交纸质稿件，可在寄交纸质稿件的同时附以磁盘文件或发送电子邮件。邮件"主题"一栏请注明作者姓名和论文标题，以便于检阅。

2. 文章标题后另行写明作者姓名、工作单位、详细通信地址、邮政编码.联系电话和电子邮箱放在文章末尾。

3. 正文前面加关键词3—8个，摘要100—300字。

4. 论文第一作者应在首页地脚处写出"作者简介"，顺序如下：姓名、出生年月、性别、民族、籍贯、职称、学位、研究方向。

5. 获得基金资助产出的文章应以"基金项目"作为标识注明基金项目名称，并在括号内注明项目编号。多项基金项目依次列出，其间以分号隔开。该项于论文首页地脚处"作者简介"前一行。

6. 文章的参考文献，请标明主要作者（多个作者用逗号隔开）、文献题目及版本（初版省略）、文献类型（专著、论文集、报纸文章、论文、报告等》、出版地、出版者、出版年、期刊的刊期、文献的起止页码。

7. 来稿篇幅不宜过长，以4 000字以内为宜；正文用字不要小于四号字；来稿一律不退，请自留底稿，3个月内未接到录用通知即未被采用。本刊对所采用稿件有文字删改权。

8. 来稿一经刊登，即被中国学术期刊（光盘版）和中国科技期刊网等收录，作者著作权使用费随本刊稿费一次付清。

《教育实践与研究》编辑部

第二节　艺体教师教育教学案例撰写

教育案例是以典型教育事件为主，突出现代教育理念指导下教师睿智的教育智慧所取得的教育效果。基本表述体例如下：

案例背景（教育事件发生简况）。

案例描述（典型教育事件的详细过程）。

案例反思（先分析此事件与解决问题的方法，再谈对此事件引发的后续思考与借鉴性启示）。

此类案例的表述结构要完整，不能只有事件的过程描述或故事，而没有背景简介和案例反思。

教育App布置体育打卡作业好处多

（一）案例背景

体育中考是通过统一测试的形式对应届初中毕业生做出体质评价的统一测评模式，在中考总分中占一定比例，越来越受到学生和家长的重视。体育作业是体育课堂的延伸，为了帮助九年级学生更好地提升体能水平和项目技术，笔者从八年级下学期就在所教班级布置体育周末打卡作业，皆在培养学生课后的体育锻炼习惯，并带动广大家长共同参与，加强孩子与父母间的交流合作，促进学生身心全面发展。

（二）案例描述

笔者为了让八年级的孩子提前准备，从八年级下学期就明确体育中考的重要性，并在学期中的家长会议上明确提出布置周末体育打卡作业事宜，家长们都表示一致赞同。接着笔者每星期五晚通过学校合作的教育App布置周末体育打卡作业，跑步练习通过手机跑步App软件截图上传，其他项目练习，如跳绳录制小视频。开始的第一周因各种原因没打卡的学生占全班的3/4，只有少数学生按笔者的要求完成作业。每周各班的第一次体育课上笔者都会总结上一周体育打卡作业情况，通过平板打开App展现统计数据给没完成的学生查看，同时学生们完成与没完成的数据可以发到家长的账号中去，究竟是学生们不主动完成作业还是家长没起到监督作用一目了然。众所周知，体育不经长期坚持的锻炼是很难出成绩的，布置体育打卡作业的目的就是想让学生们学会坚持锻炼，养成良好的锻炼习惯，从而使体育成绩得以提升。经过第二、三、四周一直的坚持，按笔者要求完成体育打卡作业的学生越来越多，甚至有些班级每周的完成率为100%。笔者对学生们说，这项作业会坚持到他们体育中考结束，此后的每一周他们都养成了体育锻炼打卡的习惯，没完成的学生及其家长都会主动找笔者说明原因或是找时间补回打卡作业。这项作业的布置得到了各位家长的高度支持和认同，他们反馈不仅孩子在锻炼，同时也带动了家庭体育氛围的提升，通过体育锻炼增进了与孩子之间的感情。

（三）案例反思

1. 家校共育，提高家长对体育的认识，有助于学生的成长与进步。

一方面，布置体育打卡作业的方式可以提升家校合作的效能，找到最佳的合作点并形成利益共同体，让学生及其家长认识到体育锻炼的重要性和必要性。另一方面，学生与家长的共同参与，除让他们在实践中锻炼好身体之外，也可以增加亲子互动，增进亲子感情，建立更为融洽的亲子关系，有助于学生身心健康发展。

2. 学会坚持，形成良好的锻炼习惯，锤炼意志品质。

俗话说："体育锻炼，贵在坚持。"通过体育打卡作业能让学生们在锻炼的过程中养成努力拼搏、克服困难、坚持不懈与自强不息的精神品质。在体育锻炼中学到的这些品质将给他们带来积极影响，能帮助他们积极面对日后生活和工作的各种挫折与挑战。

3. 提升了体质水平，体育成绩有了长足进步。

课外体育锻炼是体育课堂教学的重要补充。打卡作业的坚持亦即坚持课外体育锻炼，不仅能提升个体体质水平，同时也使得体育成绩有所提升。

第三节　艺体教师读书活动的反思与体会

强调中小学艺体教师多读书，究其原因多为中小学艺体教师书读得少，又少读书，没有养成读书习惯，就更需要读书，要更重视读书。

中小学艺体教师从什么类型的书读起？可读专业书、教育类书等。但我们研究团队从外围，选择能让中小学艺体教师读进去，贴近中小学艺体教师的人生、工作、生活，能给人全面启示的书读起。这些书的读书体会容易提炼。中小学艺体教师需要冷静思考，全面审视和认识自己，从读书中去悟得人生境界。

艺体教师读书心得举例如下：

无限风光在险峰

——读《苏东坡传》，让我坚定走科研之路

苏东坡的坎坷人生经历和乐观处世态度让我坚定要多做有挑战性的工作。这几年来克服种种困难在教育科研上的坚持让我能够更好地在专业上快速成长，更好地服务学生，服务学校。

（一）抉择面前选择坚持

不管身处顺境还是逆境，苏东坡都能忧国忧民、为民谋利。回想我当时申报区体育教师科研"育苗工程"团队的学员的过程，面对艰巨的学员任务：组建研究团队、组织科研学习、申报专项课题、开发教学资源、出版学术专著等，其中任何一项任务都超出我的能力范围，我曾一度怀疑自己，甚至想放弃。但在前辈和团队成员的鼓励和支持下，带着"青年体育教师必须快速全面成长起来"的任务，我最终做出了正确的选择，申报成为区体育教师科研"育苗工程"团队成员。责任在肩，为了更好地实现学生的全面发展，更好地与团队教师一同成长，更好地打造学校体育特色，再难、再艰巨的任务也要顶上去、扛起来。

（二）困难面前砥砺前行

苏东坡一生经历重重困难但依然能坦然面对人生。在区体育教师科研"育苗工程"团队中我是负责人，活动开展中可谓是困难重重，还深深记得完成科研学习任务时，需要自己先深度学习中小学教育科研，做好课件分享给团队成员学习，还要录成视频做出微课资源，上传至"万课在线"进行推广。很多专业知识需要向专家请教、学习，课件制作需要花更多的时间制作，微课制作需要重复多遍录制，以至于过年前一天还跑到学校进行视频录制，每一项都按计划、严要求地如期完成科研任务。

（三）挑战面前敢于担当

苏东坡为官面临诸多挑战：治水、防洪、饥荒、干旱等，但他都能直面问题，破解难题。一个人能做的事不算难，咬咬牙根就过了；一个团队要完成的事才是真正的挑战。在区体育教师科研"育苗工程"团队研讨活动中遇到了种种挑战：来自不同学校的教师很难保证一起研讨学习的时间；每名团队成员都是学校骨干，肩负重任，时间和精力有限；团队成员参与科研活动的积极性需要调动；等等。我们采用"线上线下同步学习，线上线下专题研讨"的方式，定期组织集中全面解决前期的问题和布置接下来的任务，平时利用微信群加强交流，成功举行了教学案例撰写、读书研讨活动、体育科研学习、课题申报书撰写、论文写作讲座、教学训练难点研讨等高质量的团队研讨活动。这一系列的研、学、行一体化的培养活动全面促进了团队成员的专业成长。

读《苏东坡传》，让我更加清晰地认识到，一个人最好的状态就是无论经历多少风霜，心中却总是充满希望，脸上永远带着阳光。这样才能做好自己，对世界充满正能量。

第四节　艺体教师工作与培训总结书写举例

一、艺术教研组工作总结

我校的艺术科组由音乐、美术两门学科8位教师组成，其中2位中学高级教师、5位中学一级教师、1位中学二级教师。音乐学科4位音乐教师均为花都区音乐中心组成员，其中付裕老师为广州市音乐中心组成员；美术学科3位老师为花都区美术中心组成员。从组内教师的基本情况看，各个方面大都体现出优势，艺术教研组是一个充满活力的集体，同为艺术教研组虽然学科不同，但是学科特点明显，艺术是相通的，学科间也有联系，从而为创造良好的教学研究氛围和人际关系奠定了基础，有利于艺术教研组的学科发展。

本学期，艺术教研组有5位教师担任了团委和工会工作职务，1位教师担任团委副书记中层职务，其他教师担任学校校务委员会工作工会委员，教师们很快速适应新的岗位和全新工作的调整，努力协调好班主任工作、年级工作、团委工作与工会工作以及教学工作，各位教师上下一心，努力工作，完成了广州市、花都区和我校的一个又一个艰巨的任务，达到了本学期的预期目标。在此，我代表艺术教研组总结一下这个学期的得与失、付出与收获，同时做好反思和展望，最后提一些存在问题和解决方法

（一）关心学校发展，积极开展教学改革

本学期，我校积极推进课堂改革，艺术教研组全体教师上下一致，积极参加或开展教育教学研究活动，认真开展教研组教研活动，教师们在思想上有了很大转变，对教学改革有了较清晰的认识，也增强了信心。教师们在"科学课堂"的理念下指导教学，鼓励互相观摩与互相学习，学习他人优秀经验。通过交流提高教学、教研水平，形成良好的教研氛围。注重青年教师和实习教师的培养，通过多次听课、现场指导、课后交流等方式传授经验，使年轻教师们的

理论水平、业务能力得到进一步提高。在市、区的教学调研中，艺术教研组教师的教学能力得到区骨干教师们的充分肯定。

（二）积极组织和承担广州市和花都区教育局的大型活动

2020年12月1—12日我校承办的广州市中小学艺术教师基本功大赛是花都区第一次承办如此大型的活动。接到任务到最后圆满完成只用了2个星期的时间，时间紧，任务重，艺术教研组教师还是顶住压力，加班加点圆满地完成了此次活动的统筹策划及考务工作。

2020年12月，我校承办花都区中小学优秀音乐艺术作品展演活动，组织协调整个活动有序进行，同时我校有3个优秀节目在此次活动中展演。

（三）组织丰富多彩的校园艺术文化生活，尽心尽力完成各项辅导

本学期，艺术教研组所有教师积极参与学科辅导，不辞劳苦完成多项重要任务，为丰富校园艺术文化生活做出了突出贡献。为庆祝建校50周年，艺术教研组教师们开展了一系列艺术活动。

1. 积极组织和策划了3场艺术进校园的公益大讲堂，聘请高等院校艺术讲师进行艺术专业讲解，深受学生们的喜爱，活跃了校园文化氛围，加强了学生们的艺术修养。

2. 音乐教师组织策划了2场学生户外艺术展演活动，给学生们提供展示自我才华的机会和舞台，吸引了很多学生驻足观看，表演的学生们有了施展自己才艺的机会，在活动中找到了自信和满足。

3. 在2020年秀全中学第十届校园艺术节中，艺术教研组发挥了强大的力量，组织完成了多台艺术演出。舞蹈专场作为花都区艺术教研活动，多所学校音乐舞蹈教师前来观摩学习，多场达人秀活动让更多的孩子特长有舞台得到施展和发挥，艺术节活动更是让学生一展歌喉，释放压力，让学生有一个难忘的学生时代，学生话剧社、学生合唱队、舞蹈队，管弦乐社，书法社、绘画社等艺术团队倾力参与，精彩不断，学生们的艺术才艺得到了充分发挥和施展。这是一台高水平高质量的专业演出，演出很成功，得到我校师生和领导的一致好评。在这些活动中艺术教研组教师奉献自己，利用每天的课间操及中午的午休

时间和放学时间进行节目的审核和排练，有时甚至策划和排练节目到深夜，但教师们无怨无悔，团结一心，默默付出。通过一次次的活动更加展示了艺术教研组全体教师团结一致、乐于奉献的精神。

4. 在2020年9月30日我校的校友会活动中，全体艺术教师承担了接待工作。我校艺术团的部分优秀节目在活动中进行了现场展演，得到现场嘉宾的一致好评。

（四）美术方面

1. 积极研讨教材，做好教材分析。

面向素质教育，高中美术教材进行了全新改版，需要全体美术教师对新教材进行深入研究，美术备课组在本学期坚持每星期一第四、五节开展集体备课组活动，张莹、邝健如、徐宜红老师分工合作，积极主动承担课件制作，资源共享，针对教材的基本问题进行资源整合。

2. 积极开展校本课程，丰富学生学习生活。

除基础教学之外，张莹老师开发了"书法"，马春亮老师开发了"国画"，徐宜红、邝健如老师开发了"立体浮雕画"等校本课程，丰富了学生学习生活。

3. 积极协助组织，并承担大型活动。

本学期，美术备课组积极配合市、区、学校协助组织，并承担大量的大型活动，具体如下：（1）2021年学校元旦晚会承担化妆、指引、摄影工作；（2）2020年1月广州市初中、高中美术学业水平考试；（3）2020年12月1—12日承办广州市中小学艺术教师基本功大赛组织策划考务工作；（4）2020年9月30日校友会代表大会接待、摄影工作；（5）2020年参与我校艺术校本展演活动；（6）协助学校组织学生录制校庆宣传片。（7）2020年"美育花开 花语年华"花都区第五届美育节。

2位美术教师配合初中部开展年级活动：（1）参加初中美文朗诵活动；（2）2020年12月组织七、八年级社会实践——参观花都区非遗灰塑馆；（3）2020年9月初中军训结营大会摄影工作；（4）2020年12月参加七、八年级家长会组织学生看电影；（5）2020年10月参加初中英语歌比赛；（6）2020年11月9日初中部少先队退队仪式。

4．组织学生参加竞赛，并获得优异成绩。

（1）何泳思同学获第十一届广东省规范汉字书写大赛中学组软笔三等奖、第十一届广州市规范汉字书写大赛中学组软笔特等奖；

（2）2020年"心助力　战疫情"作品征集活动（广州市未成年人心理咨询与援助中心），初中组肖晞睿一等奖、谢沁宁二等奖、毕晓晴三等奖、刘显铭优秀奖；高中组童谣二等奖、谢佳成三等奖、温信轩优秀奖（最佳人气奖）。

本学期，学校的几项大型工作计划周密而有序，艺术教研组的教师们认真学习学校的工作指导方针，有针对性地设计自己的工作。在教研方面，教师们非常重视，态度认真，但在实际课堂中还是发现了一些问题，给我们敲响了警钟。

（五）计划与展望

1．继续积极主动参加区、校的教学研究活动，多向区里推送我们的优秀教师和优秀课例、案例、论文等，争取让更多教师走向区、走向市，充分展示综合组的教师风采。

2．认真设计好各项工作，争取在下学期的工作中，不同学科都能有所突破，在本学期的成果基础上，取得更优秀的成绩。

以上是艺术教研组对本学期工作的总结，面对着本学期所取得的可喜成绩和一些不足，我们会摆正态度，以良好的心态和全新的面貌，做好迎接新学期到来的准备。

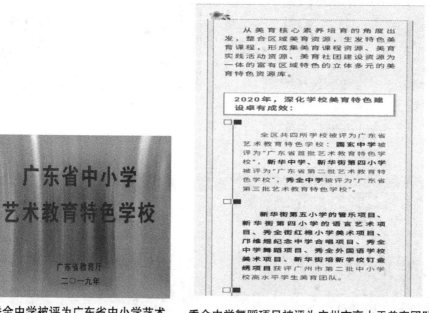

秀全中学被评为广东省中小学艺术
教育特色学校称号

秀全中学舞蹈项目被评为广州市高水平美育团队

秀全中学第十届校园艺术节迎新晚会

秀全中学合唱团在第十届校园文化艺术
节上的表演《启程》

秀全中学合唱团在第十届校园文化艺术
节上的表演《启程》

校园文化艺术节舞蹈专场演出

艺术进校园公益活动——声乐讲座

艺术进校园公益活动——影视讲座

艺术进校园公益活动——视唱讲座

二、体育教师工作总结

潜心学习提能力　履职尽责做服务

——广州市高中体育学科教学研究中心组成员总结

广州市花都区秀全中学　黄显良

感谢市、区教研院领导的信任，2021年再一次聘我为广州市高中体育学科教学研究中心组成员，经区教研院的推荐，在市教研院的指导引领下，我与近30名来自广州市不同高中的体育中心组的伙伴有缘相遇。市高中体育中心组是充满活力的教研组织，通过中心组带动专业成长，并尽可能地发挥服务作用应该是所有伙伴热衷加入的原因，譬如我，已人近半百，于事业而言，貌似拥有了一点点积累，其实已经进入停滞期，几十年形成了思维定式以及常态化的工作让自己缺少前行的动力，需要一种氛围、一种任务，驱动自己再次出发与成长，恰好市中心组的前沿活动和责任担当，启动了我不断奋进的第二春。加入组织真好，对我来说正需要做一个全面而深入的学习，从而坚定去努力实现一个又一个新的突破，真正成为广州市高中体育教育的前行者。相信所有发生都是我们生命的组成部分，俯首感恩加入市高中体育中心组，格外珍惜能在这样市级高端的教研组织里聆听专家的指导和有向各位伙伴学习的机会，有人说最伟大的教育是教育者身上的静气，相信持续参与中心组的活动和学习，不仅仅是个人的成长，更重要的是争取实现"立己达人"的高度与境界，把心定在高处、远处，释放出一分光来，感染周围的师生趋光而行，清晰自己和身边人前行的路，就能坚定地对未来充满信心和希望。

新一届市高中体育中心组活动紧跟新时代基础教育和学校体育教育的要求，在认真执行上级的政策要求外，更多的是结合广州高中学校体育的特点，形成广州自己的高中学校体育教研特色。当我把"中心组工作要点"拿在手上仔细研读时，看到的是每一条设计、每一项工作都走在了省、市的前列，体会到了我们每名成员的责任与担当,感受到了身上的压力和重任。面对压力与责任,我们看到的是市教研院领导带领全市中小学体育教师高标准、一项一项地落实任务,看到的是全体中心组成员积极努力,齐心合力地完成一个又一个艰难险重的任务。在这样的团队中,有这样的一种奋斗、拼搏、向上的精神,我们相信没有什么困难战胜不了的,相信广州的学校体育前景一定会更加美好。

在这样有温度、有激情、动力十足的组织中,对我来说,如何在具体工作中发挥市中心组成员的作用呢?按照中心组工作的要求,我脚踏实地、一项一项地去落实、完成,争取把每项工作做得更加出色。

(一)与时俱进,争做勤学善思的先锋模范

市高中体育中心组有经验丰富、理论高深的领导、专家指导引领,中心组成员都是直属校和各区的体育骨干精英,可谓藏龙卧虎、人才济济,我唯有努力才能跟上组织快速前行的脚步。我反复学习、仔细研读钟老师下发的"高中体育中心组工作要点",努力领悟广州市开展具有新时代教育特点和前瞻性的高中体育工作部署,选订了《中国学校体育》《体育教学》等几本体育教育类前沿期刊,通过中国教科院、学校体育、体育学评、动商研究等公众号及时学习充电。除积极参加广州市高中体育中心组的各项活动之外,还积极参加了中国教科院于素梅博士的"体育一体化课程"大教研组活动、"中国体育科学学会"、"中国教育学会"、"广州教育学会"、《中国学校体育》杂志社组织安排的学习教研活动和工作任务,继广州市"百千万人才培养工程"中学名教师培养对象顺利结业后,本年度又进入广州市新一轮基础教育"百千万人才培养工程"教育专家培养对象项目的培养学习中,自己正在思考形成具备较为完整体系的"三生体育"教育思想,组建了"三生体育"科研课题组,带领课题组成功申报了"广州市教育科学规划2021年度重点课题"。让自己的职业生命在"任务驱动"中不断丰富、提升,在这一过程中扎根、升华,努力铸就富有丰富内涵的灵魂,成为我砥砺前行的动力与追求。

(二)争先创优,出色完成艰巨的工作任务

在广州市高中体育中心组的学习工作中,我深深地感受到,无论是学校的发展还是个人的专业成长都应以卓越而持续稳定的业绩彰显其价值。本年度的"广州市高中体育中心组工作要点"的首要任务就是"全面提升国家学生体质健康标准优良率"。为了落实中心组的工作要求，我广泛宣传"全面提升学生体质健康"的重要性，与科组的伙伴们一起研究制定教学训练方案，认真参加区、市相关的教研学习，主动参加区"全面提升学生体质健康标准测试"的督导工作，在区、市主管部门的正确领导下，我们有信心实现学生体质健康的不断突破提升。

普通高中体育与健康学业水平考试是高中体育健康评价改革的新事物，广州市高中体育教研活动全年都在围绕这一主题进行学习、实践、研讨，可见重视程度之高、任务之重，经过一系列市教研活动观摩和研讨，让我们清晰了高中体育与健康学业水平考试和怎样做好高中体育与健康学业水平考的准备。体育与健康学业水平考试不但具有评价性的功能，还具有导向性的功能，能够引起全社会重视青少年体育锻炼，让学生认识到体育锻炼对身体健康的重要性，也有助于我们体育教师将为何教、教什么、怎么教、如何评有机联系起来，从而保证体育与健康教学的过程是培养学生学科核心素养提升的过程。

"构建以全面育人为导向的教学评新生态体系，促进基础教育高质量发展"的研究是广州市探索实施全面育人的先行先试的未来教育，开展体育学科教学评新生态体系的研究，一是打造若干节落实学科核心素养发展要求的高质量"种子课"；二是探索构建素养导向的教学设计范式、学科课型和教学模式。面对这项新任务，中心组成员应当挺膺担当、首当其冲，以评促教、以评促学、以评促研成为我们今后落实"广州教育新生态体系"的中心工作。

（三）务实进取，树立优质一流的服务意识

广州市高中体育中心组是让我和伙伴们在学习中成长、在实践中成长、在示范引领中成长、在传播中成长的组织，承载着示范引领的作用。示范引领——唯有学精业勤，才能承以重任。为了尽力发挥中心组成员的作用，我在学校带头搞好教学教研工作，将广州市的新精神、新理念及时传播给身边的同事，在区内主动承担各项体育教学、教研工作任务，承担区青年体育教师科研

"育苗工程"培养的导师工作，经常组织科研团队的培训和实践活动，团队中已有一大批青年体育教师获得各级公开课教学大赛奖项，一部分青年体育教师成为区、市教育科学规划课题的主持人和成长为区、市骨干教师；本学期在市高中体育教研活动中有幸代表高中体育教师做了关于"普通高中体育与健康学业水平考试的学习体会"的专题报告。我深知体育教师和中心组成员都是从事耕耘的事业的人。我相信中心组成员所推动的人、成就的人，未来也一定会去推动别人、成就别人。薪火相传，生生不息，这应是我们教育工作持续发展的理想状态。

中心组让我们有了一种大家庭的归属感，"中心组成员"这个概念，自豪而又光荣，相信：因为遇见我们会更加美好。我们一起同行，在市教研院精心组织指导下的系列主题教研活动中认真学习领会，可以全面提高体育教师的教育教学能力。一系列的新举措、新措施督促我们在每一次的教研活动中都要认真学习，驱动我们调整用力的姿态与方向，做好设计与规划，并扎扎实实落实，让我们充满信心乘势而上，共同努力，实现广州市高中体育的大发展。大飞跃！